중국의 변경 연구 4

-북부변경 연구와 역사해석

일러두기

• 이 책은 2019년도 동북아역사재단 기획연구 수행 결과물임(NAHF-2019-기획연구-27).

동북아역사재단
연 구 총 서 117

중국의 변경 연구 4

– 북부변경 연구와 역사해석

박장배 편

동북아역사재단
NORTHEAST ASIAN HISTORY FOUNDATION

책머리에

오늘날 개혁개방한 사회주의 중국은 대외적으로는 G2로 지칭되고 있고, 이미 주변 국가들뿐 아니라 국제사회에도 큰 영향력을 행사하고 있다. 중국도 현대 국가가 안고 있는 빈부 격차의 확대, 환경 공해 등 여러 문제를 안고 있지만, 특히 소수민족의 불만과 갈등 유발 요소를 어떻게 해결해가느냐 하는 문제가 중대하다. 중국은 현재 14개 국가와 육지 국경을 맞대고 있고, 6개 국가와 해양 경계를 나누고 있다. 또한 중국의 55개 소수민족은 대부분 중국에서 '변강'이라고 일컫는 변경지대에 거주하고 있다. 중국의 국가 발전 전략과 미래 구상에서 변강과 민족 문제는 소홀히 할 수 없는 핵심적인 문제다. 중국 학계에서는 변경 문제에 대한 국책 연구를 수행하면서 동시에 '변강학'이라는 학문 분야를 설정하여 그것을 체계화하는 작업을 추진하고 있다.

이런 상황에서 중국사회과학원 변강연구소(邊疆研究所) 등에서 이루어지고 있는 변강 연구 프로젝트들에 대한 체계적 접근은 중국의 현실과 행보에 관한 이해에서 생략할 수 없는 문제라고 할 수 있다. 이것은 한국과 직접 연결되는 동북공정(東北工程)만이 아니라 기타 4가지 육지 변강 연구사업에 대한 구체적 이해가 필요하다는 것을 말해준다. 중국사회과학원 변강연구소의 연구공정(연구 프로젝트) 중에서 동북공정과 더불어 '신장연구사업(新疆項目)'이 가장 중요하지만, 그것들과 함께 마지막 육지 변강 연구사업인 '북강항목(北疆項目, 북부변강 연구사업)'도 주목할 만하다.

중국이 '동북공정'을 추진한 배경에는 한반도에 남북한 양국이 존재하기 때문에 조선족을 비롯한 많은 소수민족이 동요할 수 있다는 우려와 함께 주변국 동향을 이해할 필요성 등이 있기 때문이라고 한다. '북강항목'도 마찬가지로 중국 국경 북쪽에 작지만 엄연히 하나의 국가인 몽골국이 있기 때문에 내몽골자치구(內蒙古自治區)의 400만 명에 이르는 몽골족(蒙古族)을 완전한 중국인으로 만들기 위한 공정으로 추진되었다. 내몽골 내부적으로는 '재몽골화' 등의 현상도 있었던 것으로 보이지만, 요즘 내몽골 도시에 거주하는 많은 몽골족 젊은이들은 몽골어를 할 줄 모른다. 그러나 더욱 중요한 점은 중국 정부의 이러한 정책과 영향력이 중국 국내에만 한정하지 않는다는 점이다.

이 연구의 목적은 북부변강 연구사업(북강항목)을 중심으로 한 중국학계의 내몽골 연구의 실태를 파악하는 것이다. 중국의 5대 육지 변강 연구사업 가운데 동북공정과 북강항목은 대상으로 하는 역사 주체들에 의해 한국과 몽골이라는 국가가 존립하고 있다는 점에서 더욱 주목할 만하다. 기존의 동북공정은 한국과 동아시아 사회에 많이 알려졌고 상당할 정도의 대처가 이루어지고 있지만, 북강항목은 그 중요성에 비해 소략하거나 실체가 분명히 드러나지 않고 있다. 중국의 몽골사 연구의 한 부분이라 할 수 있는 북강항목은 북방사 전체를 흔들 수 있는 잠재력이 있기 때문에 그 성격과 실체를 분석함으로써 그 참조점을 파악해야 할 것이다. 이 연구는 중국의 변경 논리 및 한·중 역사 문제 대응에 반드시 고려해야 할 비교 대상을 마련하는 것이며, 실질적인 학술 교류를 위한 기초 작업이라고 할 수 있다.

그동안 진행된 내용을 환기해보자. 2002년 '동북공정'을 개시한 이래 중국이 추진한 중국 변강 연구학계의 중대 연구 프로젝트는 5개로 '동북공정'과 '신장항목', 서남변강항목, 시짱항목, 북강항목 등이다. 2010년 1월 북강항목이 출범함으로써 중국 변강학계는 중국의 육지 변경 지대 전체를 포괄하는 일련의 변강 연구사업 클러스터를 완성하였다. 동북공정은 중국 동북지역을, 신장항목은 신장위구르자치구지역을, 서남변강항목은 윈난과 구이저우지역을 중심으로 한 서남지역을, 시짱항목은 티베트를, 북강항목은 내몽골을 중심으로 한 북부 변경지역을 다룬다.

중국은 5개의 중대 변강 연구사업을 약간의 시차를 두고 추진했다. 2004년 무렵부터 양두 체제로 진행된 변강 연구사업은 2008년 이후 서남, 티베트, 북부변강까지 확대되었다. 이들 변경 연구사업군은 변강 소수민족 지구를 안정시키고 국경 문제에 대비하기 위한 일종의 '학술적 만리장성'이라고 할 수 있다.

번호	약칭	사업 기간	사업비	출판
1	동북공정	2002~07	매년 300만 위안	* 자료집 출간 * 〈중국변강연구문고〉 출판 등
2	신장항목	2004~09	매년 600만 위안	
3	서남변강항목	2008~12	매년 400만 위안	
4	시짱항목	2009~13	매년 400만 위안	
5	북강항목	2010~14	유사한 규모로 추정	
(6)	(남해변강연구항목)	(2008 계획 수립)	(규모 확대)	

중국의 변강 연구사업들은 국가 차원의 5개년 계획으로 편성되어 추진되었으나 일사불란하게 추진된 것은 아니다. 그러나 제10차 5개년 계획 기간(2001~2005)에 시작되었고 한국사와 관련이 깊은 '동북공정' 체계는 이후 대형 변강 연구사업의 모델이 된다고 볼 수 있다. 동북공정에서 설정한 5대 항목의 사업 분류는 기초 연구류, 당안 문헌류, 번역류, 정보 데이터베이스 구축, 보급용 서적 집필 등으로 구성되어 있다. 대체

로 이런 사업 체계는 신장항목 등에 계승된다. 이들 동북공정과 신장항목은 중국 학계의 대표적 논리인 '통일적 다민족국가론'을 보강하는 역할과 동시에 중국 '변강학' 체계 구축의 모체이자 실험실 역할을 했다고 할 수 있다.

중국에서는 연구와 함께 출판에도 공을 들이고 있다. 헤이룽장교육출판사는 2012년부터 대형 변강 역사지리 연구총서인 〈중국변강연구문고〉를 출간하기 시작하였는데 초편과 2편으로 각각 50권씩이다. 초편은 〈중국변강연구문고 초편-근대 희귀 변강 명저 점교와 해제〉, 2편은 〈중국변강연구문고〉로 구성되었다. 초편과 2편은 각각 동북변강권, 북부변강권, 서북변강권, 서남변강권, 해상강역(海疆)권, 종합권 등 6권으로 편성되었다. 중국의 대형 변강 연구사업들은 중국의 백년대계, 동아시아 및 유라시아 전략, 나아가 세계 전략과 무관하지 않다. 흔히 언급되는 중국의 비전은 중국공산당 창립 100주년인 2021년까지 중국의 부상에 관한 기반을 구축하고, 중화인민공화국 수립 100주년인 2049년까지 명실상부한 세계 국가로서의 위상을 정립한다는 것이다. 중국의 변강 연구사업들은 여전히 중국 내부적 정리에 초점이 있다는 인상을 주는데, 이 책의 연구 범위에는 속하지 않지만 '해상 강역'에 관한 연구사업들은 중국 판도를 넘어 영향권을 분석하는 측면이 있다. 그리고 최근 맹렬히 언급되는 '일대일로(一帶一路)'는 중국의 본격적인 유라시아 전략이라고 볼 수 있을 것이다.

내몽골 지역은 북방 유목민족의 요람, 황사의 발원지, 중국의 개혁개방과 주변 외교, '일대일로' 전략의 축선으로 여러 지정학적·지경학적 의미를 갖는다. 거시적으로 보면 북부변강 연구사업은 중국의 역사 정책을 이해하는 데 여러 시사점을 줄 수 있다. 이런 점을 염두에 둔 이 연구는 중국의 역사 정책과 중국 학계의 북부변강 연구를 조망하는 기초 작업이다.

이 책은 6장으로 구성되어 있다. 1장은 '중국의 내몽골 정책'을 다룬다. 우선 그 전사인 중화민국 시기 내몽골의 내몽골 정책을 개관하였다. 중화민국의 내몽골 통제력은 시기별로 다르지만 매우 제한되어 있었고, 소련과 일본이 내몽골 분할선을 그었다. 1947년에 최초의 민족자치구역제가 내몽골에서 시작되었다. 이것이 '신중국'의 내몽골 정책의 핵심이라고 할 수 있는 민족구역자치제도의 도입이었다. 이후 문화대혁명 시기에는 지방 민족주의를 비판하는 풍조 속에서 내몽골의 몽골족은 민족성을 드러낼 수 없었고 유목경제 자체도 큰 타격을 받았다. 1978년 개혁개방정책이 추진된 이후 내몽골은 상대적으로 민족 정책의 모범 지구라고 할 정도로 안정된 면모를 보여주었다. 그러나 2011년의 유목민 메르겐 사망 사건, 2020년 한어 교육 확대 항의와 같은 사건들이 보여주듯 여기에도 민족어와 민족문화를 둘러싼 단층선이 존재하고 있다.

2장은 중국 학계의 내몽골자치구사 서술 내용을 분석했다. 중국 학술당국은 여기에서 '한족' 학자들이 일방적으로 '다민족 통일국가론'에 따라 역사를 서술하도록 강요하기보다는 '몽골족 역사가들' 스스로 내몽골 역사가 자랑스러운 '다민족 통일국가'의 일부임을 강조하도록 유도하였다. 역사적으로도 흉노와 몽골족은 모두 오늘날 중국 영토 내에서 기원하였다. 중국은 칭기즈칸도 중국사의 구성원으로 간주하고 있으며, 명과 북방의 몽골계 국가들 모두를 중국사의 일부분으로 정리하였다. 신중국 수립 이후에도 내몽골자치구가 가장 모범적인 민족자치구역이라고 강조하였다.

3장은 중국의 '북강항목(北部邊疆歷史與現狀研究項目)'의 추진 현황과 평가를 다루고 있다. 중국은 2004년부터 현재까지 막대한 예산을 투입하여 '초원문화공정', '북강항목', '몽골족의 기원과 원조의 제릉(帝陵) 종합 연구' 등의 몽골 관련 연구를 추진하였다. 그 결과물은 주로 〈북부변방의 역사와 현상 연구 문고〉라는 시리즈로 내몽골대학출판사에서 출간하고 있다. 또한 북강항목의 연구 성과를 공유하고 확산하기 위한 학술연구 토론회를 개최하고 있고, 기관 책임자 및 전문가들로 싱크탱크를 구성해 다양한 학술 활동을 펼치고 있다. 이런 내용들을 통해 중국 학계의 동향과 그 특성을 이해할 수 있다.

4장은 내몽골자치구의 민족문화공정, 연혁과 전망을 정리하였다. 이 장은 민족문화대구건설공정(民族文化大區建設工程), 초원문화연구공정(草原文化研究工程), 북부변강 역사와 현황 연구항목, 민족문화건설연구공정(民族文化建設研究工程) 등 4개 사업의 내용을 개관하고 사업 단계에 따라 각 사업의 특징, 목적 등을 살펴보았다. 이를 통해 2000년대 초반 시작된 초원문화를 특징으로 하는 내몽골의 민족문화 구상이 중앙정부의 변강 정책과 어떻게 맞닿아 있는지 그 지향점을 추론하였다.

5장은 범(汎)몽골주의의 역사적 추이를 다룬다. 현재 몽골을 둘러싼 '주의'들의 기세는 심상치 않다. 서쪽에는 범투르크주의와 범이슬람주의의 흐름이 있고, 북쪽에는 신유라시아주의의 흐름이 있고, 남쪽에는 팍스 시니카의 흐름이 있다. 몽골 내부에는 최대치의 몽골을 구상하는 범몽골주의가 있다. 범몽골주의는 몽골인들의 정치 및 문화적 통합을 제창하는 민족통합운동과 사상을 말한다. 반세기 동안 지속된 민족통합운동은 1952년 1월 26일 강력한 범몽골주의자였던 초이발산(Kh. Choibalsan) 총리가 사망한 후 서서히 막을 내리고, 대략 이 시기부터 할하 중심주의(Khalkh-Centrism)가 그 자리를 대신한다. 1990년대 초기 몽골인민공화국의 체제 전환을 전후하여 몽골 민족주의가 흥기하면서 몽골, 중국, 러시아에 사는 몽골계 민족 사이에서 다시 민족 통합의 바람이 불기 시작하였다. 처음에는 민족어와 민족종교의 보전이 중심이 되었지만 현재는 문화와 예술, 축제 등 거의 전 영역으로 통합의 범위가 확대되고 있다. 범몽골주의의 현재의 모습은 아직 명확하지 않다.

6장은 몽골인의 중국 인식과 몽·중 관계의 현실을 다룬다. 몽골인들의 중국 및 중국에 대한 인식은 이중적이다. 근자에 와서 중국 및 중국에 대한 몽골인들의 인식이 좋아지고, 몽골에 대한 중국의 영향력이 강화되고 있는 것은 분명하다. 그렇다고 해도 몽골인들은 중국 및 중국인에 대해서 여전히 불안한 마음을 갖고 있다. 이 중 안보 불안을 완화해 주는 첫 번째 상대가 러시아이고, 두 번째 상대가 제3의 이웃인 미국이다. 몽골인들은 현재와 같이 두 이웃 사이의 균형외교와 이들의 힘이 자국에 과도하게 미치지 않게 해줄 미국과의 적극적 협력을 최선의 방책으로 인식하고 있다.

이상 6개의 논문은 각기 해당 주제에 집중하여 집필되었다. 이 책의 발간을 위하여 연구에 참여하여 원고를 써주신 연구자들과 귀중한 의견을 보태주신 연구자들에게 감사의 말씀을 드린다. 아울러 우리 재단 출판 관계자들의 노고에 거듭 감사의 말씀을 드린다.

2020년 11월

집필자들을 대표하여

박장배 씀

차 례

책머리에 · 4

1장 중국의 내몽골 정책 _ 박장배 · 13

Ⅰ. 머리말 · 14

Ⅱ. 중화민국 시기 내몽골의 정치적 상황과 내몽골 정책 · 16

Ⅲ. '내몽골자치구'와 중화인민공화국 건립 후의 내몽골 정책 · 26

Ⅳ. 맺음말: 중국 내몽골 정책의 특징 · 32

2장 중국 학계의 내몽골자치구사 서술 분석 _ 김장구 · 37

Ⅰ. 머리말 · 38

Ⅱ. 신중국 성립 이전 '소수민족 문제'에 대한 인식:
『몽골민족문제』(1946/1993)를 중심으로 · 40

Ⅲ. 개혁개방 이후 '내몽골자치구사' 서술의 분석 · 47

Ⅳ. 맺음말 · 74

3장 중국의 북강항목 추진 현황 및 평가 _ 윤은숙 · 77

Ⅰ. 머리말 · 78

Ⅱ. 북강항목의 추진 현황 · 80

Ⅲ. 북강항목 연구 결과 평가 현황 · 102

Ⅳ. 맺음말: 연구 전망과 문제점 · 108

4장 내몽골자치구의 민족문화공정, 연혁과 전망 _ 김성수 · 133

Ⅰ. 머리말 · 134

Ⅱ. 민족문화대구건설 논의의 확산 · 136

Ⅲ. 초원문화연구공정을 통한 내몽골 문화산업 기반 구축 · 151

Ⅳ. 민족문화건설연구공정: 민족문화대구에서 민족문화강구로 · 166

Ⅴ. 맺음말 · 198

5장 범(汎)몽골주의의 역사적 추이 _ 이평래 · 205

Ⅰ. 머리말 · 206

Ⅱ. 1911년 독립선언과 범몽골주의의 발흥 · 210

Ⅲ. 1921년 혁명과 범몽골주의의 새로운 전개 · 219

Ⅳ. 제2차 세계대전과 범몽골주의의 쇠퇴 · 226

Ⅴ. 맺음말 · 234

6장 몽골인의 중국 인식과 몽 · 중 관계의 현실 _ 이평래 · 243

Ⅰ. 머리말 · 244

Ⅱ. 반중 정서의 역사적 배경 · 247

Ⅲ. 몽·중의 접근과 중국 인식의 변화 · 253

Ⅳ. 몽골과 중국 관계의 새로운 전개 · 262

Ⅴ. 두 이웃과 제3의 이웃 사이에서 · 268

Ⅵ. 맺음말 · 277

찾아보기 · 284

1장

중국의 내몽골 정책

박장배
동북아역사재단 북방사연구소 소장

I. 머리말

청대 몽골인들의 영역(蒙疆)은 청조의 분할 지배로 인해 행정적, 군사적으로 통일된 지역으로 존재하지는 않았다. 청조는 왕공 등 지역 지배자의 영역들을 번부(藩部)로 편입하여 통제하는 방식으로 몽강을 지배했다. 중화민국 시기의 몽골은 중국 군벌, 토착 세력, 소련과 일본이 각축을 벌이는 지정학적 경합 지대였다. 1940년대 후반에 외몽골은 소련의 세력 범위로 독립했고, 1947년에 내몽골 지역은 내몽골자치구라는 민족구역자치제가 시행되는 지역이 되었다. 사실 1947년 이후 내몽골 지역은 중앙정부가 매우 안정적으로 지배하는 지방으로 존재했다. 내몽골 지역도 중국의 정치적 파동에 따라 매우 역동적인 시간을 보냈다. 이 세부 과제에서는 민족구역자치제의 주안점이 어떻게 달라졌는지를 살펴보았다.

1990년대 중국의 변강학계는 〈중국변강통사총서〉 시리즈를 기획하여 출간하였다. 중국변강통사총서편집위원회는 마다정(馬大正), 왕관린(王關林), 팡톄(方鐵), 팡쿤(方堃), 리성(厲聲), 리즈팅(李治亭), 리궈창(李國强), 위타이산(余太山), 장춘웨이(張存威), 장웨이(張煒), 천칭잉(陳慶英), 자오원톈(趙雲田), 가오수펀(高淑芬)으로 구성되었고, 총편집주간보조는 리궈창이었다. 그리고 총편집주간은 중국사회과학원 변강사지연구중심의 마다정 연구원, 각 권의 편집주간은 『중국변강경략사』의 마다정, 『동북통사』의 리즈팅, 『북강통사』의 자오원톈, 『서역통사』의 위타이산, 『서장(西藏)통사』의 천칭잉 · 가오수펀, 『서남통사』의 팡톄, 『해강(海疆)통사』의 장웨이 · 팡쿤이었다. 7책으로 구성된 〈중국변강통사총서〉는 변강경략사에 육지 변강과 해양 변강을 아우른 것이었다.

몽골인들의 정체성의 핵심부에는 칭기즈칸이 있는데 중국 변강학계의 강역 인식의 핵심부에는 원제국이 있는 것으로 보인다. 마다정에 의하면 "원의 건립은 고대 중국 통일 다민족국가 및 그 변강의 중요한 발전 단계의 종결을 표시하고 있다. 즉, 고대 중국의 자연적·대규모적 영토 형성과 발전 과정을 종결시켰다. 중원과 광대한 남부(특히 서남) 지구에 반복 출현하는 지역 할거 현상을 종결시켰다. 전국적 행정조직 구조의 혁신적 발전 과정을 종결시켰다. 중국 거주민을 구성하는 각 민족 구성원 절대다수가 이미 중화민족으로 융합되었다." "고대 중국 대일통 위업을 최종 완성한 청 왕조는 전국에 유효한 관할을 실시하였다."[1]

청대에 중국의 강역이 완성되었다는 논리는 이후의 역사 과정에서 강역의 변동이 여러 가지 형태로 일어난 상황에서 불완전한 논리일 수밖에 없다. 원대에서 청대까지 몽골 지역의 통합은 한계가 있었고 현지 민족들의 향배도 변수였다. 특히 19세기 후반 이래 1940년대까지 청조나 중화민국 정부는 중앙집권을 강화하기 위한 노력을 경주하였다. 이에 대해 마다정은 다음과 같이 지적했다. 1840년 이후 "중국 변강 위기의 심화에 따라 청 왕조는 변강 지구의 행정구역 관리 체제를 일정하게 개혁했다."(20쪽) "1884년 신장행성(新疆行省)을 설치하여 순무(巡撫)를 디화(迪化)에 주재하게 하고 동시에 일리장군(伊犁將軍)을 설치하여 혜원성(惠遠城)에 주재하게 하고 이탑도(伊塔道)를 관할하게 하였다. 1886년 타이완행성을 설치하여 순무를 타이베이(臺北)에 주재하게 하였다. 1907년에 펑톈(奉天)·지린(吉林)·헤이룽장행성(黑龍江行省)을 설치하여 순무를

1 趙雲田 主編, 2003, 『北疆通史』, 鄭州: 中州古籍出版社, 17쪽.

각각 펑톈부(奉天府)·지린부(吉林府)·룽장부(龍江府)에 주재하게 하였다." "20세기 30년대 이후 민족 위기는 최고봉에 이르렀다."[2]

'북부변강' 문제를 다룬다면, 결국 청대의 판도와 이후의 변화 내용을 통합적으로 바라보는 과정이 필요할 것이다. 기존의 연구에서 상당 부분 이러한 내용에 대한 검토가 이루어졌다. 이 글에서는 2000년대 이후 중국의 북부변강 연구의 배경과 논리를 파악하기 위해 중국 학계의 동향에 주목하고 그 배경에 있는 내몽골 정책의 주요 내용을 정리하고자 한다.

II. 중화민국 시기 내몽골의 정치적 상황과 내몽골 정책

현행 중국의 내몽골 정책을 검토하기 전에 검토 대상을 명확히 할 필요가 있다. 지리적·정책적 범위에 약간의 괴리가 있기 때문이다. 그것은 행정구역상의 '내몽골자치구'와 '북강항목'의 대상 지역이 어느 정도 일치하는가 하는 점이다.

내몽골자치구는 중화인민공화국 성급 행정구역으로 행정 중심지는 후허호트시(呼和浩特市)다. 몽골국의 남부, 중국 화북지역에 위치한 내몽골자치구는 북위 37°24′~53°23′, 동경 97°12′~126°04′ 사이의 고원지대에 자리 잡고 있다. 동북부는 헤이룽장, 지린, 랴오닝성, 허베이성과 경계를 맞대고 있고, 남부는 산시(山西), 산시(陝西), 닝샤(寧夏)와 이웃하고 있으며, 서남부는 간쑤성과 이어져 있으며, 북부는 러시아와 몽골국과

2　趙雲田 主編, 2003, 같은 책, 20쪽.

접경하고 있다. 내몽골은 황허강, 아르군강, 넌강, 시랴오허(西僚河) 등 4개 수계를 넘나들고 있다. 내몽골의 총면적은 118.3만m²(중국 국토 면적의 12.3%)로 9개 지급시(地級市), 3개 맹(盟)을 관할하고 있다. 2018년 말 내몽골자치구의 상주 인구는 2,534만 명이다.[3]

그런데 '북강항목'에서 이야기하는 '북부변강'은 내몽골과는 다소 차이가 있다. 「'중국변강통사' 총서(總序)」에서 마다정은 지리 개념으로서 변강이 이웃 나라와 육지 국경선을 접하고 있는 지역이라고 했다. "청조 및 청조 이전, 중국의 북강은 대체로 동쪽으로 다싱안링(大興安嶺)에 이르고, 서쪽으로는 알타이산에 이르고, 남쪽으로는 허베이·산시 북부와 오르도스 남부에 이르고, 북쪽으로는 와이싱안링(外興安嶺)산맥 이서에 이르며, 막북(漠北)을 따라 서쪽으로 알타이산 일대에 이른다." 이때 변강은 헤이룽장, 지린성, 랴오닝성, 내몽골자치구, 간쑤성, 신장위구르자치구, 시짱자치구, 광시좡족자치구와 윈난성을 말하지만, 엄격히 말하면 그들 지역 중에서 이웃 나라와 국경선을 접하고 있는 지역이다. 역사 개념으로서 역사상의 중국 변강과 현재의 중국 변강은 계승성과 연속성을 가지고 있다. 그러나 현재의 중국 변강과 고대의 중국 변강을 등호로 처리할 수 없다. 그 이유는 중국 고대 변강은 안정성과 파동성이 서로 결합된 특징을 갖고 있기 때문이다.[4]

전반적으로 봐서 '북강항목'의 연구 과제들을 통해 판단한다면, 북강은 대체로 내몽골자치구 전체를 다루는 것으로 볼 수 있을 것이다. 이런 점을 염두에 두고 최근 중국 학계에서 정리한 자료를 살펴보면, 내몽골의

---

3 https://baike.baidu.com/item/%E5%86%85%E8%92%99%E5%8F%A4/173741?fr=aladdin.

4 趙雲田 主編, 2003, 앞의 책, 1-2쪽.

역사와 지리에 대한 중국 학계의 인식을 살펴볼 수 있다. 지난 2019년 4월 2일 『내몽골역사연혁지도집』 발간식이 내몽골자치구 후흐호트시에서 개최되었다. 이 지도집을 다룬 언론 기사에는 다음과 같은 내용이 실려 있다.

> 각 역사 시기의 내몽골 지도는 내몽골자치구 역사 연혁을 반영하는 주요 자료이며, 내몽골의 고지도 자료 등에 존재하는 문제점을 보완하는 것으로, 내몽골 지역을 더욱 이해하고, 내몽골 발전사를 연구하는 데 보다 직관적인 증거를 제공하는 것이다. 그것은 역사 연구, 문화 건설, 관광 개발, 환경 치리 등 영역을 전개하는 데 중요한 의의를 지닌다. 내몽골 자치구측량지리정보국 국장은 다음과 같이 말했다. 역사 지도를 통한 지리 공간의 표현이 부족하다면, 대중은 내몽골 지역의 서사, 민족 분포와 이동, 민족 교육 활동의 모습들을 잘 알 수 없을 것이다. 그러므로 무엇보다도 내몽골 지역의 역사 지리의 발전 변천을 정확하고 객관적으로 체계적으로 기록하는 것은 꼭 필요한 일이다. 각 요소들을 충분히 분석한 후에, 내몽골 자치구측량지리정보국은 내몽골의 역사가 잘 드러난 지도집을 만드는 데 착수하였고, 지리적 공간과 역사적 연대기라는 두 시각에서 출발, 내몽골 역사 과정을 직관적으로 보여줌으로써, 중국의 북부변강 지역의 변천과 행정구역 연혁을 해석하여, 자치구 역사 연구 및 문화 건설, 관광 개발, 환경 치리 등 영역의 수요를 만족하고자 한다. 『내몽골역사연혁지도집』은 순서도, 역사 연혁 지도와 지명 색인 등 총 3부분으로 구성되었다. 순서도는 〈중국행정구역도〉, 〈내몽골자치구행정구역도〉, 〈내몽골자치구지형도〉를 담고 있다. 역사 연혁 지도는 선사시대, 선진시대부터 청나라

를 거쳐 중화민국 등 8개 시대의 주요 지도와 부속 지도를 담고 있다. 총 72장의 지도(순서도 3장, 주도 42장, 전도 27장)로 구성되었다.[5]

현재의 '내몽골 지도'는 청대의 영역을 그대로 승계했다는 중화민국 정부의 주장과 지향과는 달리 외몽골이 독립하는 등 상당한 변화가 야기되었다. 몽골 지역은 청 초에 청제국의 판도로 편입되기 시작했는데, 홍타이지는 누르하치 시기에 대등한 관계에 가까운 몽골 수장과의 관계를 '외번'이라는 이름의 수직 관계로 재편하기 시작했다. 홍타이지는 1636년(천총 10) 4월 11일 대청의 황제로 즉위했다. 강희 중엽 청의 외번은 할하의 복속에 따라 고비사막 이북의 몽골 초원으로 확대되었고 '외번 몽골'의 수장층은 청제국의 핵심 지배층으로 편입되었다. 강희 중엽 청의 외번은 할하(外할하)의 복속으로 인해 고비사막 이북 광활한 몽골 초원으로 확대되었다.[6]

청대에 남북 몽골 지역은 '외번'으로 인식되었고, 왕공 세력이 일정한 장악력을 가지고 있었다. 이러한 상황은 청 말에 근본적으로 변화하기

---

5 內蒙古新聞網, 2019-04-04,《內蒙古歷史沿革地圖集》正式出版. http://www.mzb.com.cn/html/report/190430915-1.htm. 앞의 내용에 이어지는 내용은 다음과 같다. "지명 색인은 『내몽골역사연혁지도집』의 모든 역사의 정보 주석을 수록하였고, 각 지명의 첫 글자의 한어 병음 음절 순서대로 수록하여 독자들이 이용하기 쉽게 하였다. 『내몽골역사연혁지도집』 발간 프로젝트는 2007년 시작되어, 장장 12년의 시간을 거쳐 완성되었다. 본 『내몽골역사연혁지도집』은 내몽골자치구측량지리정보국에서 조직하여, 내몽골대학, 내몽골사범대학, 내몽골사회과학원, 내몽골문물고고연구소 등 관련 기관의 역사학자들이 편찬에 참여하고, 내몽골자치구지도원에서 제작을 담당하고, 중국지도출판사에서 출판하였다. 이 『내몽골역사연혁지도집』은 각 분야의 전문가들이 5년여의 반복적인 심의, 개정을 거쳐 정식으로 출판하였고, 2018년 '국가출판기금'의 지원을 획득하였다."

6 李善愛, 2018. 4, 「滿文史料를 통해 본 後金시기 滿·蒙 관계」, 『명청사연구』 49, 217쪽.

시작했다. 원대에 '중화민족'이 형성되었다는 주장이 무색하게 청조는 1880년대 이후 '행성' 설치를 통해 번부 지역을 명실상부한 중앙정부의 직접적인 통치 범위에 넣으려고 했다. '러시아의 몽골 진출에 대한 청조의 대응'은 '신정개혁의 실시로 나타났다. 1910년 3월 판사대신(辦事大臣) 산도(三多)의 파견으로부터 시작된 몽골 지역의 신정'은 몽골 왕공들의 강력한 반발을 초래하였다.[7] 이러한 통합 정책은 중화민국 시기에도 더욱 강화되었다. 현실은 1907년 제1차 러일협약으로 러시아와 일본이 만주를 남북으로 분할하였다. "신해혁명은 몽골의 독립선언(1911. 11. 30), 러·일의 내몽골 분할(1912. 7. 8), 러몽협약 체결(1912. 11. 3)로 이어지는 중국 북방변경 위기의 출발점이었다."[8] 신해혁명이 일어났을 때 외몽골이 독립을 선언했는데 내몽골 49개 기(旗) 중에 35개의 기가 외몽골 독립에 찬성하였고 동부 내몽골 지역에서는 각각 독립을 선언하였다.[9] 러시아는 일본과 1912년 7월 8일 내몽골을 동서로 분할하기로 했고, 1912년 11월 3일 러몽협약을 체결하였다. 이 제1차 혁명으로 몽골국은 독립을 달성하지는 못했으나 자치를 인정받았다. 주지하는 바와 같이, 1921년 담딘 수흐바타르가 혁명군을 조직하고 제2차 혁명을 일으켜 독립을 선언하였다. 몽골국은 1924년 11월 26일부터 독립국가로서 존재해왔으며, 중국의 국공내전기에는 중화민국도 몽골의 독립을 '승인'하였다.

---

7 배경한, 2011. 12., 「동아시아역사 속의 신해혁명: 공화혁명의 확산과 동아시아국제질서의 재편」, 『동양사학연구』 117, 238쪽.

8 최덕규, 2013. 6., 「러·일의 내몽골 분할협약 연구(1912): 제3차 러일협약 체결 과정을 중심으로」, 『영토해양연구』 5, 155쪽.

9 金鮮浩, 2000. 4., 「『內蒙古自治區』 成立過程 研究」, 『근대중국연구』, 58쪽.

20세기 전반기에 나타난 내몽골의 큰 변화는 몽골인들, 중화민국 정부와 군벌들, 그리고 소련과 일본 등 여러 관련자들이 경합한 결과 몽골 왕공들의 통치권이 완전히 부정되었다는 것이다. 이와 관련하여 먼저 중화민국 측의 동향에 주목할 필요가 있다. 내몽골 지역을 청으로부터 유산으로 승계받은 영토로 간주하는 중화민국 정부는 그 지역을 직접통치하기 위한 노력을 지속적으로 전개하였다. 1914년 즈리성(直隷省)의 러허도(熱河道), 산시성(山西省)의 쑤이위안도(綏遠道)와 싱허도(興和道) 및 내몽골 동4맹(東四盟)과 서2맹(西二盟) 지역에 각각 '러허(熱河)' · '쑤이위안(綏遠)' · '차하르(察哈爾)' 등의 특별구를 설치하였다. 1928년 9월에는 특별구를 각각 쑤이위안성(綏遠省), 러허성(熱河省), 차하르성(察哈爾省)으로 전환한다는 결정을 내렸다.[10] 성의 설치는 1930년대 국민정부가 해당 지역을 개발하고 통합하려는 노력으로 이어졌다.

그런데 1931년 일본 관동군의 만주 점령은 동아시아 국제정세에 커다란 충격파를 일으켰다. 1932년 12월 중·소 양국은 정식으로 외교 관계를 회복했다. 1936년 3월 12일에 체결된 소련과 몽골인민공화국의 호조협정에도 불구하고, 1937년 8월 21일 중소상호불가침조약을 체결하고 이어서 제2차 중소합작이 이루어졌다.[11] 중앙 내몽골 지역의 젊은 지도자 덕왕(뎀축동롭) 등은 1933년 7월 26일 바이링먀오(百靈廟)에서 몽골자치운동을 일으켰다. 중화민국 정부는 뎀축동롭(德王)을 포섭하여 영향력을 확대하려고 했지만, 1935년 무렵에는 일본 측도 그를 이용할 계획을 추

10 朴章培, 2000, 「청말·민국시대 중국의 변경 지배와 동부 티베트[Khams]-서강성 창건 과정(1903-1939)을 중심으로-」, 서강대 대학원 박사학위논문, 166쪽.

11 정형아, 2018. 3., 「차선의 파트너: 1931-1941년 중소양국의 협력관계 연구」, 『중국근현대사연구』 77, 180쪽.

진하고 있었다.[12] 일본 관동군은 1933년 초에 러허를 점령한 후에 '내몽골작전'을 시작했다. 1936년 7월 장제스(蔣介石)의 국민정부는 몽골자치운동이 일본과 연결되자, 몽골자치운동 지원을 폐기하였다.[13]

1936년 2월 12일 덕왕부(德王府)에서는 '몽골군총사령부' 건립대회를 거행하였다. 1937년 '7·7사변'이 일어난 이후 차하르, 산시, 평수로(平綏路) 일대가 일본군에게 점령당했다. 일본군은 1937년 8~10월에 걸쳐 실시된 차하르작전이라고 일컬어진 내몽골(차하르성·쑤이위안성)의 분리공작을 벌였다. 내몽골 각지에는 3개의 '자치정부'가 출범했다. 일본인들의 획책하에 장자커우(張家口)의 찰남자치정부(察南自治政府), 다퉁(大同)의 진북(晉北)자치정부, 후흐호트의 몽골연합자치정부가 만들어졌다. 1937년 11월 12일 앞의 세 조직이 병합되어 '몽강(蒙疆)연합위원회'가 만들어졌고, 1939년 9월에는 '몽강연합자치정부'라는 이름으로 개명되었다.[14] 이것은 일제가 기획한 '방공(防共)회랑'의 일환이라고 이해되기도 한다.[15]

1931년 만주사변 이후, 특히 1937년 중일전쟁 전후에 내몽골 지역은 중화민국 통제구와 일본군 통제구로 대별되었다. 중화민국은 내몽골인들의 '고도자치'를 수용하면서 일본군의 공세를 막으려고 하였지만, 몽강연합자치정부의 등장은 내몽골이 일본의 통제권으로 편입된 상황을 보여주었다. 실제로 몽강연합자치정부는 군사 활동, 경제와 교육 등 일

---

12 김선호, 2000, 앞의 글, 60쪽.

13 徐懌達, 2019. 4. 7., 「二十世紀三十年代中期國人對蒙古自治運動和蒙古社會狀況的認識」, 內蒙古大學 碩士學位論文, 5쪽.

14 李安慶, 1988. 5. 30., 「"蒙疆聯合自治政府"略述」, 『歷史教學問題』, 21쪽.

15 祁建民, 2019. 6. 25., 「從日本"防共回廊"計劃看中共大青山游擊根据地的戰略意義」, 『中共党史研究』, 13쪽.

종의 '국가 효과'를 발휘하여 식민지 수탈과 개발의 양태를 보여주고 있었다. 이것은 일본군의 일방적인 공작이 먹혀들어간 것만이 아니라 내몽골 지역 몽골인들의 자치와 독립 지향도 일정한 역할을 한 것으로 보인다. 1941년 4월 소련이 일본과 중립조약을 체결하면서 중화민국이나 중국공산당의 활동에 영향을 주었던 것으로 보인다. 내몽골인들은 소련, 일본, 중화민국 세력의 각축 속에서 지역에 따라 다른 선택을 했다. 외몽골의 향배는 1945년 2월 얄타회담에서 루스벨트(Frankklin Roosevelt)가 스탈린(Iosif Stalin)에게 외몽골의 국가 지위를 인정함으로써 결정되었다고 할 수 있다.

그런데 내몽골에는 중화인민공화국이 수립되기도 전에 '민족자치구'가 설립되었다. 1945년 제2차 세계대전이 끝나고, 내몽골에는 독립국을 수립하려는 움직임이 있었다. 이에 대항하여 중공당원(中共党員) 몽골족(蒙古族人) 우란푸(烏蘭夫)는 1945년 11월 25일 '내몽골자치운동연합회(内蒙古自治區運動聯合會)'를 발족시켰다. 이것은 중일전쟁이 끝나자마자 중국공산당이 연방제를 폐기하고 민족구역자치제를 추진하고 있었다는 것을 의미한다. 내몽골에 독립국을 세우려던 세력은 몽골족 상층부의 인물들로 청대의 몽골 왕공들과도 연속성이 있었다. 내몽골의 몽골 왕공들은 청제국에서 만주족과 몽골족의 긴밀한 혼인 관계를 맺는 등 제국 통치의 핵심 파트너였다. 중화민국 시기를 거치며 이제 몽골 왕공들은 역사에서 퇴출되었다.

1947년 5월 1일 '내몽골자치구'의 건립에 대해서는 앞서 참고한 김선호의 연구가 있다. 이에 따르면 "1945년 8월 8일 소련의 대일 선전포고와 10일 몽골인민공화국의 선전포고 직후 소·몽연합군은 만주리를 통과하여 흥안령 지역으로 진군하고 이어 동몽골 지역을 장악하게 된다.

이때 귀족층과 청년들은 하펑가(哈豊阿), 테무르바가나(特木爾巴根) 등을 중심으로 싱안맹(興安盟)에서는 '내몽골인민혁명당'을 결성하고 이른바 '내몽골인민해방선언'을 통해 내몽골과 몽골인민공화국의 합병을 주장하며, 대표단을 몽골인민공화국에 파견하여 내·외몽골 합병을 논의하지만 몽골인민공화국은 거절한다."[16] '내·외몽골 병합'에 실패한 테무르바가나, 하풍가, 보얀만다흐(博彦滿都) 등은 1946년 9월 9일 수니트우기(蘇尼特右旗)에서 '내몽골인민공화국 임시정부'를 조직하였는데, 이 정부에서 "각 지방의 왕공 계층 등은 정치적·경제적 기득권과 독립에 대한 열망으로 (중국)공산당과의 협력을 반대"했다.[17]

중국공산당원 우란푸는 1945년 11월 26일 장자커우에서 '내몽골자치운동연합회'를 발족시키고, 내몽골 서부와 중부를 중국공산당의 영향권에 두었다. 중국공산당은 외몽골은 독립국가, 내몽골은 자치구로 하기로 소련과 합의한다.[18] 우란푸는 '동몽골인민자치정부'와 적극 접촉하여 세력을 확대해갔다. 여러 우여곡절을 거쳐 1947년 5월 1일 내몽골자치정부가 수립되고 우란푸가 자치구 주석으로 선출되었다. 내몽골자치정부 수립 이후 같은 해 7월 중공내몽골공위(工委)가 설치되었는데 이는 내몽골에서 토지개혁과 지주 세력 일소 등 내몽골 개혁에서 핵심적 역할을 하였다. 1948년 1월에 내몽골군구(軍區)를 설치하면서 기병 1개 사단을 창설하였고, 10월에는 1개 사단을 증설하였다. 내몽골 기병대는 동북에서 일본군의 무기를 흡수하여 무장을 강화하고 중국공산당이 북

16 김선호, 2000, 앞의 글, 61쪽.

17 김선호, 2000, 위의 글, 62쪽.

18 김선호, 2000, 위의 글, 63쪽.

부 중국을 장악하는 데 매우 큰 역할을 하였다.[19]

1947년 10월 10일 중국공산당 중앙은 '중국토지법대강'을 반포하여 '경자유전'의 원칙을 실행하였고, 이때 내몽골 동부에서는 대대적인 토지개혁운동이 벌어졌다.[20] 내몽골자치구에서 제정된 '내몽골토지제도개혁법'은 16조의 '중국토지법대강'에 내몽골의 상황에 필요한 내용을 보탠 것이었다. 내몽골자치구 서부(쑤이위안성)는 1949년 9월에 중국공산당이 차지했는데, 1951년 12월 3일 쑤이위안성 인민정부가 토지개혁 관련 3개의 법안을 제정했다.[21] 동몽골에서보다 시행착오가 적었다.

이처럼 내몽골 지역은 중화인민공화국 수립 이전인 1947년에 '민족자치구'가 설립되었다. 이것은 '항전 기간'까지도 연방제 공약을 공식적으로 폐기하지 않았다는 측면에서는 중국공산당의 연방제 공약 변경이라고 할 수 있다. 중국공산당 세력이 주도권을 잡으면서 제2차 세계대전 후에 내몽골 지역을 뒤흔들었던 민족주의 운동은 자치운동의 한계 내에서 진행되었다. 자치권을 얻었으므로 20세기 전반기에 '몽골자치론'에 적지 않은 지지를 보냈던 내몽골인들의 입장에서는 일정한 성과를 거두었다고 할 수 있다. 물론 민족구역자치의 실제는 지난 70년 동안 많은 기복이 있었다.

---

19 김선호, 앞의 글, 68쪽.

20 白鋼, 2016. 6. 1.,「內蒙古自治區土地改革研究」, 吉林大學 석사학위논문, 15쪽.

21 白鋼, 위의 글, 39쪽.

III. '내몽골자치구'와 중화인민공화국 건립 후의 내몽골 정책

중화인민공화국의 내몽골 정책은 '민족구역자치제도'라는 정치제도를 기초로 한다. 내몽골자치구의 건립 과정은 내몽골 지역의 토지개혁과 연동되며 이 토지개혁은 기득권층의 일소를 의미하였다. 왕공 등 기득권층의 일소는 내몽골인들의 독립 지향을 해소하는 과정이기도 했다. 또한 현(縣)과 맹기(盟旗)의 공존은 중화민국 시대의 유산이라고 하겠다. 내전에서 승리하여 내몽골 전역(1949년 내몽골자치구의 인구는 1,100여 만 명)을 점유한 중국공산당은 1949년 건국 후 행정체제를 더욱 정비하고 경제개발과 국가 통합 정책을 추진하였다. 중국에서 내몽골 지역의 개발은 형식적으로는 5개년 계획에 따라 추진되고 있었다.

1949년 이후 내몽골을 둘러싼 시기 구분은 편의상 다음과 같이 할 수 있을 것이다. 이른바 1966년 초반까지 '사회주의 개조 시기', 1966년 후반에서 1976년까지 '문화대혁명 시기', 1970년대 말에서 2019년 현재까지 개혁개방 시기 등으로 구분할 수 있을 것이다. 각 시기마다 국제관계와 국내 정세, 그리고 최고지도자의 성향에 따라 중국의 내몽골 정책은 반전을 거듭했는데 그 반전의 요인은 각기 달랐다. 이하에서는 간략히 각 시기의 특징을 짚어봄으로써 내몽골의 정책 기조를 서술하고자 한다.

내전에서 승리한 중국공산당 정부는 1950~1953년의 한국전쟁에 개입함으로써 '중·소 밀월기'를 맞게 되었다. 참전의 이득은 참전의 손해를 훨씬 상회했다. 이 전쟁의 참여로 인해 중국은 인명과 물량 피해도 컸지만 구미 선진 지역과 단절되는 등 막대한 유무형의 피해를 입었다. 그러나 집권 세력은 국내 반대 세력을 정리할 수 있었고 국제적으로 불평등한 관계를 넘어설 수 있었다. 1950년대 '중·소 밀월기'에는 소련의 원조에 힘입어 중국이 공업화의 기초를 다질 수 있었고, 흐루쇼프(Nikita S. Khrushchyov) 집권 전반기에는 소련의 대중 원조가 최고조에 이르렀다.

대중 동원에 의한 1950년대의 급성장은 신속히 영국과 미국 등을 따라잡으려는 조급증을 드러낸 1958년 대약진운동을 거치며 제동이 걸렸다. 또 1950년대 말과 1960년대 중·소 관계의 악화로 경제 상황이 여의치 않게 되었다. 더구나 1966년부터 10년 동안 벌어진 이른바 '문화대혁명'은 더 큰 문제를 드러냈다. 민족구역자치제도는 사실상 껍데기만 남아 있는 형편이었다. 사실상 '대한족주의'보다 나을 게 없는 민족 정책이 시행되었으며, 소수민족들이 민족적 특성을 드러내는 것은 심각한 공격의 대상이 되었다. 장궈즈(張國芝) 등이 저술한 『중국 소수민족 성구(省區) 경제사: 내몽골자치구경제사』(산시경제출판사, 2016)에는 우연히도 중화민국 시기와 개혁개방 이전 시기 부분이 빠져 있다. 원대(元代)와 명·청대의 경제까지 이야기하면서 현재의 앞부분을 빼놓은 것은 의외의 목차 구성이다.

개혁개방정책은 여타 지역과도 유사하게 내몽골에도 큰 변화를 야기했다. 그러나 동남연해 중심의 지역 불균등 발전 전략은 1990년대에 들어 지역 간 격차와 경제 수준 차이를 현저하게 드러냈다. 이런 상황에서 제기된 것이 2000년부터 추진된 서부대개발전략이다. 내몽골은 바로 이 상대적으로 낙후한 '서부'에 속했다. 2005년 혹자는 '내몽골 현상'이라는 용어를 제기했는데, 이것은 상대적으로 낙후한 지역이었던 내몽골 지역이 자원 등 자체의 우세점에 따라 경제, 사회 발전을 추진하여 전국

최고급의 성장을 이룩한 경제 현상을 말한다.[22]

주지하는 것처럼, 내몽골 지역은 자원이 풍부하며 희토류 매장량은 세계 1위, 석탄 매장량은 중국 수위이다. 1991년 중국이 '사회주의 시장경제'를 건설한다는 목표를 세우고 경제개발을 추진하자 경제성장 속도가 전례 없이 빨라졌다. 내몽골의 자원형 산업을 보자면, 1991년에서 2010년까지 20년 동안 109억 위안에서 7,839억 위안으로 71배나 성장했다.[23]

이러한 경제성장은 서부대개발전략(2000~2012년) 시기와 '일대일로' 추진 시기(2013~2019년 현재)에도 이어지는데, 경제성장의 명암을 잘 보여주는 사건은 유목민 사망 사건이다. 중국 정부의 내몽골 개발에 대한 반응 중에서 의미가 큰 사건은 2011년 5월 10일 밤 고의성 짙은 교통사고로 유목민 메르겐이 사망한 사건이다.

몽골족 유목민으로 반개발 활동가인 메르겐(35)이 서우젬친기(西烏珠穆沁旗)에서 춘청집단(春城集團) 소속으로 알려진 한족 운전사 리린둥(李林東)과 루샹둥(盧向東)이 운전한 24톤 석탄 운반 트럭에 치여 사망했다. 또 5월 15일 광산 측과 유목민들이 충돌하여 주민 1명이 사망했다. 간헐적인 항의 시위는 5월 23일부터 거리 시위로 발전하여 서우줌친기 수룬후(正藍旗)에 이어 실링호트(錫林浩特) 등에서 거리 시위가 발생했다. 5월 25일 시린호트의 시위에 약 2천 명의 학생들이 참가하여 내몽골에서 지난 30년 동안 발생한 시위 중에서 가장 큰 규모를 기록했다. 내몽골에서는 1995년, 1996년, 2008년, 2010년에 소규모 반정부

---

22 張國芝 등, 2016,『中國少數民族省區經濟史 內蒙古自治區經濟史』, 太原: 山西經濟出版社, 93쪽.

23 張國芝 등, 2016, 위의 책, 148쪽.

시위가 발생했다. 2011년 5월 30일 대규모 시위가 내몽골 전역을 대상으로 추진되었으나 당국의 철저한 봉쇄로 무산되었다.

메르겐 사망 사건은 내몽골 개발로 인한 목초지 파괴와 생태 위기가 초래한 사건이다. 2002~2009년까지 내몽골 경제성장 속도는 중국 전체에서 최고 수치를 기록했으며, 내몽골은 중국 내 석탄과 희토류 생산기지가 되었다. 그러나 내몽골 경제는 목초지의 파괴와 사막화를 초래하여 몽골족의 생존 기반과 전통 생활 방식을 파괴하였으며, 성장의 과실도 주로 한족에게 돌아가 몽골족의 상대적 박탈감도 심화되었다.

이번 사건의 심층적 원인은 한족과 몽골족의 민족 갈등으로 파악된다. 19세기 중반 이래 증가한 한족 인구는 현재 내몽골 인구의 80%에 이를 정도로 큰 비중을 차지하고 있어 사회 각 분야에서 몽골족의 소외감이 존재한다. 시위가 발생한 지역은 주로 몽골족 유목민이 많고 학생을 포함한 젊은 층이 많은 지역이었다. 메르겐 사망 당시 한족 운전사가 목초지 통과를 막는 유목민들에게 교통사고 배상금이 40만 위안이라고 했다는 소식이 있었다. 민족 차별 의식 이외에 내몽골 몽골족은 문화대혁명 시기에 구소련에 영합하여 외몽골과 통합하려 한다는 의심을 받아 심각한 박해를 받았다는 피해의식이 있다.

한편 2020년 8월 말부터 9월 초순에 걸쳐 내몽골자치구에서 벌어진 내몽골 주민들의 몽골어 교육 축소 반대 시위도 중국의 내몽골 정책의 현주소를 보여준다는 점에서 주목할 만하다. 신장위구르자치구와 시짱자치구에서는 2017년과 2018년에 통합 교과서를 사용하기 시작했는데, 2020년 가을 학기부터는 내몽골와 지린성, 랴오닝성, 간쑤성, 칭하이성, 쓰촨성에서도 통합 어문 국정교과서를 사용하도록 하였다. 내몽골 교육당국은 8월 26일 '전 자치구의 민족 언어 수업 학교의 초등학교 1학년과 중학교 1학년에 대한 국정교과서 어문 교재 사용 방안(全區民族語言授課學校小學一年級和初中一年級使用國家統編語文教材實施方案)'을 발표했다. 이는 9월 신학기부터 초등학교 1학년과 중학교 1학년의 어문 과목의 교재로 몽골어가 아닌 한어로 된 국정교과서를 사용한다는 내용이었다. 그리고 2021년에는 '도덕과 법치' 교재를, 2022년에는 '역사'를 한어로 된 국정교과서로 가르치겠다고 했다. 3개 교과 이외의 다른 교재는 변함없이 몽골어문을 사용한다고 밝혔다.[24] 이는 '쌍어 교육(이중언어 교육)' 정책의 기조는 변함이 없다고 밝힌 것이다.

그러나 몽골인들은 이 정책이 몽골어 사용을 막는 정책이라고 반발하고 있다. 이러한 교육 정책 변경은 내몽골 주민의 반발을 야기하여 8월 30일, 31일에는 통랴오시(通遼市) 일원은 물론 실링골맹(錫林郭勒盟), 훌룬보이르(呼倫貝爾市) 등 여러 도시에서 시위가 일어났다. 또 몽골 정부는 구체적으로 언급하지 않으며 신중한 입장을 보이고 있지만, 몽골국의 수도에서는 울란바타르 시민들의 연대 시위도 일어났다.

『내몽골일보』에 의하면, 9월 6일 부샤오린(布小林) 내몽골자치구 주석이 4~5일에 여러 학교를 방문해 '흔들림 없는 정책 추진'을 독려했다. 치안 당국은 여러 명의 지명수배자들의 현상금을 제시했다고 한다.

몽골인들의 반발은 몽골어와 몽골 문화가 위기에 처했다는 위기의식이 작용한 것으로 보이는데, 중국 당국이 '한어 교육'을 강화하는 움직임이나 몽골인들의 민족주의적 정서가 표출되는 점 모두 중국의 민족 정책과 현실 인식과 관련하여 이해할 필요가 있다. '민족구역자치제도'를 근간으로 하는 중국의 '제1세대 민족 정책'은 소수민족 우대 정책이

24 https://www.sohu.com/a/415034932_205141.

라고도 표현될 정도로 이른바 '대한족주의'와 '지방민족주의'를 억제하는 기조 위에서 정립되었다. 한어 교육의 강화는 현재 중국 정책 당국의 관점에서는 중화민족 공동체 의식을 강화하는 기제로 이해되고 있는 것으로 보인다. 그러나 그동안 '쌍어정책' 속에서 민족언어와 민족문화를 인정받았다고 생각한 비한족의 입장에서는 기존의 정책을 변경하는 것으로 이해되고 있다고 생각된다.

최근의 시위 사태는 민족 문제를 가장 성공적으로 관리한 지역으로 평가받으며 민족 문제 해결의 모델로 간주되는 내몽골에서 민족적 불만이 폭발했다는 점에서 그 귀추가 주목된다. 이후 사태가 한족과 몽골족의 민족 충돌로 전개되지는 않을 것으로 보이지만, '제2세대 민족 정책(第二代民族政策)'은 시험대에 올랐다고 할 수 있을 것이다. 2011년 제기된 '제2세대 민족 정책'은 후안강(胡鞍鋼)과 마룽(馬戎) 등이 체계화한 것으로, 국가의 공식적인 민족 정책으로 채택된 것은 아닌 듯하다. 그러나 현재의 내몽골 사태와 같은 것은 '제2세대 민족 정책'이 상당 부분 시행되고 있는 현실을 드러낸다고 볼 수도 있을 것이다.

앞서 살펴본 바와 같이, 사실 모범 자치구인 내몽골에는 중국 측의 안정적 지배가 이루어졌다. 19세기 중엽에 이미 동몽골에서는 한족 인구가 몽골인 인구를 능가했다. 1947년 내몽골자치구 설립으로 내몽골은 자치구 제도의 모델이 되었다. 몽골족 인구의 비중은 전체 인구의 17%로 매우 낮은 것이 현실이다. 이에 따라 몽골족은 민족 정체성에 대한 위기의식을 갖게 되었다. 특히 시장경제 상황에 적응하기 위한 민족어 외면으로 몽골어는 소멸 위기에 몰렸다. 이와 함께 개혁개방 이후 경제 개발로 인한 전통 생업 파괴와 생태 위기가 심각해졌다.

몽골족에 관련한 중국의 소수민족 통합 제도는 여전히 민족구역자치제도다. 자치구는 사실 내지의 여타 성·시와 본질적인 차이가 없으나 현실적으로 소수민족 정책은 소수민족 우대 정책의 외양을 갖고 있다. 실질적인 내용은 이익 공유와 회유를 통한 동화 정책이다. 특히 중국의 공식적인 역사 인식은 몽골족의 역사를 중국사의 일부로 간주하는 것으로, '북강항목'은 이런 역사 인식을 강화하고 몽골족을 통합시키려는 논리 개발을 위한 국책사업이라고 할 수 있다. 최근 정치적 관리와 경제적 개발의 성과는 중국에서는 '중국변강학'이라는 개념으로 정리되고 있고, 여기에서 몽골족의 비중도 적지 않다. 가장 모범적인 자치구에서 일어나는 현재의 여러 사태는 민족 정책의 중요성과 탈냉전시대의 민족 문제의 복잡성을 보여준다고 하겠다.

Ⅳ. 맺음말: 중국 내몽골 정책의 특징

중국의 내몽골 정책의 핵심은 앞에서 살펴본 것처럼 민족구역자치구제라는 민족 통합 정책이며, 실제 국가 정책으로 인해 민족구역자치제의 실상이 크게 달라졌다. 예컨대 '문화대혁명' 시기에는 소수민족의 문화와 특성이 '지방민족주의'와 같은 공격적 용어로 크게 억압을 받았다. 반대로 개혁개방 시기에는 시장의 힘이 전통적인 민족 사회를 크게 바꾸고 있다. 내몽골자치구 설립 초기에는 전통적인 몽골족 귀족층이 철저히 해체되었다. 그 위에 문화대혁명 시기에는 민족성 자체가 억압과 탄압의 대상이 되었다.

그런데 시장의 힘이 강해진 개혁개방 시기에 내몽골자치구는 몽골족의 민족문화 자체가 해체되고 재구성되는 본격적인 변동의 장이 되고 있다. 자원형 개발이 이루어지고 있는 최근 내몽골 사회는 급속한 경제 발전과 대대적인 도시화가 이루어졌다. 내몽골의 몽골족 사회는 사실 탈민족화되는 흐름과 재민족화되는 흐름이 공존하고 있는 것으로 보인다. 내몽골 사회의 여러 문제에 대처하기 위해 중국 정부에서는 경제, 사회 개발 전략의 기조 위에서 '초원공정', '북강공정' 등 다양한 역사문화 연구사업을 진행하고 있다. 이것은 내몽골 사회에 대한 이해를 넓혀주는 효과가 적지 않다고 할 수 있으나, 내몽골 몽골족 사회를 제약하는 틀이 새롭게 만들어질 수도 있을 것이다.

이와 관련하여 최근 중국 학계가 진행하는 대대적인 내몽골 연구사업들은 2008년 세계 금융위기 이후 전 세계적으로 강화되는 문명권의 재구성과도 관련이 있는 것으로 보인다. 세계 각지의 종교의 부흥 현상과 문명론적인 정체성 강화는 내몽골 초원문명에도 충격을 가하고 지속적인 자극을 주고 있다. 향후 단순히 내몽골 연구는 내몽골 지역 정책이나 민족 정책의 차원을 넘어 유라시아 초원 유목문명의 변화와 사상사적·정신사적인 변화에도 주목해야 할 것으로 보인다. 현대 디지털 문명은 초원 유목 사회에도 큰 영향을 미치고 있으며 유목문명의 디지털 전환에는 중국 학계의 몽골 연구사업, 민족문화 정리 사업이 큰 역할을 하고 있는 것으로 주목할 필요가 있다.

참고문헌

貴志俊彦·안지나, 2019. 4., 「국경분쟁, 영토문제와 보도 미디어: 아사히(朝日)신문사 후지(富士)창고 자료의 '몽골 관련 사진'」, 『만주연구』 27.

金鮮浩, 2000. 4., 「『內蒙古自治區』 成立過程 硏究」, 『근대중국연구』 1.

金世昊, 2015. 3., 「중화민국시기 헌법초안 및 정치문건에 나타난 '邊疆'의 위상과 중앙정부와의 관계: 중국국민당 및 중국공산당의 '변강' 인식과 정책을 중심으로」, 『중국근현대사연구』 65.

김준엽, 1970. 1., 「중공 혁명노선의 변천」, 『아세아문제』 1(1).

金志煥, 2019. 6., 「中日戰爭期 중국의 戰時外交와 국제관계」, 『동양사학연구』 147.

박장배, 2017. 12, 「1930년대 顧頡剛의 역사지리 인식과 변강학 연구」, 『중국근현대사연구』 76.

배경한, 2011. 12., 「동아시아 역사 속의 신해혁명: 공화혁명의 확산과 동아시아국제질서의 재편」, 『동양사학연구』 117.

李善愛, 2018. 4., 「滿文史料를 통해 본 後金시기 滿·蒙 관계」, 『명청사연구』 49.

이평래, 2012. 9., 「몽골과 중국의 다리강가 領有權 분쟁」, 『동북아역사논총』 37.

鄭圭永, 1999. 7., 「콜로니얼리즘과 학문의 정치학: 15년전쟁하 경성제국대학의 대륙연구」, 『교육사학연구』 9.

정형아, 2018. 3., 「차선의 파트너: 1931-1941년 중소양국의 협력관계 연구」, 『중국근현대사연구』 77.

최덕규, 2013. 6., 「러·일의 내몽골 분할협약 연구(1912): 제3차 러일협약 체결 과정을 중심으로」, 『영토해양연구』 5.

______, 2013. 12., 「申采浩의 世界觀과 第3次露日協約(1910-1912): 러·일의 내몽골분할협약(1912)체결을 중심으로」, 『만주연구』 16.

최우길, 2005. 5., 「중국 소수민족정책의 진화: '민족구역자치제도'의 변용과 개혁·개방 초기 조선족 사회에의 적용을 중심으로」, 『전남대학교 세계한상문화연구단 국내학술회의』.

편집부, 2013. 11., 「大川周明의 '만몽문제'에 관한 연구」, 『동북아시아문화학회 국제학술대회 발표자료집』.

祁建民, 2019. 1. 15.,「蒙疆政權研究的回顧與展望」,『內蒙古師范大學學報(哲學社會科學版)』.

______, 2019. 6. 25.,「從日本“防共回廊”計劃看中共大青山游擊根据地的戰略意義」,『中共黨史研究』.

李健, 2007. 12. 15.,「內蒙古自治區爲什麽成立于建國前?」,『中學歷史教學』.

李紀恒, 2017. 8. 20.,「在內蒙古自治區成立70周年慶祝大會上的講話」,『內蒙古宣傳思想文化工作』.

李丹, 2012. 5. 12.,「從民族主義角度看德王及其領導的內蒙自治運動」,『內蒙古師范大學』.

李安慶, 1988. 5. 30.,「“蒙疆聯合自治政府”略述」,『歷史教學問題』.

馬麗芳 · 周總印, 2015. 11. 10.,「僞蒙疆政權在張家口的統治」,『檔案天地』.

明月, 1997. 7. 15.,「德王发動百灵庙“自治”運動的起因, 本质和结果」,『內蒙古大學學報(人文社會科學版)』.

毛湛文, 2019. 10. 10.,「民族地區縣級融媒體中心的困境與突圍--基于內蒙古自治區的調研和思考」,『青年記者』.

白鋼, 2016. 6. 1.,「內蒙古自治區土地改革研究」, 吉林大學 석사학위논문.

查娜, 2016. 3. 29.,「民族區域自治制度在內蒙古的實踐與完善」, 內蒙古師范大學 석사학위논문.

徐懌達, 2019. 4. 7.,「二十世紀三十年代中期國人對蒙古自治運動和蒙古社會狀況的認識」, 內蒙古大學 碩士學位論文.

星野昌裕 · 蘇日娜 · 烏蘭, 2000. 6. 15.,「內蒙古自治區成立之歷史考察」,『中國邊疆史地研究』.

關智英, 2019. 3. 15.,「“蒙疆”概念之考察」,『內蒙古師范大學學報(哲學社會科學版)』.

孫迪, 2017. 4. 10.,「烏蘭夫與內蒙古自治區的成立」,『紫光閣』.

宋立志, 2017. 4. 10.,「內蒙古自治區--我國最早成立的少數民族自治區」,『實踐(黨的教育版)』.

穎康, 1995. 8. 15.,「僞蒙疆聯合自治政府」,『民國春秋』.

俞正聲, 2017. 8. 20.,「在內蒙古自治區成立70周年慶祝大會上的講話」,『內蒙古宣傳思想文化工作』.

人民日報 評論員, 2017. 5. 10.,「把祖國北疆打造得更加亮麗--熱烈慶祝內蒙古自治區成立70周年」,『實踐(思想理論版)』.

臧運祜, 2009. 9. 15.,「關于抗戰時期偽蒙疆政權史的研究(代序)」,『內蒙古師范大學學報(哲學社會科學版)』.

丁金林, 2016. 12. 15.,「見證內蒙古自治區成立的紙幣」,『江蘇錢幣』.

趙雲田 主編, 2003,『北疆通史』, 鄭州: 中州古籍出版社.

陳宏, 2014. 12. 31.,「日本侵略者建立的傀儡政權-"蒙疆聯合自治政府"」,『大連近代史研究』.

巴特爾, 2017. 7. 8.,「內蒙古自治區的成立 是石破天驚的創舉」,『中國民族』.

편집부, 2007. 8. 6.,「紅色記憶 內蒙古自治區成立始末」,『中國民族』.

哈斯木仁·布和, 2001. 9. 30.,「關東軍的"內蒙工作"和偽蒙疆政權的建立」,『內蒙古民族大學學報(社會科學版)』.

胡小波, 2004. 9. 15.,「我國五個民族自治區的成立」,『民族大家庭』.

2장

중국 학계의 내몽골자치구사 서술 분석

김장구
동국대학교 문화학술원 유라시아실크로드연구소 전문연구원

I. 머리말

오늘날 중화인민공화국의 성급(省級) 행정구역인 내몽골자치구(內蒙古自治區)는 1947년 5월 1일, 즉 1949년 10월 1일 성립된 중화인민공화국보다 2년 5개월 먼저 설립되었고,[1] 이후 새롭게 성립되는 다른 '자치구'의 모범이 되었다.[2] 뒤를 이어 '신장위구르(新疆維吾爾)자치구'는 1955년 9월 30일, '광시좡족(廣西壯族)자치구'는 1958년 3월 5일, '닝샤회족(寧夏回族)자치구'는 1958년 10월 25일, '시짱(西藏)자치구'는 1965년 9월 9일에 각각 성립되었다.[3]

따라서 중화인민공화국(이하 '신중국' 또는 '중국')의 소수민족 정책과 변강정책의 흐름과 변화를 파악하고자 한다면, 내몽골자치구를 예로 들어 살펴보는 것이 가장 효과적이라고 할 수 있다. 이 글에서는 그중에서도 1949년 이후 중국 역사 학계, 특히 내몽골자치구에서 출간된 간사(簡史)류나 통사(通史)류의 '몽골족(蒙古族)' 관련 서술과 '내몽골자치구사' 서술의 흐름과 변화 등을 비교, 분석하여 그 특징을 밝혀내고자 한다.[4]

중국 중앙정부에서 볼 때 '내몽골자치구'는 오늘날에도 신장위구르자치구나 시짱자치구 등에 비해 비교적 안정적인 통치가 이루어지는 지역이라고 이해할 수 있다.[5] 한편 내몽골자치구의 몽골족들은 그들 스스로

---

1 郝維民 主編, 1991, 『內蒙古自治區史』, 呼和浩特: 內蒙古大學出版社, 1쪽.

2 郝維民 主編, 1991, 위의 책, 1~2쪽.

3 國家民族事務委員會硏究室, 2006, 『新中國民族工作十講』, 北京: 民族出版社, 87~88쪽.

4 이와 관련하여 중국 역사학계에서는 費孝通, 1987(1999), 『中華民族多元一體格局/(修訂本)』, 北京: 中央民族學院出版社가 가장 중요한 이론적 배경을 제공한다.

5 심혁주, 2014, 「시짱항목의 실태와 추진 현황」, 박장배 등, 『중국의 변경 연구』, 동북

를 '중화민족(中華民族) 대가정(大家庭)'의 자랑스러운 일원이라고 고백할 수밖에 없는 현실과 상황 등에 놓여 있음을 잘 알고 있을 것이다. 그러나 국가 중앙의 방향과 다른 발언과 서술은 공식적으로 불가능하기 때문에 일부 지식인들은 해외로 망명하거나 '반체제 인사'로 지목되어 감시를 받는다.[6]

한 가지 유의할 점은 '몽골족간사'나 '몽골족통사'류는 '몽골족' 이전 고대 유목민과 유목국가 등에 대해서 언급하지 않고, '몽골족'의 기원을 간략하게 언급한 후 칭기즈칸의 몽골제국 시기부터 서술하고 있다는 사실이다. '몽골 민족통사'는 '몽골족의 기원'을 다루기는 하지만 역시 주된 서술 내용은 13세기 칭기즈칸과 몽골제국부터이다. 한편 『내몽골통사강요』(2006)는 내몽골지구의 선사시대부터 사회주의 시기(2000년 12월)까지 다루고 있고,[7] 『내몽골통사』(2007)는 내몽골 지역의 선사시대 역사부터 민국 시기, 즉 1949년 '신중국 성립 이전'까지만 다룬다는 특징이 있다.[8]

이하 본문에서 중국, 특히 내몽골자치구에서 발간된 단행본 등의 자료를 통해 각 시대별로 '내몽골자치구사(內蒙古自治區史)'를 어떤 관점에서 서술하고 있는지, 오해나 고의적인 역사 왜곡은 없는지 등을 최대한 객관적인 시각을 가지고 분석하고자 한다.

아역사재단; 이평래, 2014, 「북강항목의 실태와 추진 현황」, 박장배 등, 『중국의 변경연구』, 동북아역사재단; 정재훈, 2019, 「개혁 개방 이후 중국의 신장 실크로드사 연구」, 『동북아역사논총』 65호, 동북아역사재단.

6 양하이잉(楊海英), 2018, 『反중국 역사』(우상규 옮김), 파주: 살림, 특히 7장 289~315쪽.

7 郝維民·齊木德道爾吉 主編, 2006, 『內蒙古通史綱要』, 北京: 人民出版社.

8 曹永年 主編, 2007, 『內蒙古通史』 1-4, 呼和浩特: 內蒙古大學出版社.

II. 신중국 성립 이전 '소수민족 문제'에 대한 인식: 『몽골민족문제』(1946/1993)를 중심으로

오늘날 중국의 큰 관심사는 정치·경제뿐 아니라 소수민족 문제, 빈부 격차, 자원 개발과 환경 문제 등 너무나 많고 다양하다. 그중에서 중국공산당의 '소수민족 문제'에 대한 깊은 관심은 이미 신중국 성립 이전부터 명확하게 존재했다.

> 중국공산당은 몽골사 연구를 극히 중요하게 여긴다. 일찍이 **항일(抗日)전쟁 시기인 1940년을 전후하여 옌안(延安)에서 민족문제연구회를 성립했으며**(필자 강조-이하 동일함), 조직적이고 영도적으로 몽골(민족) 문제를 연구했다. 옌안에서 마르크스주의 사학 공작자(工作者)가 몽골의 역사와 사회 문제를 연구하였고, 민족문제연구회가 그의 『몽골민족문제』라는 책을 편찬·출간하여 몽골족의 사회 역사 발전의 규율과 민족 관계 등을 탐색하였고, 일본 제국주의의 몽골 민족 침략과 압박, 국민당 반동파의 대한족주의(大漢族主義)를 드러내서 비판하였다. 이 책은 **중국의 몽골 사학자가 유물사관(唯物史觀)에 입각하여 쓴 첫 번째 몽골사 전문서적**이다.[9]

이 『몽골민족문제(蒙古民族問題)』는 본문이 65쪽밖에 안 되는 소책자지만 당시 '중국공산당'의 입장을 명확하게 대변했기 때문에 항일(중일)

9 內蒙古社會科學院歷史所『蒙古族通史』編寫組, 2001, 「緒論」, 『蒙古族通史(修訂版)』 上·中·下, 北京: 民族出版社, 17쪽.

전쟁 시기임에도 불구하고 '민족문제연구회'가 출간해준 것이다.[10] 이하 이 책의 내용 중에 중국공산당 중앙의 '민족 문제'에 대한 인식과 이념 등이 어떻게 서술되었는지를 살펴보겠다. 먼저 이 책의 「출판 설명」을 살펴보자.

> 이 책은 류춘(劉春)이 항일전쟁 시기에 '몽골 민족 문제'를 전문적으로 연구한 것으로, 1940년에 쓰기 시작하여 1942년 5월에 초고를 완성하였고, 두 차례 개수(改修)를 통해 1944년 말에 완성한 저술이다. 1945년 봄 다시 교열을 보고 옌안에서 출판하려고 했지만, 일본이 항복하여 항일전쟁에서 승리함으로써 인쇄는 하지 못했다. 저자는 원고를 가지고 장자커우(張家口)로 가서 1946년 내몽골출판사(內蒙古出版社)에서 발행할 수 있었다. 최근에 저자(류춘)는 우연한 기회에 65쪽밖에 안 되는 이 얇은 책의 원본을 구하게 되어, 1993년 베이징 민족출판사(民族出版社)에서 다시 출판하였다. 이 책을 다시 출간한 배경은 "이 책이 출간된 것이 거의 40여 년이 되었지만, 책의 내용과 정황 등이 간단명료하고 **중국공산당의 이른 시기에 민족 문제를 연구한 저작**으로, 여전히 중요한 역사 문헌으로서 가치를 가지기 때문이다."[11]

본문은 10장이고, 11장은 결론 부분이다. 이하 중요한 내용만을 골라서 분석하겠다. 제1장의 제목은 「몽골과 몽골 민족」(1~3쪽)이다.

10 劉春, 1946, 『蒙古民族問題』, 張家口: 內蒙古出版社. 그러나 원본은 구득하지 못했으며, 필자가 이용한 판본은 다음과 같다. 民族問題硏究會 編, 1993, 『蒙古民族問題』, 北京: 民族出版社.

11 民族問題硏究會 編, 1993, 「出版說明」, 『蒙古民族問題』, 北京: 民族出版社.

13세기(1206년) 이전 蒙古(Mongol)는 현재 몽골 지방에 있던 한 부락에 대한 명칭이었다. 13세기에 몽골인들이 강성해진 영향으로 인해, 몽골은 몽골 민족과 몽골 지방을 아우르는 명칭이 되었다. …… 명대 이후 한문 서적에서는 모두 '몽고(蒙古)'라고 적었다. 몽골인에 대한 다른 명칭은 **'달단(韃靼, Tatar)'**인데, …… 현재 몽골인들이 자신들을 부르는 명칭은 아니다. **한인(漢人)들 중에 몽골인을 '달자(韃子)'**라고 부르는 이가 있는데, 이는 **모욕적인 호칭이기 때문에 마땅히 폐지**해야 한다.[12]

이 책의 저자는 제일 먼저 '몽고(蒙古)'와 '달단(韃靼)'의 기원을 설명하고, 이어서 '한인(漢人)'들이 몽골인을 낮춰 부르는 '달자(韃子)'라는 호칭을 폐지해야 한다고 주장하였다. 이 주장을 보면, 당시까지도 '한인'들이 '몽골인'들을 '달자(韃子)'라고 낮춰 부르는 경우가 있었다는 사실을 알 수 있고, '달자'라는 호칭을 폐지해야 한다는 주장은 중국공산당이 '신중국' 성립 이후 세운, 한족과 모든 소수민족이 평등한 권리를 갖는 '민족 평등'의 원칙에 부합한다고 이해할 수 있다.[13]

다음으로 1940년대 일본 제국의 무력 통치하에 있던 내몽골의 현실에 대한 저자의 인식과 서술을 살펴보겠다.

몽골인민공화국 건립 후 **외몽골은** 자유로운 해방을 맞아 **행복한 민주자유적인 생활**을 하고 있다. 다른 한편, 제국 일본(日寇)의 침략으로

12 民族問題硏究會 編, 1993, 앞의 책, 1~2쪽.

13 國家民族事務委員會硏究室, 2006, 『新中國民族工作十講』, 北京: 民族出版社, 특히 8-9강, 142~185쪽.

> 말미암아 **내몽골은** 이흐조맹(伊克昭盟)만을 제외하고 나머지 지역은 **모두 제국 일본의 노예 상태**가 되었다. …… 다행히 제국 일본의 노예 상태가 아닌 지역의 몽골 인민들이라 하더라도, 여전히 **중국 대지주(大地主)와 대자산 계급(大資産階級), 대한족주의(大漢族主義)의 암흑 통치와 잔혹한 압박에 시달리고 있으며**, 중국 **파시스트 독재자와 국민당의 폭정하에서 신음하는 몽골인**은 대략 30만~40만 명에 달한다.[14]

이 책의 저자가 보기에 1940년대 '몽골인민공화국'은 1921년 독립과 1924년 '사회주의 혁명'을 통해 해방되고 민주자유적인 삶을 살고 있는데 비해 내몽골의 대부분 지역은 일본 제국주의자의 압제하에, 일부 지역은 대지주와 대자산 계급, 그리고 대한족주의자들에게 핍박받고 있던 현실을 정확하게 인식하며 서술하였다.

이어서 제2장에서는 「몽골 민족의 기원 문제」(4~7쪽)를 서술하면서 실제로는 중국의 지주 자산 계급, 특히 장제스(蔣介石)로 대표되는 국민당(國民黨)의 '몽한동원론(蒙漢同源論)'을 신랄하게 비판하고 있다.

> 중국 지주 자산 계급, 특히 **국민당(國民黨)**은 몽골 민족을 압박하고 노예로 삼기 위해 일련의 **'대한족주의(大漢族主義)'** 이론을 채택하여, 중국에는 하나의 민족만이 있고 중국은 한 개의 민족으로 이룩한 국가이므로 '국족(國族)'이라고 칭한다. 따라서 **'몽한동원(蒙漢同源)'**을 말할 뿐 아니라 몽골 민족은 이미 한족에 동화되었다고 주장하며, 현

14 民族問題研究會 編, 1993,『蒙古民族問題』, 北京: 民族出版社, 3쪽.

재에는 이미 몽골 민족은 없다고 주장한다. …… 즉, 몽골인과 한인은 기원이 하나이며 같은 종족으로 같은 조상을 갖고 있으며, 어떤 이는 한족에서 파생된 지파라는 등 **그들의 주장은 '몽한동원론(蒙漢同源論)'으로 이것은 부끄러운 일**이다. …… 오늘날 '몽한동원론'을 주장하는 자들은 『사기(史記)』의 기록을 가지고 몽한동원을 단언하는데, 이는 실로 가소로운 일이다.[15]

이어서 제3장 「몽골 역사와 몽골 사회의 발전에 대하여」(8~14쪽)에서 다음과 같이 서술하고 있다.

중국 사서는 대대로 '행국(行國)(유목국가)'과 '거국(居國)(정주국가)'으로 몽골 사회와 장성 이남의 중원 사회를 구별해왔다. …… 따라서 우리는 몽골 사회의 발전을 연구할 때 그 발전의 특징을 살펴 연구해야 하며 그들을 농업 사회의 부용 세력으로 파악해서는 안 된다. 그렇지만 그들이 격리되었다거나 고립되었다는 것이 아니고, **정반대로 몽골 사회의 발전은 중원 사회와 불가분의 밀접한 관계**를 맺고 중대한 상호작용을 했다.[16]

이 문장에서 저자는 '몽골 사회'를 '농업 사회'의 부용(附庸) 세력으로 보아서는 안 되지만, 몽골 사회의 발전은 중원 사회와 밀접하게 연관되어 있다고 말한다. 한편으로 보면 '몽골 사회'의 독립성을 말하려는 것처

15 民族問題硏究會 編, 1993, 앞의 책, 5~7쪽.

16 民族問題硏究會 編, 1993, 위의 책, 8쪽.

럼 보이지만, 실제로는 중원의 '농업 사회'와 불가분의 관계에 있다는 것을 은연중에 내포하고 있음을 알 수 있다. 즉, 오늘날 중국 내 '내몽골자치구'의 실상과 정확하게 일치하는 인식이라고 보인다.

다음으로 '만주 청'의 몽골 지배에 대해 서술하고 있는 문장을 보자.

> 청(淸) 통치자들은 동북(東北)에서 출발하였고 만주인들은 오래지 않아 목축경제에서 농업경제로 변화하였으며, 그들은 몽골 민족과 역사 발전상 밀접한 관계를 가졌고 비교적 몽골의 정황을 잘 이해했기 때문에 **청 정부의 정책은 최악의 효과를 발생시켰으며 몽골 사회와 몽골 민족의 발전을 엄중하게 속박**하였다.[17]

이 문장을 자세히 살펴보면, 저자는 분명히 몽골인들이 '만주 청'과 '중국'을 구별하고 있음을 보여준다. 저자가 만약 '신중국'이 '만주 청'의 역사를 통째로 중국사의 일부라고 주장하는 오늘날에 살았다면 무슨 생각을 했을까?

이어서 『몽골 민족 문제』 중 가장 중요한 부분으로 보이는 제5장 「몽골 민족 문제의 제기 방식(蒙古民族問題的提法)」의 서술을 살펴보자.

> **몽골 민족의 해방운동은 이미 중국 혁명운동의 일부분**이며, 따라서 중국 혁명 문제 중에서 **몽골 민족 문제는** 또한 **중국 국내 민족 문제로서 제기**된 것이다. …… 이와 같이 **중국 무산계급은** 몽골 민족의 해방을 자신의 임무로 여기지 않으면 안 되며, 가능한 한 모든 도움을 제

17 民族問題硏究會 編, 1993, 앞의 책, 14쪽.

공하여 **몽골 민족과 함께 연합하여 싸워나가야** 한다.[18]

이상으로 살펴본 것처럼, 1940년대 서술한 『몽골 민족 문제』의 몇몇 문장을 통해 저자의 생각과 중국공산당의 생각, 그리고 오늘날 '신중국'의 역사 인식의 흐름이 유사하다는 점을 밝힐 수 있었다.[19] 저자는 결론 부분의 마지막 문장을 다음과 같이 끝맺고 있다.

> 우리는 몽·한 각 민족은 반드시 단결하여 항전할 것이며, 더욱더 긴밀하고 공고해져 반드시 승리할 것이고, 국민당 파시스트주의는 반드시 실패하게 되어 (우리는) 신민주주의공화국을 실현할 수 있으며, 그러면 **몽골 민족과 중국 각 민족은 철저한 해방**을 얻을 것이다.[20]

이렇게 깊은 연원이 있는 '신중국'의 '소수민족 문제'에 대한 정책은 점차 정교해져 마침내 『신중국민족공작십강(新中國民族工作十講)』으로 완성되었다.[21] 이 책은 중국 국가민족사무위원회(國家民族事務委員會)에서 출간한 것으로, 중국공산당 중앙정부의 민족 정책 성립과 인식, 방향 등을 살펴볼 수 있는 가장 근본적인 자료이다.[22]

---

18 民族問題研究會 編, 1993, 앞의 책, 29쪽.

19 더욱 자세한 내용은 民族問題研究會 編, 1993, 위의 책, 53~62쪽 참조.

20 民族問題研究會 編, 1993, 위의 책, 65쪽.

21 國家民族事務委員會研究室, 2006, 『新中國民族工作十講』, 北京: 民族出版社.

22 民族問題研究會 編, 1993, 앞의 책.

III. 개혁개방 이후 '내몽골자치구사' 서술의 분석

1. 출간 배경·목적과 일반 현황 서술 분석

신중국 성립 이후 내몽골자치구의 역사 서술은 그리 활발하지 못했다. 중앙 권력의 안정화, 경제 발전을 위한 '대약진운동', '중·소 국경분쟁', '문화대혁명' 등 국내외의 상황이 그리 만만치 않았기 때문이다. 겨우 타오커타오(陶克濤)가 편저한 『내몽골역사개술』(상책)과[23] 위위안안(余元盦)의 『내몽골역사개요』가[24] 있을 뿐이다.[25]

현대 신중국의 역사 서술은 개혁개방 이후 1980년대에 분명한 변화 양상을 보인다.[26] 개혁개방 이후 중국공산당 중앙정부는 전 중국 통치에 대한 자신감을 회복하며, 몽골족을 비롯한 소수민족의 역사적 역할 등을 긍정적으로 평가하며 '다민족 통일국가'의 빼놓을 수 없는 부분으로 서술하기에 이르렀다. 따라서 아래에서는 1980년대 이후 간행된 '몽골족 간사'류와 '몽골족 통사'류, '내몽골자치구사' 등 단행본에 실제로 어떻게 서술되어 반영되었는지를 출간 배경 등을 살펴보면서 비교 분석하겠다.

『몽골족간사(蒙古族簡史)』(1985)는 국가민위(國家民委) 〈민족문제오종총서(民族問題五種叢書)〉 중 두 번째 총서 시리즈인 〈중국소수민족간사총서(中國少數民族簡史叢書)〉로 간행된 것으로, 중국 중앙정부가 개혁

---

23 陶克濤 編著, 1957, 『內蒙古歷史概述』(上冊), 呼和浩特: 內蒙古新華書店.

24 余元盦, 1958, 『內蒙古歷史概要』, 上海人民出版社.

25 內蒙古社會科學院歷史所『蒙古族通史』編寫組, 2001, 『蒙古族通史(修訂版)』 上, 北京: 民族出版社, 18쪽.

26 內蒙古社會科學院歷史所『蒙古族通史』編寫組, 2001, 위의 책, 18~19쪽.

개방 이후 본격적으로 '소수민족 문제'에 관심을 기울인 결과물이다. 이 책을 간행한 목적은 「출판 설명」에 분명하게 제시되어 있다.

> **우리나라(중국)는 하나의 통일된 다민족국가**로, 우리의 위대한 조국을 함께 만들어온 오랜 발전 과정 중에서 각 민족 인민들은 모두 자신들의 공헌을 이룩하였다. 각 민족의 역사는 모두 조국의 역사와 나눌 수 없는 구성 부분이다. 각 민족 인민들이 자신의 역사에 자부심을 갖게 하고 애국주의 정신을 불러일으키고 민족 단결을 더 한층 굳건하게 하며 공동으로 사회주의 현대화 건설에 매진하도록 하기 위해, 우리는 이 〈중국소수민족간사총서〉를 정식 출판하기로 결정했다.
> 이 총서의 편찬과 출판은 장기간에 걸친 집단 노력의 결과물이다. 일찍이 1959년 당 중앙과 마오 주석(毛主席)의 지시에 따라 '전국인민대표대회 상무위원회 민족위원회'와 '국무원 민족사무위원회'의 직접적인 영도하에 대규모로 소수민족 사회, 역사 조사 공작을 진행하였다. …… 소수민족 사료, 특히 소수민족 문자 사료를 한층 더 수집하고 정리, 연구하였고, 이 총서의 서술은 이용 가능한 사료를 모두 구사하여 출판하게 되었으나. 우리 편찬자들의 수준이 고르지 않아 누락되거나 잘못된 곳이 있을 것으로 책임을 피하지 않겠으니 독자들의 가르침을 바라는 바이다.[27]

이 『몽골족간사』(1985)는 이후 수정되어 『몽골족간사(수정본)』(2009)로 민족출판사에서 발행되었다. 국가민위 〈민족문제오종총서〉의 총수정

27 『蒙古族簡史』編寫組, 1985, 「출판 설명」, 『蒙古族簡史』, 呼和浩特: 內蒙古人民出版社.

편집위원회 주임 이덕수(李德洙, 조선족)의 「수정 재판 총서(總序)」를 살펴보면 그 의도와 목적을 비교적 분명하게 알 수 있다.

> 국가민위 〈민족문제오종총서〉는 〈중국소수민족〉, 〈중국소수민족간사총서〉, 〈중국소수민족자치지방개황총서〉, 〈중국소수민족어언간지총서〉, 〈중국소수민족사회역사조사자료총간〉을 포괄하며, **중국 55개 소수민족의 기원부터 21세기 초에 이르기까지의 역사 발전 과정**과 정치, 경제, 문화, 사회 등 방면의 내용을 포함하여 대량의 원시적이고 생생하며 극히 귀중한 자료를 모두 활용하여 중국 민족 문제에 관한 대형 종합성을 가진 총서로 중국 민족 문제 연구의 중대한 항목이며 중대한 출판 공정이다. …… 이번 수정 재판의 전체적인 원칙은 '기본적으로 원래의 모습을 유지하면서 체례와 판본을 통일하고 새로운 내용을 추가한다'이며, 모두 민족출판사에서 출판, 발행한다.[28]

〈민족문제오종총서〉의 두 번째 시리즈인 〈중국소수민족간사총서〉의 수정 재판 설명에서도 소수민족 문제에 대한 중국 중앙정부의 인식을 엿볼 수 있다.

> 국가민위 〈민족문제오종총서〉지이(之二) 〈중국소수민족간사총서〉는 모두 55권으로, 앞 세기 1980년대부터 이어서 출판되었다. 이 〈총서〉는 1949년 **중화인민공화국 성립 이전의 중국 각 소수민족의 역사 발전 과정을 기술**하여 출판 후 광범위한 관심과 호평을 받았다.

28 『蒙古族簡史』修訂本編寫組, 2009, 「국가민위 〈민족문제오종총서〉 수정 재판 총서(總序)」, 『蒙古族簡史(修訂本)』, 北京: 民族出版社, 1~4쪽.

신중국 성립 이후, 특히 개혁개방 이후 중국 각 소수민족은 경제, 문화 등 방면에서 천지가 바뀌는 변화를 겪었다. 반세기에 걸친 그간의 세월을 살펴보면 각 소수민족 역사의 중요한 조성 부분이 되었으며 민족 공작의 발전된 필요에 따라 국가민위는 〈총서〉를 수정하여 재판을 출간하기로 결정하였다.[29]

다음으로 『몽골족(蒙古族)』(1991)은 〈민족지식총서(民族知識叢書)〉 시리즈로 중국 내 55개 소수민족에 대한 가장 기본적이며 실용적인 내용을 담아 출간한 것인데, 각 소수민족 간의 상호 이해와 교류를 위한 목적으로 편찬되었다. 그 「출판 설명」을 보면 다음과 같다.

우리나라(중국)는 하나의 통일된 다민족국가이다. 한족과 각 소수민족은 오랫동안 광활한 토지에서 공동으로 노동, 생활, 번영을 이루었으며, 우리들의 위대한 조국을 만드는 데 탁월한 공헌을 하였다. …… 역사적 경험은 우리나라를 번영하고 부강한 국가로 만드는 데 반드시 각 민족끼리 친밀하게 서로 돕고 단결하는 우호적인 국면을 만들고, 단결을 최우선으로 서로 이해를 해야 한다는 것을 증명한다. …… 새로운 형세하에서 많은 **독자들에게 전면적이고 계통적으로 우리나라 소수민족의 상황을 이해시키기 위해** 우리 출판사는 내용을 주로 하고 소수민족의 특징을 반영하는 사진을 실은 〈민족지식총서〉를 출판하기로 결정했다.[30]

29 『蒙古族簡史』修訂本編寫組, 2009, 「〈중국소수민족간사총서〉 수정 재판 설명」, 앞의 책, 1쪽.

30 白歌樂 · 王路 · 吳金, 1991, 「出版說明」, 民族知識叢書 『蒙古族』, 北京: 民族出版社.

이전의 『몽골족간사(수정본)』(1985/2009)와 『몽골족(蒙古族)』(1991)에 이어 본격적으로 내몽골의 몽골족의 역사를 중점적으로 서술한 『몽골족통사(蒙古族通史)』 상 · 중 · 하(1991)가 출간되었다.

> 일찍이 1979년에 내몽골자치구의 유관 기관은 내몽골사회과학원에 『몽골족통사』를 서술하도록 지시하였다. …… 1986년에는 내몽골자치구 철학사회과학 '칠오(七五)' 중점 과학 연구 항목으로 지정되었다. 서술하면서 **우리는 마르크스주의의 기본 원리를 지도 이념으로 삼아** 몽골의 경제, 정치, 문화의 발전 역사를 전면적으로 반영하기 위해 힘을 다했다.[31]

이 『몽골족통사』 상 · 중 · 하(1991)는 10년 후에 『몽골족통사(수정판)』 상 · 중 · 하(2001년)로 수정판이 발행되었다. 「수정 출판 설명」을 살펴보면 다음과 같다.

> 『몽골족통사』 제1판은 1991년 9월에 출판되었다. 최근 10년 동안 이 책은 몽골족 사회의 정치, 경제, 군사, 문화 발전을 충실히 반영한 전저(專著)로, 엄숙한 유물사관과 축적된 학술을 출발점으로 삼아 충실한 자료와 엄격한 서술 방법으로 오랜 시간의 경험을 바탕으로 많은 독자들의 환영을 받았다. …… 이번 수정은 14만여 자에 달하는, 「서론」과 제6편 「근대 후반기의 몽골족」, 「부록 1 대사년표」, 「부록 2 몽골족 역사 인물지」 등을 포괄한 내용을 새로 더했다. …… 원서의 5편

31 內蒙古社會科學院歷史所『蒙古族通史』編寫組, 1991, 「前言」, 『蒙古族通史』 上, 北京: 民族出版社, 4쪽.

에 대해서도 편집과 교정, 문자 수정 등을 진행했으므로 이 새로운 수정판은 더욱 풍부하고 읽기에 좋을 것이다.[32]

이상에서 살펴본 것처럼, 중국 역사 학계는 지속적으로 '내몽골자치구'의 역사 서술에 주의를 기울여온 것을 알 수 있다. 이러한 흐름은 이후로도 계속 이어지고 있다.

2. 내몽골자치구 고대사와 몽골족의 기원 서술 분석

1) 몽골족 인구와 분포

이번에는 먼저 '몽골족'의 인구수와 분포 지역에 대한 서술을 분석해 보자.

> **몽골족은 조국 대가정 중에서 역사가 유구하며 근면하고 용감한 하나의 민족**으로 오랫동안 우리나라 북방의 광활한 초원에서 활동하며 살아왔다. …… 오랜 역사 발전을 거쳐 현재 우리나라 몽골족 인구는 3,411,657명(1982년 통계)이다. 주로 내몽골자치구에 거주하는데 그 인구는 2,489,780명으로 우리나라 몽골족 인구의 73%를 차지한다.[33]

> 1990년 조사 통계에 따르면, 우리나라 몽골족 인구는 4,806,849명이다. …… 주요 거주 지역은 민족의 발상지인 내몽골 고원으로 바로 오

32 內蒙古社會科學院歷史所『蒙古族通史』編寫組, 2001, 「수정 출판 설명」, 『蒙古族通史(修訂版)』 上, 北京: 民族出版社, 1쪽.

33 『蒙古族簡史』編寫組, 1985, 앞의 책, 1쪽.

늘날 내몽골자치구이다. 1986년 통계에 따르면 내몽골자치구의 몽골족은 2,854,500명이다.[34]

몽골 민족의 인구는 **모두 800만 명**이다. 주로 중국과 **러시아, 몽골** 3개 국가에 분포한다. 중국의 몽골족은 4,806,849명으로 전국 총인구의 0.42%를 차지하며, 주로 내몽골(337만), 랴오닝(58.7만), 지린(15.6만), 헤이룽장(14만), 신장(13.7만), 칭하이(7.1만), 허베이(14.3만), 간쑤(0.83만) 등 8개 성과 자치구에 분포한다. …… **몽골국 인구는 240만 명**으로 몽골족은 전체 인구에서 230만 명을 차지한다. **러시아의 몽골족은 모두 67.5만 명**으로 주로 부랴트와 칼무크 두 자치공화국에 분포한다.[35]

그런데, 자세히 들여다보면 『몽골족통사(수정판)』(2001)에는 새로운 서술이 추가되었다. 즉, 몽골족의 분포 지역과 인구수에 기존에는 서술되지 않던 러시아와 몽골국이 추가되었다는 사실을 알 수 있다. 이전에는 중국 영토 내의 '몽골족'에 대해서만 기술했지만 『몽골족통사(수정판)』(2001)부터는 중국 영토를 넘어 '몽골족'이 거주하는 러시아와 몽골국 등 외국까지도 서술 범위에 추가했다. 이와 같은 서술의 변화는 이제 중국이 자국의 영향력을 국내에 한정하지 않고 주변 국가(지역)까지 '의도적으로' 확대시키고 있는 모습을 확인할 수 있다는 점에서 아주 중요하다.

34 白歌樂 · 王路 · 吳金, 1991, 앞의 책, 1~2쪽.

35 內蒙古社會科學院歷史所『蒙古族通史』編寫組, 2001, 「緒論」, 앞의 책, 1쪽.

> 몽골족은 주로 아시아 중부 몽골고원에 거주한다. 몽골고원 동남부의 막남몽골(내몽골)은 내몽골 고원이라 부른다. …… **막북지구(오늘날 몽골국)**는 아시아 중부의 내륙에 위치하며 **총면적은 156.5만km²**이다. …… 막서몽골(오이라트몽골 또는 오이라트라고 부른다)은 주로 톈산 남북에 거주한다.[36]

이 서술 내용에서도 몽골족의 분포 범위가 중국을 넘어 몽골국까지 포함되었고, 몽골국 영토의 크기까지도 서술한 것은 큰 의미가 있다고 판단된다.

2) 흉노와 고대 유목국가에 대하여

다음은 '흉노'에 대한 서술을 분석하여 중국 역사 학계의 역사 인식과 그 논리를 살펴보겠다.

> 흉노의 흥기부터 칭기즈칸에 이르기까지 1,400여 년 동안 몽골 지구의 역사는 대체로 4개의 시기로 구분할 수 있다. 기원전 3세기 말부터 기원후 1세기 말까지로 즉 흉노의 흥성 시기이다. 기원후 2세기부터 6세기 중엽까지 선비와 유연이 웅비하던 시기이다. 기원후 6세기부터 9세기에는 돌궐(투르크)과 회골(위구르)이 차례로 한국(汗國)을 건립한 시기이다. 기원후 10세기 초부터 몽골족의 흥기까지는 거란(遼)과 여진(金)이 차례로 통치하거나 통제한 시기이다.[37]

---

36 內蒙古社會科學院歷史所『蒙古族通史』編寫組, 2001, 「緖論」, 앞의 책, 1~3쪽.

37 『蒙古族簡史』編寫組, 1985, 앞의 책, 2쪽; 『蒙古族簡史』修訂本編寫組, 2009, 앞의 책, 2쪽.

흉노부터 칭기즈칸이 흥기할 때까지 각 유목국가의 영토는 변화가 있기는 했지만 대체로 오늘날 몽골국 영토를 중심으로 내몽골자치구 등 중국의 북부 변강지역을 포함하였다. 앞의 서술은 오늘날 중국 영토 뿐 아니라 몽골국 영토까지도 중국 역사의 일부인 '북방 유목민족'의 영역이었음을 은연중에 설파하는 것이다.

> **전국 시기** 중원 지구에서 칠웅이 병립했던 시기에 **몽골 지구에는 서부의 흉노와 동부의 동호** 두 부락 연맹이 출현하였다. …… 진시황이 육국을 병합하여 통일된 진조(기원전 221년)를 건립하고 오래지 않아 흉노의 수령 묵특(冒頓)이 정권을 빼앗아 기원전 209년(秦二世 元年)에 선우(單于)의 자리에 올랐다. 그는…… 장성지대 이북의 광대한 지구를 통제하면서 **중국 역사상 첫 번째 유목국가를 건립하였다**. 흉노 국가의 출현은 우리나라 북방민족의 역사의 발전에 깊은 영향을 끼쳤다. …… 한 무제 시기(기원전 140~기원전 87년)에 **한조의 국력이 강성하여 세 차례에 걸친 흉노의 침략을 막아내자 흉노의 세력은 점차 약화**되었다. 흉노는 선우정을 음산에서 막북으로 옮기게 되었다.[38]

'흉노'와 '동호'가 중국의 '전국 시기'에 출현했다고 서술하며, 그들이 활약했던 '몽골 지구'까지 중국 역사의 범위로 보고 있다. 또한 유목민 '흉노'는 '중국 역사상 첫 번째 유목국가'를 설립했다고 주장한다. 흉노의 공격을 받아 어쩔 수 없어 굴욕적인 '화친 조약'을 맺은 것이 역사적

---

38 『蒙古族簡史』編寫組, 1985, 앞의 책, 2~3쪽; 『蒙古族簡史』修訂本編寫組, 2009, 앞의 책, 2~3쪽.

사실임에도 '중화 중심주의'라는 왜곡된 시각으로 기술하고 있다.

> 기원전 1세기 중엽 **흉노 통치자 내부에서 선우 자리를 놓고 투쟁이 폭발**하여 5선우가 병립하는 국면이 나타나고 혼전 상황이 전개되었으며 최후에는 호한야 선우가 통일하게 되었다. 이어서 **호한야는 그의 형 질지 선우와 권력을 다투다가 패배**하여 기원전 53년(漢 甘露 元年)에 **한조에 귀부하여 한조의 지지와 보호**를 받게 되었다.
> 동한시대, 즉 기원후 1세기 중엽에 이르러 **흉노는 다시 남북 2개의 부로 분열**되었다. 남흉노는 혜락시축제 선우(이 또한 호한야 선우라고 칭함)의 인솔하에 한조에 귀부하였다. 기원후 216년 호주천 선우가 입조하고 조조가 그를 업(鄴)에 억류하자 **흉노인들은 이때부터 점차 한족에게 융합**되었다. 십육국 시기에 흉노의 후예들은 앞뒤로 전조, 북량, 하 등의 정권을 건립하였다. **그들 또한 점차 한족에 융합**되었다.[39]

이어서 흉노가 '분열'하고 한나라에 '귀부'했음을 강조하며 이후 '흉노'인들은 점차 한족에 '융합'되었다고 함으로써 흉노인들과 흉노의 역사를 '중국 역사의 일부'로 이해하고 있음을 알 수 있다.

3) 몽골족의 기원에 대하여

'흉노'와 그들의 역사가 '중국 역사의 일부'라는 주장과 역사 서술은 집요하고도 일관되게 수천 년 동안 이어져 내려오고 있다. 이러한 인식은 '몽골족'과 그들의 역사도 예외가 아니다. 이어서 '몽골족'의 기원에

39 『蒙古族簡史』編寫組, 1985, 앞의 책, 3~4쪽; 『蒙古族簡史』修訂本編寫組, 2009, 앞의 책, 3쪽.

대한 서술을 통해 살펴보겠다.

> 기원후 12세기에 몽골고원의 각 부족들의 족속을 살펴보면 기본적으로 몽골인과 돌궐인 두 계통이었다. …… 언어 방면으로 보면 **당시 그들의 몽골어는 실위-달단인들의 언어를 바탕**으로 돌궐화의 과정을 거쳐 형성된 것이다. 지역 방면으로 보면, 그들이 몽골고원에 거주하기 이전에 오늘날 내몽골 동부로부터 몽골고원으로 확산되면서 현지의 돌궐인과 기타 각 민족들과 결합되는 과정을 거친 것이다.[40]

이 서술은 '몽골족'의 기원이 '내몽골 동부'의 '실위(室韋)'이기 때문에 몽골족은 중국 소수민족의 하나이며, 그들이 활동했던 '몽골 지구'도 중국의 영토라는 논리다. 오늘날에도 명백하게 독립된 주권국가인 '몽골국'의 안전 보장을 위협하는 강대국의 힘의 논리라고밖에는 볼 수 없다.

> 일, 우리나라 북방의 '기마민족'-몽골족과 그 아름다운 고향
>
> **몽골족은 우리나라 북방 초원에서 기원**하였으며, 역사가 유구하며 또 흥미로운 점이 많은 민족이다. 사람들은 모두 '일대천교(一代天驕)'인 칭기즈칸이라는 이름을 알고 있을 것이며, **몽골족이 중원으로 들어와 원조 제국을 건설한 역사**에 대해서도 잘 알고 있다.[41]

앞의 내용에서는 '칭기즈칸'으로 대표되는 몽골족 역시 '우리나라(중

40 『蒙古族簡史』編寫組, 1985, 앞의 책, 9~10쪽; 『蒙古族簡史』修訂本編寫組, 2009, 앞의 책, 8쪽.

41 白歌樂·王路·吳金, 1991, 앞의 책, 1쪽.

국) 북방 초원'에서 기원했으며, 그 후예들이 중국의 역대 왕조 중 하나인 '원조(元朝)'를 건설했기 때문에 모두 중국 역사라고 주장하고 있다. 객관적인 시각으로 보면 몽골이 당시 '중국' 지방을 정복하여 통치한 것임에도 불구하고, 정복 통치자와 그 집단까지도 '자국사'로 이해하는 '중화주의' 인식이 분명히 드러난다.

> 몽골족은 고대 망건하[望建河, 오늘날 아르군강(額爾古納河)] 동안 일대의 한 오랜 부락에서 기원하였다. 가장 이른 시기에 보이는 기록은 『신·구당서(唐書)』의 '몽올실위(蒙兀室韋)'라는 단어 중의 '몽올'이 '몽고(蒙古)'라는 단어의 최초의 번역 명칭이며, '몽고'라는 단어는 원대 문헌에 처음으로 적혀 있다. …… 그들은 점차 서쪽의 몽골 초원으로 이동하여 오난강, 케룰렌강, 톨라강, 즉 삼하(三河)의 수원에 도달했다.[42]

> 칭기즈칸의 이름은 테무진으로 니룬 몽골 보르지긴 키야트씨 사람으로 1162년 델리운 볼닥(오늘날 몽골인민공화국 다달솜 경내)에서 출생했다.[43]

위 인용문들에서는 흉노 등 몽골 이전의 유목민족에 대해서는 일체 서술하지 않고, 오늘날 몽골족의 기원이라고 하는 동호(東胡) 계통의 한 지파인 '실위(室韋)', 그중에서 '몽올실위(蒙兀室韋)'부터 서술하고 있다.[44] 이는 동호, 실위, '몽올실위' 등의 정치 집단이 모두 중국 역사의 일부라

---

42 白歌樂·王路·吳金, 1991, 앞의 책, 7쪽.

43 內蒙古社會科學院歷史所『蒙古族通史』編寫組, 1991, 앞의 책, 29쪽; 內蒙古社會科學院歷史所『蒙古族通史』編寫組, 2001, 앞의 책, 30쪽.

44 白歌樂·王路·吳金, 1991, 앞의 책, 7~8쪽.

고 전제하고 있음을 알 수 있다.

아울러 '몽골'이 이동한 곳과 '테무진'이 태어난 곳이 분명히 오늘날 '몽골국 영토'임에도 마치 자국의 영토인 것처럼 이해하며 서술하고 있음을 알 수 있다.

> 몽골부의 족원에 관한 문제는 오랫동안 학술계에서 쟁론이 끊이지 않았으며, 아직까지도 일치된 의견이 없다. 현재 다수의 학자들은 **몽골이 동호에서 유래했다**고 생각한다.[45]

> 칭기즈칸 시대 몽골부가 강대해지고 몽골 제 부를 통일하는 핵심이 되면서 '달단'이라는 이름은 점차 '몽고'로 대체되었으며, **몽고는 실위계 제 부족의 총칭**이 되었다. **'몽고(蒙古)'**는 『구당서』에 '몽올실위(蒙兀室韋)'라고 처음 보이는데, **대실위의 한 구성원**이었고 훌룬호 이남의 산림지대에 거주하고 있었다.[46]

위의 서술 내용들은 '몽골'의 기원이 고대 중국의 변강에 살았던 소수민족인 '동호(東胡)'~'실위(室韋)'에서 유래했기 때문에 그 후예인 '몽골족'은 어디에 살고 있건 간에 모두 '중국의 소수민족'이며 중국사의 일부라는 논리이다.

---

45 內蒙古社會科學院歷史所『蒙古族通史』編寫組, 1991, 앞의 책, 2쪽; 內蒙古社會科學院歷史所『蒙古族通史』編寫組, 2001, 앞의 책, 2쪽.

46 內蒙古社會科學院歷史所『蒙古族通史』編寫組, 1991, 위의 책, 3쪽; 內蒙古社會科學院歷史所『蒙古族通史』編寫組, 2001, 위의 책, 3쪽.

3. 몽골제국사와 이후 내몽골자치구사 서술 분석

다음은 칭기즈칸과 몽골제국, 쿠빌라이 카안과 원조(元朝)에 대한 서술을 분석해, 내몽골자치구의 몽골족들이 스스로 고백하게 만들고 있는 중국 역사 학계의 인식과 흐름을 살펴보겠다.

> 몽골 각 부족의 통일은 당시의 진보적인 현상으로 몽골 민족의 형성을 촉진하였다. …… 몽골 각 부족의 통일은 사회 발전의 필연적 결과였고, 테무진은 이러한 발전의 추세에 따라 탁월한 정치, 군사적인 재능으로 이 역사의 어려운 책임을 담당했으며, 몽골 민족의 형성에 최대 공헌을 하였다. **그는 중국 역사상 한 명의 아주 뛰어난 인물이자 몽골 민족의 영웅이다.**[47]

> 칭기즈칸은 1207~1227년까지 20여 년 동안 대외 전쟁을 펼쳤다. 전쟁의 크기와 원정로의 거리, 점령 지구의 광대함 등은 인류 역사상 공전의 규모였으며, 칭기즈칸을 '세계의 황제' 또는 '세계를 정복한 칸'이라고도 부른다. …… 우리는 칭기즈칸의 대외 원정이 당시 국내와 국제적인 형세의 발전에 따른 필연적인 결과이며, 당시 몽골의 국정과 주위 환경 등을 연구하여 과학적인 결론을 도출해야 한다고 생각한다.[48]

---

47 『蒙古族簡史』編寫組, 1985, 앞의 책, 35~36쪽; 『蒙古族簡史』修訂本編寫組, 2009, 앞의 책, 28~29쪽.

48 內蒙古社會科學院歷史所『蒙古族通史』編寫組, 1991, 앞의 책, 53쪽; 內蒙古社會科學院歷史所『蒙古族通史』編寫組, 2001, 앞의 책, 55쪽.

> 몽골국 건립 이후 설립한 국가기구와 군사, 행정 제도, 성문법, 문자 등은 몽골족이 정치, 경제와 문화 방면에서 일보 전진할 수 있게 했다.[49]

> 몽골 지구를 통일함으로써 몽골국이 출현했지만, **몽골 통치 계급은 약탈과 통치 범위를 확대**하려는 욕망을 멈추지 않았고, 그들은 **전쟁을 일상적인 활동이며 재부를 약탈하는 첩경**으로 여겼다.[50]

위의 첫 번째와 두 번째 서술을 보면 '테무진', 즉 칭기즈칸을 '중국 역사상 한 명의 아주 뛰어난 인물이자 몽골 민족의 영웅'이라고 평가하고 있다. 당시 칭기즈칸이 스스로 '중국인' 또는 '중국의 역사'를 창조하고 있다고 생각했을까? 세 번째 인용문을 뒤집어 보면, 마치 '수준 낮은' 몽골족이 '수준 높은' 중국인으로 발전했다는 논리가 보이는 듯하다. 네 번째 인용문은 '몽골 통치 계급'을 약탈과 정복 전쟁을 일삼은 존재로 한정시키는 듯한 서술을 하고 있다. 세계 역사상 '전쟁'으로 인한 피해가 없었던 적이 있었는가?

> 중원 지구의 통치를 원활하게 하기 위해 쿠빌라이는 …… 1272년(至元 9年) 중도를 대도로 고치고 수도로 선포하여 대도는 **원조 다민족 국가**의 정치 중심이 되었다. …… 1271년(至元 8年) **중원의 전통에 따라 몽골국이라는 국호를 대원(大元)으로 바꿨다**. 이로써 원조라는 칭

49 『蒙古族簡史』編寫組, 1985, 앞의 책, 44쪽; 『蒙古族簡史』修訂本編寫組, 2009, 앞의 책, 35쪽.

50 『蒙古族簡史』編寫組, 1985, 위의 책, 45쪽; 『蒙古族簡史』修訂本編寫組, 2009, 위의 책, 36쪽.

호가 정식으로 시작되었다.[51]

> 13세기 초부터 몽골 민족은 세계 역사 무대에 등장하여 역사상 휘황 찬란한 흔적을 남겼다. 칭기즈칸과 그 후계자들은 세계 정복을 위해 남쪽을 정벌하고 서쪽을 토벌하여 유라시아를 아우르는 몽골제국을 건립하였고, 후에 쿠빌라이가 중원을 평정하고 대리와 토번을 정복함으로써 **중국 역사상 전에 없던 통일적 다민족국가를 건립**하였다. 몽골제국과 원조는 유라시아를 통치했을 뿐 아니라 동서 경제, 문화의 교류를 통해 **조국을 통일하여 다민족국가를 형성, 공고, 발전**하는 데 지울 수 없는 작용을 일으켰다.[52]

이 인용문은 오늘날 '통일적 다민족국가'의 원형을 '원조'에서 구하고 있음을 알 수 있으며, 쿠빌라이 카안이 마치 '대몽골국(Yeke Mongɣol Ulus)'이라는 국호를 버리고 '대원(大元)'이라는 국호를 칭한 것으로 여기고 있다. 이는 이미 명백하게 역사적 사실이 아닌 것으로 밝혀졌다.[53]

> 몽골 통치자들은 무력으로 전국을 통일한 후에 **인위적으로 전국의 각 민족 인민들을 네 등급**으로 나누었다. …… 몽골인과 색목인은 신임과 우대를 받았지만, **한인과 남인은 의심과 차별 대우**를 받았다.[54]

---

51 『蒙古族簡史』編寫組, 1985, 앞의 책, 63쪽; 『蒙古族簡史』修訂本編寫組, 2009, 앞의 책, 50쪽.

52 內蒙古社會科學院歷史所『蒙古族通史』編寫組, 1991, 「前言」, 앞의 책, 1쪽; 內蒙古社會科學院歷史所『蒙古族通史』編寫組, 2001, 「前言」, 앞의 책, 1쪽.

53 김호동, 2006, 「몽골제국과 '大元'」, 『역사학보』 192집, 역사학회.

54 『蒙古族簡史』編寫組, 1985, 앞의 책, 95쪽; 『蒙古族簡史』修訂本編寫組, 2009, 앞의

위 인용문은 이른바 몽골 시대 '민족 등급제'에서 가장 낮은 지위인 '한인(漢人)'과 '남인(南人)'에 속했던 '한족'들의 불우했던 위치를 강조함으로써 '오랑캐'인 몽골족의 중국 통치가 잘못되었다고 주장하려는 의도로 읽힌다. 이 역시 '차별'이 아닌 각 민족 '본속주의(本屬主義)' 입장에 따라 공정하게 대우하기 위함이었음이 밝혀졌다.[55]

다음으로 쿠빌라이 카안[몽골어 세첸 카안(Sečen qa'an), 중국사에서 원(元) 세조(世祖)]과 '원조'에 대한 서술을 살펴보자.

> 쿠빌라이는 '잠저(潛邸)'에 있을 때부터 중원(中原)의 문사(文士)들과 관계를 맺었고 중원 한지(漢地)의 정황을 잘 알고 있었다. 그의 왕부(王府)에 한 무리의 **한족 지주와 지식인들을** 막료(幕僚)로 두었으며, **그들을 아주 중요하게 여겨** 통치와 용병, 재정과 둔전(屯田) 등 사무에 활용했고, 카안의 자리를 빼앗아 '나라를 세운다'는 계획도 대부분 **그들의 생각에서 나온 것**이다.[56]

> 대몽골국이 중원에 자리를 잡은 이후 그들은 통치의 실제 필요와 **한 문화의 영향을 받아** 몇몇 행정기구와 관련 제도를 만들었으며, 따라서 그들의 통치는 기본적으로는 초원 유목국가가 피정복지인 정주 농경 지구의 백성들을 간접통치하는 국면이었다. 이러한 국면의 근본적인 변화는 쿠빌라이가 원조(元朝)를 건립한 이후이다. 쿠빌라이가 즉

책, 72쪽.

55 김호동, 2010, 『몽골제국과 세계사의 탄생』, 파주: 돌베개, 158~163쪽.

56 內蒙古社會科學院歷史所『蒙古族通史』編寫組, 1991, 앞의 책, 141쪽; 內蒙古社會科學院歷史所『蒙古族通史』編寫組, 2001, 앞의 책, 145쪽.

위 후에 중원 지구의 통치를 공고하게 하기 위해, 그리고 남송(南宋)을 정복하기 위해 **한족 지주 계급 사대부들의 건의를 받아들이고**, 중원지구를 다스렸던 역대 봉건 통치의 경험을 거울로 삼아 중앙집권을 강화함으로써 **국가기구는 날로 완비**되기 시작했다.[57]

위의 인용문들은 모두 쿠빌라이가 '한인 지식인들'의 도움을 받아 '한지(중국)'를 통치할 수 있었으며, 그들의 건의를 받아 국가 통치 기구를 '완비'할 수 있었다고 서술한 것을 파악할 수 있다.

이어서 명(明)과 몽골의 관계에 대한 서술을 간단하게나마 살펴보자.

원조 말년에 홍건군이 이끄는 **각 민족 인민들의 반원 기의가 폭발하여 원조의 통치를 무너뜨렸다**. 1368년 봄, 농민 기의군의 영수 주원장은 응천(난징)에서 명조를 건립하였다. …… 이로써 전 중국을 통치하던 원조는 멸망했고, 몽골 봉건 영주들과 명조가 장기간에 걸쳐 대치하는 국면이 시작되었으며, **몽골 내부는 봉건 영주들이 서로 다투는 상황이 되면서 할거와 통일이 반복되는 상황**이 벌어졌다.[58]
북원과 명조 사이의 전쟁의 결과 중원 통치를 회복하지도 못했을 뿐 아니라 내부적으로 대봉건 영주들은 도리어 스스로 권력을 잡으려 했으며, 서로 패권을 다투는 등 **봉건 세력이 할거하는 국면이 형성**되었고, 몽골 대칸의 실력과 권위는 크게 떨어지고 점차 대봉건 영주들이

57 內蒙古社會科學院歷史所『蒙古族通史』編寫組, 1991, 앞의 책, 186쪽; 內蒙古社會科學院歷史所『蒙古族通史』編寫組, 2001, 앞의 책, 190쪽.

58 『蒙古族簡史』編寫組, 1985, 앞의 책, 125쪽; 『蒙古族簡史』修訂本編寫組, 2009, 앞의 책, 99쪽.

대칸을 끌어안고 권력을 다투는 도구가 되었고, 일상적으로 버려지거나 살해되기도 하면서 **대칸은 실제로 많은 영주들 중 한 명으로 하락**하였다.[59]

당시 몽골 초원으로 돌아간 몽골인들 사이에서는 분명히 분열 상태가 지속되기는 했지만, 때때로 통일의 기운이 일어난 적도 있었고 또한 명과의 전쟁과 교류도 끊임없이 발생하였다. 그러면 명조는 왜 이렇게 분열되었던 '몽골'을 복속시키거나 정복하지 못했는가? 당시 명조는 심지어 '분열된 몽골'조차도 싸워 이길 수 없었기 때문이었다. 그럼에도 불구하고 '명과 몽골'을 모두 중국사로 이해하고 있음을 간취할 수 있다.

다음으로 청과 몽골의 관계에 대해 살펴보겠다.

16세기 말에 **몽골은 분열되어 할거하는 상황**에 놓여 있었다. 당시 몽골 지구는 고비사막을 경계로 막남, 막북, 막서 세 부분으로 나뉘어 있었으며, 각 부는 다시 허다한 유목 집단(部)으로 나뉘어 있었다. 이들은 당시 쇠락하던 명조와 흥기하는 후금과 각각 서로 다른 정도의 관계를 맺고 있었다. 막남의 몽골 각 부족 중에서 여진의 넌강 유역 근처에 있던 **코르친 등 부족은 후금과 밀접한 관계**를 가지고 일상적으로 접촉하며 경제 교류도 했으며, **명조와 인접한 오르도스부, 귀화성의 투메드, 차하르, 카라친부 등은 명조와 빈번하게 접촉하며 평화적으로 호시를 통한 관계를 유지**하고 있었다.[60]

59 『蒙古族簡史』編寫組, 1985, 앞의 책, 132쪽; 『蒙古族簡史』修訂本編寫組, 2009, 앞의 책, 104쪽.

60 『蒙古族簡史』編寫組, 1985, 앞의 책, 208쪽; 『蒙古族簡史』修訂本編寫組, 2009, 앞

> 청조가 막남 몽골을 병합하기 시작하고 형세가 발전함에 따라 마침내 전국을 통일하고, **몽골의 상층 계급은 청조와의 연합 통치에 참가**하면서 청조가 전국을 통일하는 과정에서 역량을 발휘하여 **우리나라의 통일적 다민족국가 발전을 촉진**하였다.[61]

명과 조선 두 나라가 당시 국제정세를 파악하지 못하는 틈을 타 여진족의 후예들이 흥기하며 '후금(後金)'을 건국했다. 이어 1636년에 민족명을 '만주(滿洲)'로, 국호를 '대청(大淸, 다이칭 구룬)'으로 바꾸고 조선과 명을 공격한 다음 내몽골 지역의 몽골인들을 우호 세력으로 삼아 국력을 떨치게 되었다. 이후 17세기 말에 북몽골(외몽골)을, 18세기 중반에 서몽골(준가르)을 차례로 정복하여 마침내 전 몽골을 자신들의 통치하에 들이게 되었다.

위의 인용문은 이런 '만주 청'의 역사도 '중국사'의 일부이며, 심지어 '중국의 통일적 다민족국가'의 발전을 촉진했다고 이해하고 있음을 잘 보여준다.

4. 근·현대 내몽골자치구사 서술 분석

이어서 근·현대 시기의 내몽골자치구의 역사 서술에 대해 살펴보겠다. 인용문을 살펴보면 '내몽골'의 몽골족들은 모두 처음부터 '중국공산당'과 같은 입장과 위치에 있었던 것처럼 보인다. 이러한 서술은 결과를

의 책, 165쪽.

61 『蒙古族簡史』編寫組, 1985, 위의 책, 209쪽; 『蒙古族簡史』修訂本編寫組, 2009, 위의 책, 166쪽.

바탕으로 과거의 모습을 재구성하는 중국공산당 특유의 역사 이해로 인한 것임을 알 수 있다.

> 아편전쟁 이후 중국 사회가 반(半)식민지화 반(半)봉건화가 됨에 따라 **몽골족 사회에서는 원래의 모순과 새롭게 나타나는 각종 모순이 첨예하고 신속하게 발생**하였다. 외국 자본과 제국주의가 몽골 지구를 침략하면서 **몽골족과 외국 침략자 사이에 민족 모순이 발생**하였다. …… 청 통치자의 압박이 참을 수 없을 정도가 되었을 때 그들은 투쟁의 목표를 직접 청 정부로 향했다. …… **몽골족 인민의 반제, 반봉건 투쟁은 용감하고 굳세었으며, 눈물겨운 것으로 근대 중국 각 민족 인민의 혁명 투쟁사상 찬란한 한 장**이 되었다.[62]

> 1840년 아편전쟁이 폭발하여 중국 인민들은 반식민지 반봉건이라는 고난의 늪에 빠지게 되었다. **내몽골 각 민족 인민들**과 전국의 각 민족 인민들은 단결하여 일어나 제국주의, 봉건주의, 관료자본주의에 반대하는 기치를 높이 치켜들고 **어렵고도 힘든 투쟁을 전개**했다. 모두가 압박을 받고 착취를 당하면서도 함께 피 흘려 투쟁함으로써 수천 년 간 왕래하면서 역사를 이루어온 각 민족 인민들은 진실로 단결하고 **마침내 중국공산당의 영도하에 민주혁명이라는 위대한 승리를 쟁취**하였다. 1947년 5월에 내몽골자치구가 성립했고, 1949년 10월에 중화인민공화국이 성립함으로써 **내몽골 역사와 중국 역사는 함께 새로운**

62 『蒙古族簡史』編寫組, 1985, 앞의 책, 287~288쪽; 『蒙古族簡史』修訂本編寫組, 2009, 앞의 책, 227~228쪽.

역사의 한 페이지를 열었다.[63]

위 인용문들은 무산계급 인민들이 아편전쟁 이후 내부의 봉건 통치 계급, 외부의 제국주의자와 그들과 결탁한 대자산 계급 등의 착취와 압박에 더욱 시달리게 되면서 반제, 반봉건, 반자본의 기치를 내걸고 투쟁에 나섰으며, 중국공산당은 그들과 손을 잡고 민주혁명에 성공함으로써 '신중국'을 건설할 수 있었다고 서술하고 있다.[64] 그 과정에서 '내몽골' 인민들의 투쟁은 '근대 중국 각 민족 인민의 혁명 투쟁사상 찬란한 한 장'이라고 칭송하고 있다.

> 1945년 8월 15일 일본 제국주의의 무조건 항복으로 중국 인민의 항일민족혁명 전쟁은 승리로 끝났다. **항일전쟁의 승리 후** 중국공산당과 중국 각 민족 인민들이 평화, 민주, 독립, 부강한 신중국을 건립할 것을 요구함으로써 **중국은 빛나는 미래로 향하게 되었다**. 그러나 **장제스 국민당 측은** 미 제국주의의 지지하에 내전과 독재, 매국적인 방침을 견지하면서 계속해서 중국에 대지주, 대자산 계급이 통치하는 반봉건 반식민지 국가를 건립하려고 함으로써 **중국을 어둠으로 이끌려고 하였다.**[65]

63 曹永年 主編, 2007, 緒論, 『內蒙古通史』 1, 呼和浩特: 內蒙古大學出版社, 15쪽.

64 내몽골 혁명사에 대해서는 郝維民 主編, 1997, 『內蒙古革命史』, 呼和浩特: 內蒙古大學出版社를 보시오.

65 『蒙古族簡史』編寫組, 1985, 앞의 책, 428쪽; 『蒙古族簡史』修訂本編寫組, 2009, 앞의 책, 340쪽.

> 일본의 투항 이후 **내몽골 지구의 몽·한 각 민족 계층 인민들은 국민당에 대하여 각기 다른 태도**를 지니고 있었다. **지주 계급**은 국민당에 기대어 봉건적 착취 제도를 유지하고자 국민당의 반동 책동을 지지하였다. **몽골족 봉건 상층 계급**의 일부 중에서 이미 일본 제국주의의 편에 섰던 이들은 이번에는 변신하여 국민당 반동파의 앞잡이가 되었으며, 일부 **몽골 왕공 상층 계급** 사람들은 몽골족 인민의 자치 요구를 이용하여 민족해방을 기치로 정치적인 모험을 진행하기도 하였다.[66]

위의 인용문은, 항일(중일)전쟁에서 승리를 거둔 후 중국공산당과 각 민족 인민들과는 달리 장제스와 국민당은 여전히 중국을 어둠으로 이끌려고 했으며, 내몽골의 지주와 봉건 통치자, 왕공들은 새로운 상황에서도 자신들의 이익을 우선시하며 분열되었음을 강조하고 있다.

> 중국공산당은 많은 몽골족 인민 군중들의 원망에 따라 적시에 동·서몽골 자치 운동을 통일하는 공작을 전개하였다. …… '4·3' 회의는 몽골 민족 역사상 그리고 내몽골 근대사상 가장 중요한 회의였다. 이로써 몽골족이 수백 년 동안 받아왔던 청 왕조와 북양 군벌, 국민당의 분할 통치 국면을 타개하고, 몽골족 해방운동을 연도할 수 있는 기구를 만들었으며, 통일할 수 있는 역량으로 발전하여 **몽골 민족을 완전하게 해방시키고 내몽골자치운동을 승리로 이끌 수 있게 발전하여 내몽골 자치정부를 건립**할 수 있는 훌륭한 기초를 놓은 것이다.[67]

66 『蒙古族簡史』編寫組, 1985, 위의 책, 429쪽; 『蒙古族簡史』修訂本編寫組, 2009, 위의 책, 341쪽.

67 『蒙古族簡史』編寫組, 1985, 앞의 책, 436~438쪽; 『蒙古族簡史』修訂本編寫組,

> **1947년 5월 1일 내몽골 자치정부 정식 수립이 선포되었다. 5월 19일 마오쩌둥(毛沢東) 주석과 주더(朱德) 총사령관이 전보를 보내 열렬히 축하하였다.** "일찍이 곤란을 겪는 내몽골 동포들을 끌어안고 여러분의 영도 하에 자유 광명의 신역사를 창조하기 시작하였다. 우리는 내몽골 민족이 한족과 국내 기타 민족들과 긴밀하게 단결하여 민족 압박과 봉건 압박을 물리치고 **신몽골과 신중국을 건설하기 위해 분투**하리라 믿는다!"[68]

> **내몽골 자치정부의 수립**은 중국공산당 민족 정책의 위대한 승리이며 이로써 내몽골 민족 문제를 정확하게 해결하고 몽골 민족 해방이라는 중대한 성과를 실현함으로써 마르크스·레닌주의와 마오쩌둥 사상이라는 민족 이론이 중국에서 시행된 위대한 실천이며, 또한 **내몽골 혁명과 몽골 민족 해방 투쟁의 새로운 이정표**가 되었다.[69]

앞의 인용문은 '중국공산당'이 분열된 내몽골 민족을 해방시키고, '4·3 회의'를 통해 '내몽골 자치정부'를 수립할 수 있도록 지도함으로써 1947년 5월 1일 '내몽골자치구'가 성립되었음을 강조하고 있다.[70]

『몽골족간사(수정본)』(2009)의 특징은 『몽골족간사』(1985)에는 없던

2009, 앞의 책, 346~348쪽.

68 『蒙古族簡史』編寫組, 1985, 위의 책, 441~442쪽; 『蒙古族簡史』修訂本編寫組, 2009, 위의 책, 351쪽.

69 『蒙古族簡史』編寫組, 1985, 위의 책, 443쪽; 『蒙古族簡史』修訂本編寫組, 2009, 위의 책, 352쪽.

70 '4·3會議'에 대해서는 다음 글을 참고하시오. 김선호, 1996, 「4·3會議와 內蒙古自治政府 成立過程」, 『중앙아시아연구』 1호, 65~80쪽.

'제6장: 「중화인민공화국 성립 이래 몽골족」'이라는 한 장을 새롭게 서술한 것이다. 따라서 다음에서는 신중국 성립 이후 1956년 9월까지 몽골족에 대한 서술을 살펴보도록 하겠다.

> 삼대 전역(戰役) 이후 인민해방전쟁의 승리가 이어짐에 따라 국민당의 중국 대륙 통치는 붕괴되기 시작했다. **전국의 각 몽골족 지구의 해방전쟁도 승리를 거두는 중**이었다. 내몽골 동맹(東盟) 지구와 실링골, 차하르 두 맹이 해방을 획득한 후 오르도스 몽골 지구와 알라샤, 에치나기 지구도 이미 해방 전야에 놓이게 되었다. 동시에 **기타 성의 몽골족도 1949년 이후 차례로 해방을 획득**하였다.[71]

> 1953년 3월 중공 중앙은 **「대한족주의 비판」이라는 지시를 제출**하여 일부 지방의 당원과 간부들 중에 존재하는 심각한 '대한족주의' 사상에 대해 신문에 문장을 실어 공개적으로 비판하는 형식을 통해 철저하게 비판하였다. …… 당 중앙의 지시에 따라 **민족 정책 대조사는 전국 각 몽골족 지구의 발전**을 가져왔다.[72]
>
> 1947년 5월 1일부터 1957년 5월까지 내몽골자치구는 10년에 걸쳐 찬란한 역정을 달려왔다. 10년 동안 **중국공산당의 영도하에 전국 각 민족 인민들의 어려운 분투를 통해 내몽골의 각종 경제, 문화 사업은 모두 커다란 성취**를 얻었으며 동시에 자치구의 면모도 천지가 뒤바뀔 정도로 변화가 일어났다.[73]

---

71 『蒙古族簡史』修訂本編寫組, 2009, 앞의 책, 375쪽.

72 『蒙古族簡史』修訂本編寫組, 2009, 위의 책, 395쪽.

73 『蒙古族簡史』修訂本編寫組, 2009, 앞의 책, 406쪽.

> **중공과 정부의 영도하에 각 몽골족 지구가 해방을 획득**한 후 사회 민주 개혁과 사회주의 개조를 완성하고, 정치, 경제, 문화 등 각 방면에서 **민족 구역 자치를 실시함으로써 거대한 진보가 발생**했다.[74]

> 1949~1956년 말까지 중국 사회는 천지가 뒤바뀌는 변화가 발생했고 정치, 경제, 문화 등 각 방면의 사업에서도 거대한 발전이 이루어졌으며, **중앙과 인민정부가 정확한 민족 정책을 제정하고 실시함으로써 전국의 각 소수민족 지구의 인민들은 해방과 민주 권리를 얻었으며**, 또한 각 지구는 당과 국가의 관심으로 정치, 경제, 문화 등 사업도 커다란 발전과 진보를 이룩하였다.[75]

위 인용문들은 모두 '신중국' 성립 이후 내몽골의 '몽골족'을 비롯하여 모든 소수민족이 해방되어 민주 권리를 획득했다고 선전하는 내용이다. 과연 오늘날에도 '모든 중국인'이 같은 생각일까? 더 깊이 생각해야 할 문제이다.

1987년 5월 내몽골자치구 성립 40주년을 맞이하여 편찬하여 발간한 『내몽골자치구사(內蒙古自治區史)』(1991)의[76] 「서언(序言)」을 보면 그 서술 의도와 목적을 비교적 분명하게 파악할 수 있다.

> 『내몽골자치구사』 서술은 1947년 5월부터 1987년 5월까지 내몽골자치구 40년의 역사이다. **40년 동안 내몽골의 각 족 인민은 중국공산당**

---

74 『蒙古族簡史』修訂本編寫組, 2009, 위의 책, 408쪽.

75 『蒙古族簡史』修訂本編寫組, 2009, 위의 책, 412쪽.

76 郝維民 主編, 1991, 『內蒙古自治區史』, 呼和浩特: 內蒙古大學出版社, 1~6쪽.

의 영도 아래 민족 민주 혁명의 최종 승리를 획득하였으며, 사회주의 혁명과 사회주의 건설을 거쳤고, 또 내몽골자치구에서 하늘과 땅이 뒤바뀌는 변화를 발생시켰다. 비록 1958년 이후 일부 과오와 우여곡절이 있었으며 '문화대혁명' 기간 중에는 갑작스런 위험에 처하기도 했지만 **자치구 성립 이후 40년에 걸친 성취는 위대했으며 업적은 휘황한 것**이었고 역사 경험은 지극히 풍부하여 감히 **우리나라의 모범 자치구라 할 만하다.**[77]

25년에 걸친 혁명 투쟁을 거쳐 내몽골 자치정부를 성립할 수 있는 조건이 만들어져 1947년 5월 내몽골 자치정부가 성립되었으며, 마침내 내몽골자치구가 탄생하였다. 내몽골 혁명 25년의 역정을 설명하자면, 1: 마르크스·레닌주의와 마오쩌둥 사상으로 무장하여 봉기한 중국공산당은 내몽골 혁명의 유일하며 정확한 영도자였다. **중국공산당의 영도를 따랐기 때문에 내몽골 혁명은 점차 커졌고 강해졌으며, 분열에서 통일로 부분에서 전체로 이어졌고, 정확하고 바른 지도에 따라 전국적인 혁명의 승리로 인해 민족 민주 혁명이라는 철저한 승리를 획득하였다.** 2: 25년에 걸친 혁명 투쟁 중에서 끊임없이 혁명 통일전선을 형성한 것은 내몽골 혁명의 발전과 승리를 향한 중요한 요인이었다. 3: 내몽골 혁명이 개시되었을 때 중국공산당이 내몽골 인민혁명당 창건과 무장혁명을 통과시킴으로써 내몽골 인민혁명군이 성립되었고, 무장 투쟁을 시도할 수 있었다. 4: 중국공산당은 내몽골 민족 문제를 정확하게 분석하고 인식하였으며, 새로운 탐색을 통해 내몽골 민족의

77 郝維民 主編, 1991, 위의 책, 1~2쪽.

문제를 해결할 수 있는 정확한 방법을 찾을 수 있었다. 5: **몽·한(蒙漢) 각 민족의 단결 투쟁은 내몽골 혁명이 승리할 수 있었던 중요한 요인**이었다.[78]

어렵고 힘든 오랜 투쟁의 역사는, 우리나라 몽골 민족이 오랜 역사와 풍부한 민족문화를 지녔을 뿐 아니라 장기간에 걸쳐 제국주의 침략과 민족 압박, 국내 각 민족의 공동의 적들에 반대하는 뛰어난 혁명 전통을 지녔음을 증명한다.[79]

IV. 맺음말

맺음말을 대신하여 마다정(馬大正)이 총서편위회 총주편을 담당한 〈중국변강통사〉의 분권인 『북강통사(北疆通史)』(2003)의 주편자(主編者) 자오윈톈(趙雲田)이 「전언(前言)」의 마지막 부분에 밝힌 '몇 가지 계시'를 보면 현재 중국의 변강 인식을 비교적 명확하게 파악할 수 있다.

제1, **중국은** 유구한 역사를 지닌 **하나의 국가**이다.

제2, **중국은 하나의 통일 다민족국가**를 만들기 위해 부단한 발전과 공고화의 과정을 거쳤다.

제3, **중국 다민족국가**의 발전 과정 중에서 **'북강(北疆)'은 때에 따라 변화**하였다. 어떤 역사 시기, 예를 들면 원조와 청조 시기에 북강의 범

78 郝維民 主編, 1991, 앞의 책, 4~5쪽.

79 白歌樂·王路·吳金, 1991, 앞의 책, 6쪽.

위는 오늘에 비해 범위가 넓었다.

제4, **중국 통일적 다민족국가**는 발전 과정 중에 **여러 정권이 병립하는 분열 시기**를 겪었다. 중국이 분열되었을 때 건립된 여러 정권들은 시종 스스로 나라라고 칭했지만 **실제로 그들은 모두 당시 중국의 일부분**이었다.[80]

이제 위 인용문을 하나씩 뒤집어 보도록 하겠다.

제1, 중국은 한 번도 하나의 국가인 적이 없었다.

제2, 중국은 하나의 통일적 다민족국가를 만들기 위해 늘 변강의 소수민족과 주변 세력을 위협하였다.

제3, 중국의 '북강'은 때에 따라 변화하였기 때문에 앞으로도 얼마든지 확장할 수 있으며, 또 확장하기 위해 노력할 것이다.

제4, 중국 통일적 다민족국가는 여러 정권이 병립하는 분열 시기를 겪었지만, 분열 시기에 병립했던 여러 정권들도 모두 중국의 일부분이었으며, 과거에 한 번이라도 '중화 세계'의 일원이었던 주변국(지역)들은 모두 언젠가 '중국의 일부분'이 될 것이다.

---

80 趙雲田 主編, 2003, 『北疆通史』, 鄭州: 中州古籍出版社, 17쪽.

참고문헌

國家民族事務委員會硏究室, 2006,『新中國民族工作十講』, 北京: 民族出版社.

內蒙古社會科學院歷史所『蒙古族通史』編寫組, 1991,『蒙古族通史』上·中·下, 北京: 民族出版社.(內蒙古社會科學院歷史所『蒙古族通史』編寫組, 2001,『蒙古族通史(修訂版)』上·中·下, 北京: 民族出版社.)

『蒙古族簡史』編寫組, 1985,『蒙古族簡史』, 呼和浩特: 內蒙古人民出版社.(『蒙古族簡史』修訂本編寫組, 2009,『蒙古族簡史(修訂本)』, 北京: 民族出版社.)

民族問題硏究會 編, 1993,『蒙古民族問題』, 北京: 民族出版社.(←劉春, 1946,『蒙古民族問題』, 張家口: 內蒙古出版社.)

白歌樂·王路·吳金, 1991, 民族知識叢書『蒙古族』, 北京: 民族出版社.

費孝通, 1987(1999),『中華民族多元一體格局(修訂本)』, 北京: 中央民族學院出版社.

曹永年 主編, 2007,『內蒙古通史』1~4, 呼和浩特: 內蒙古大學出版社.

趙雲田 主編, 2003,『北疆通史』, 鄭州: 中州古籍出版社.

郝維民 主編, 1991,『內蒙古自治區史』, 呼和浩特: 內蒙古大學出版社.

__________, 1997,『內蒙古革命史』, 呼和浩特: 內蒙古大學出版社.

郝維民·齊木德道爾吉 主編, 2006,『內蒙古通史綱要』, 北京: 人民出版社.

김선호, 1996,「4·3會議와 內蒙古自治政府 成立過程」,『중앙아시아연구』1, 중앙아시아학회.

김호동, 2006,「몽골제국과 '大元'」,『역사학보』192, 역사학회.

______, 2010,『몽골제국과 세계사의 탄생』, 파주: 돌베개.

박장배 등, 2014,『중국의 변경 연구』, 동북아역사재단.

심혁주, 2014,「시짱항목의 실태와 추진 현황」, 박장배 등,『중국의 변경 연구』, 동북아역사재단.

양하이잉(楊海英), 우상규 옮김, 2018,『反중국 역사』, 파주: 살림.

이평래, 2014,「북강항목의 실태와 추진 현황」, 박장배 등,『중국의 변경 연구』, 동북아역사재단.

정재훈, 2019,「개혁 개방 이후 중국의 신장 실크로드사 연구」,『동북아역사논총』65, 동북아역사재단.

3장

중국의 북강항목 추진 현황 및 평가

윤은숙
강원대학교 자유전공학부 교수

I. 머리말

내몽골자치구를 중심으로 한 중국의 북부지역[1]을 대상으로 한 연구 프로젝트인 '북부변강역사와 현상연구(北部邊疆歷史與現狀研究, 이하 북강항목)'는 2010년 1월에 전국철학사회과학규획판공실(全國哲學社會科學規劃辦公室)의 비준을 거쳐 정식 항목으로 입안되었다. 이로써 북강항목은 국가사과기금특별항목(國家社科基金特別項目, 批準文號: 社科規劃辦函字 2010 1號)으로 편입되어 2014년까지 5년 동안 국가 단위의 연구 사업을 공모하였다. 북강항목은 크게 기초 연구와 응용 연구로 구분되고, 기초 연구는 내몽골 지역을 중심으로 한 북부변강 범위 내의 중요한 학술적 가치와 이론적 의미가 있는 역사와 문화를 연구 대상으로 한다. 응용 연구는 내몽골의 경제, 사회, 문화 발전 등에서 중요한 점, 해결하기 어려운 난제와 우선적으로 해결해야 할 과제 등을 선정하여 항목으로 구성했다. 이를 연구 주제별로 보면 연구 계열(기초 연구와 응용 연구), 당안문헌 정리 계열(檔安文獻整理系列), 번역 계열 및 데이터베이스 구축 등의 총 3개 항목으로 구분할 수 있다.[2]

중국사회과학원 중국변강연구소가 북강항목을 동북공정(東北工程), 신장공정(新疆工程)과 함께 중국사회과학원의 중대 3대 공정 중 하나로 규정할 정도로 북강항목은 중국의 변강 연구에서 중대한 의미를 차지하

1 이 연구에서는 내몽고자치구를 중심으로 한 중국의 북부지역을 논의의 편의상 북부변강(北部邊疆) 또는 북강(北疆)으로 표기하겠다. 또한 중국의 공식기관을 가리키는 명칭인 경우는 '내몽고'라는 용어를 사용하고, 일반적으로는 '내몽골'로 표기하겠다.

2 http://www.nmgass.com.cn/kydt/2017-04-24/179430.html.

고 있다.[3] 1단계 국가 단위의 북부변강 연구는 1993년에 시행된 '중국 소수민족 현상과 발전 조사(中國少數民族現狀與發展調査)'라는 프로젝트를 계기로 시작되었다. 이때 동·서·북부의 13개 민족을 대상으로 조사 작업이 진행되었고 관련 연구총서들이 출간되었다. 관련된 연구 총서로는 〈변강사지총서(邊疆史地叢書)〉,[4] 〈흑룡강 유역의 민족 역사와 문화 총서(黑龍江流域民族歷史與文化叢書)〉[5]와 내몽골대학의 연구[6] 등이 있다. 1단계는 주로 흑룡강 지역의 민족을 중심으로 한 연구로, 대체로 이 시기를 북강학의 형성 시기로 본다.[7] 2단계 국가 단위의 북강 연구는 2010년에 시작된 북강항목으로, 여기에서는 내몽골자치구 전역의 민족과 그들의 역사는 물론이고 경제, 환경, 생태 현상 등을 분석 대상으로 하였다. 한 걸음 더 나아가 북강과 경계하고 있는 몽골국과 러시아의 현

---

3 http://bjs.cssn.cn/zdxm/zdxm_dbgc/dbgc_gcjj/.

4 呂光天·古淸堯, 1991, 『貝加爾湖地區和黑龍江流域各族與中原關係使』, 黑龍江教育出版社; 呂一燃, 1991, 『中國北部邊疆史硏究』, 黑龍江教育出版社; 陳春華 等, 1993, 『俄國外交文書選譯: 關于蒙古問題』, 黑龍江教育出版社; 馬大正, 1993, 『邊疆與民族』, 黑龍江教育出版社; 李大龍, 2001, 『唐朝和邊疆民族使者往來硏究』, 黑龍江教育出版社; 盟廣輝, 2002, 『北部邊疆民族史硏究』, 黑龍江教育出版社; 劉爲, 2002, 『淸代中朝使者往來硏究』, 黑龍江教育出版社; 趙雲田, 2004, 『淸末新政硏究』, 黑龍江教育出版社 등.

5 波少布·何日莫奇, 2001, 『黑龍江蒙古族部落史』, 哈爾濱出版社; 于學斌·吳占柱, 2003, 『黑龍江柯爾克孜族』, 哈爾濱出版社; 吳克堯, 2002, 『黑龍江錫伯族』, 哈爾濱出版社; 韓有峰, 2003, 『黑龍江鄂倫春族』, 哈爾濱出版社; 張嘉賓, 2003, 『黑龍江赫哲族』, 哈爾濱出版社; 波少布, 2008, 『黑龍江滿族』, 哈爾濱出版社 등.

6 葉新民 編著, 1993, 『中國古代北方少數民族歷史人物』, 內蒙古人民出版社; 王慶憲, 2003, 『匈奴與西漢關係史硏究』, 內蒙古大學出版社; 義都合西格 主編, 2002, 『蒙古民族通史』 1-5, 內蒙古大學出版社; 莎日娜 等 編著, 2003, 『蒙古族民俗風情』, 內蒙古人民出版社; 烏雲巴圖·格根莎日 編著, 2003, 『蒙古族服食文化』, 內蒙古人民出版社; 林幹, 2007, 『匈奴史』, 內蒙古大學出版社 등.

7 盧新寧, 「圈點千古江山-寫在〈邊疆史地叢書〉再版之際」, 『人民日報』, 1999年 4月 6日.

상 연구와 몽·러와 중국 관계 문제 등도 연구 대상으로 하고 있다.

북강항목을 분석한 선행연구로는 이평래의 「북강항목의 실태와 추진 현황」이 있다.[8] 해당 연구를 진행할 당시에는 북강항목이 입안되고 있는 상황이었으므로 연구는 주로 입안 항목의 특징과 과정을 중심으로 이루어졌다. 2019년 현재에도 중국은 북강항목에 대한 구체적인 연구 성과를 공개하고 있지는 않지만, 연구 결과물들의 윤곽이 일정 정도 드러나고 있고 결과물의 활용도 본격화되고 있다. 따라서 본 연구에서는 북강항목의 추진 현황을 중심으로 우선 입안된 항목을 주제별로 분류하고, 2014년 연구 과제 공모가 끝난 이후 연구 성과의 공유·확장 과정을 분석할 것이다. 나아가 자치구 사과원 사과규획(科學規劃)에서 공개한 중대 항목의 연구 결과물에 대한 평가 현황을 통해 북강항목의 실체에 접근해보려고 한다.

II. 북강항목의 추진 현황

1. 북강항목 과제 공모 현황

북강항목은 전국철학사회과학규획판공실의 총책임하에 중국사회과학원 중국변강사지연구소와 내몽골자치구 사회과학원(이하 자치구 사과원)이 관련 업무를 위탁받아 주관하는 형식으로 운영되어왔다. 중국사회과학원 중국변강사지연구소의 북강항목 총괄 부서는 동북 및 북부변강

8 이평래, 2014, 「북강항목의 실태와 추진현황」, 『중국의 변경연구』, 동북아역사재단.

연구실(東北及北部邊疆研究室)로, 청대 강역사 연구자인 주임 알탄 오치르(阿拉騰奥其爾)와 4명의 연구원이 활동하고 있다. 동북 및 북부변강연구실의 업무 소개를 보면 동북아시아 국가와 중국 동북 및 북부변강 등의 최신 동향을 연구하고 관련 정책을 건의한다고 한다. 또한 동북 및 북부변강 분야의 중앙 유관 부서 및 원(院), 소(所) 간의 업무를 처리하고 각 위원회와 지방정부의 위탁 연구에 대한 학술 자문, 동북 및 북부변강지역의 학술활동과 교류를 추진한다고 한다.[9]

항목의 실질적인 담당 기관인 자치구 사과원이 참여하는 국가 단위의 연구사업은 북강항목과 초원문화공정인데, 초원문화공정이 사실상 종결되었으므로 북강항목이 자치구 사과원의 주력 사업이라고 할 수 있다. 자치구 사과원에는 초원문화연구소, 철학과 종교연구소, 아몽연구소(俄蒙研究所), 공공관리연구소, 경제연구소, 역사연구소, 몽골어언문학연구소, 민족연구소, 사회학연구소, 문학연구소, 정치학여법학연구소, 내몽골사회과학원성시발전연구소(內蒙古社會科學院城市發展研究所), 몽골어신식기술연발중심(蒙古語信息技術研發中心)과 목구발전연구소(牧區發展研究所) 등 14개 연구소가 있고, 이들 연구소가 북강항목 관련 실제 업무와 연구를 담당하고 있다. 여타의 중국 내 프로젝트가 그러하듯이 중국 전역에 있는 전문 연구자들이 북강항목 연구 과제 공모에 대거 참여하였기에 내몽골이 중심이 되기는 하지만 연구자들은 전국 각지에 산재해 있다고 할 수 있다.

북강항목이 국가사과금 특별 항목으로 선정된 이후, 북강항목 분과회의 겸 개소식이 2010년 8월 23일에 후흐호트(呼和浩特)에서 처음으로

9 http://bjs.cssn.cn/bsgk/bsgk_zzjg/db/.

거행되었다. 이 기념식에서는 북강항목의 사실상 총책임자인 자치구 당위상위(黨委常委) 겸 선전부장 올란(烏蘭)을 비롯해 사지중심의 당위 서기 싱광청(邢廣程), 주임 리셩(厲聲), 중국사회과학원 과연(科硏) 부국장 창왕정(長王正), 내몽골자치구 당위 상무부부장 저우춘제(周純傑), 자치구 사과원 당위 서기 우환잉(吳團英), 내몽골대학 당위 서기 류리화(劉麗華), 내몽골사범대학 총장 양이장(楊一江) 등 관련 기관 책임자들이 대거 참석해 그 화려한 출발을 공표하였다.

2010년 12월 30일에 처음으로 기초 연구 과제 계열 9과제와 내몽골경제사회발전과 안정 전문조사연구(內蒙古經濟社會發展與穩定專題調硏) 4과제를 공모하였다.[10] 2012년 9월 11일에 입안된 주제는 공모한 문건만 확인되고 있고, 2012년 12월 2일에 기초 연구 과제 14과제와 응용대책 연구 과제 30과제로 구분해서 3차 공모가 이루어졌다.[11] 2013년

〈그림 1〉 연도별 기초와 응용 과제 입안 추이

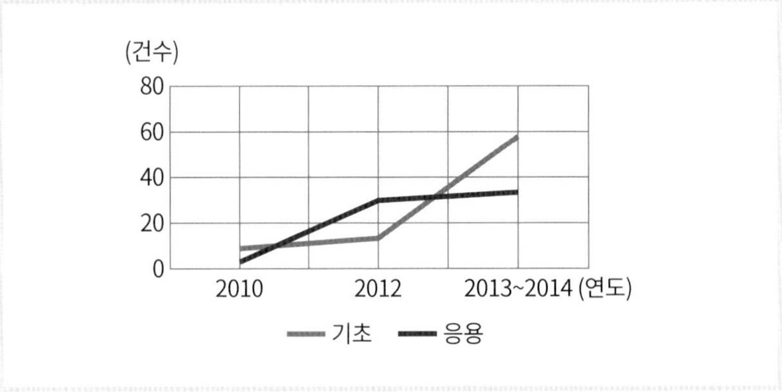

10 http://www.nmgass.com.cn/kydt/2017-04-24/179452.html.

11 http://www.nmgass.com.cn/search/index.php?search_text="北部邊疆&pp=15.

〈표 1〉 북강항목의 주요 주제별 분류

구분	내용	북강항목 주제
기초 연구	북부변강 역사	1. 역대 북부변강 정책 연구
		2. 북강민족의 중국 인식 연구
		3. 흉노사 연구
		4. 고대 몽골 부락 기원 및 분화 변천 연구
		5. 몽골 천호제 연구
		5. 몽골 초원 이민사 연구
		6. 내몽골의 주요 부족사 연구
		7. 외몽골의 주요 부족사 연구
		8. 청 정부의 몽골 지역 치리사 연구
		9. 청대 북부변강선 형성 및 변천 연구
		10. 몽골 독립운동사 연구
		11. 중·몽 양국 사학계의 역사관 연구
	북부변강과 주변 관계	1. 북부변강과 주변 관계사 연구
		2. 말 등의 중국사–유목문명과 중국 강역 확정 관계 연구
		3. 요대(遼代) 이전의 몽골 초원과 동북지구의 족군(族群) 관계 연구
		4. 중국·러시아·몽골의 정치와 무역 관계 연구
		5. 중·몽 또는 중·러 정치와 경제 관계 연구
		6. 중국·러시아·몽골의 무역 정책 연구
		7. 내몽골의 러시아 무역사
		8. 중·몽 관계 역사와 현상 연구
		9. 러·몽의 인터넷 여론상의 중국 형상 연구
		10. 내몽골과 몽골국의 합작 심화 연구
		11. 중·몽 관계 발전 연구
		12. 내몽골·러시아·몽골국의 에너지 부분 합작 연구
		13. 중·러 및 중·몽의 인문 교류 현상과 구상 연구
		14. 중·러·몽의 변경 무역 문제 연구
		15. 국제 공산주의 운동과 중·몽 양당 관계사 연구
		16. 달라이 집단과 몽골국 관계 연구
	민족 문화	1. 몽골 문화 변천 연구
		2. 내몽골의 문화 변천 연구

구분	내용	북강항목 주제
기초 연구	민족 문화	3. 내몽골 대외 문화 교류 연구
		4. 내몽골 내 소수민족 문화 연구
		5. 샤머니즘과 몽골 문화 관계 연구
		6. 『몽골비사』 연구
		7. 내몽골자치구의 몽골 문자 개혁 연구
		8. 신장 오이라트 몽골 문화 변천 연구
		9. 내몽골 문화 전승 보호와 발전 문제 연구
응용 연구	경제와 생태	1. 내몽골자치구의 산업 구조 변화와 조정 연구
		2. 내몽골 유목 지역의 도시화(城鎭化) 문제 연구
		3. 내몽골 농촌·유목 지역의 생태환경 치리와 생태문명 건설 연구
		4. 내몽골 현(縣) 지역의 경제 개발 분석 연구
		5. 내몽골 경제 발전과 초원 생태 보호 연구
		6. 내몽골 초원 경영 체제 연구
		7. 흑하 지역의 생태환경 치리 연구
		8. 지속가능한 내몽골 개발을 위한 국가 지원 정책 연구
		9. 내몽골 문화 및 관광산업 개발 연구
		10. 목축업 보호와 정부 투자의 관계 연구
		11. 내몽골의 농업화 및 공업화 연구
	화해와 안정	1. 내몽골의 민족 특색 물질 및 비물질 문화유산 보호 연구
		2. 내몽골 산업 건설 및 신흥 산업 개발 문제 연구
		3. 내몽골 각 지역의 균형 발전 연구
		4. 내몽골의 생활 향상 및 행복지수 향상 연구
		5. 내몽골의 3대 소수민족 개발 정책 연구
		6. 내몽골의 종교 관리 사무의 성공 경험과 종교의 영향 연구
		7. 내몽골의 몽골족 인식과 민족 안정 관계 연구
		8. 내몽골의 화해 안정 주요 원인 연구
		9. 내몽골 유목 지역 개발 현상 연구
		10. 몽골족 문화의 전승 보호와 발전 문제 연구
		11. 몽골국 동태 연구

〈그림 2〉 연구 주제별 과제 현황

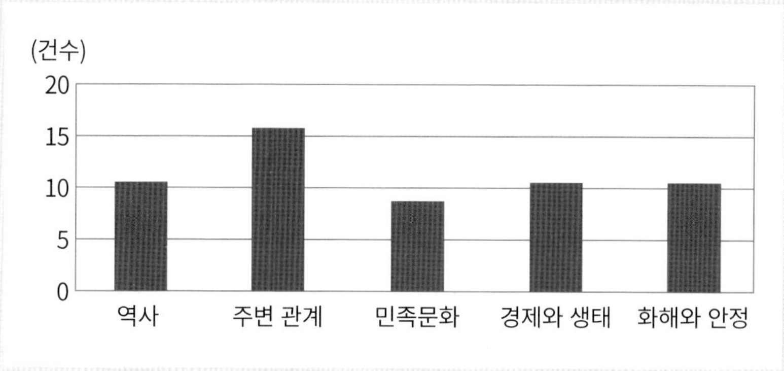

12월 3일에 2013년과 2014년의 최종 과제 공모가 이루어졌다. 크게 북부변강 역사류 30과제, 당대 북부변강과 주변 관계 문제 21과제, 민족문화류 7과제, 경제와 생태 문제 19과제, 사회 조화와 안정 문제 15과제 등이 공모되었다.[12] 자치구 사과원 홈페이지를 통해 확인할 수 있는 북강항목의 연구 과제 공모는 총 149과제로, 기초 연구 계열 81과제와 응용 연구 계열 68과제이다. 기초 과제와 응용 과제를 연도별로 보면 2010년에는 기초 과제와 응용 과제가 균형을 이루다가 2012년에는 응용 과제 항목이 크게 증가한 반면, 마지막 공모에서는 기초 과제가 크게 증가한 것을 〈그림 1〉을 통해 확인할 수 있다. 그런데 중국사회과학원 동북과 북부변강연구실 책임자 알탄 오치르는 2010~2014년까지의 공모 과제가 총 172건이라고 주장하고 있다.[13] 자세한 사정은 알 수 없지만, 알탄

12 http://www.nmgass.com.cn/search/index.php?search_text="北部邊疆&pp=15.

13 阿拉騰奥其爾, 2019, 「新世紀北部邊疆研究的回顧與展望」, 『中國邊疆史地研究』 29-2, 26쪽.

오치르의 주장이 사실이라면 자치구 사과원 홈페이지를 통한 공모 외에 다른 형식의 공모도 존재했음을 의미한다. 여하튼 5년간의 연구 과제를 주제별로 정리해보면 〈표 1〉과 같다.

〈표 1〉과 〈그림 2〉처럼 주제별로 연구 과제를 정리해 보면 좀 더 명확하게 북강 연구의 목적을 알 수 있다. 기초 연구 계열에서 북강 역사 11주제, 민족문화 9주제와 북부변강과 주변 관계 16주제 등으로 볼 때 북강공정이 주목하는 연구는 북부변강과 주변 관계라고 할 수 있다. 즉, 이 연구는 몽골국과 러시아라는 국체가 실재하고 북강이 이들 국가와 국경을 맞대고 있는 상황이므로 정치·경제·문화 등 다각적으로 접근하면서도 좀 더 현실적인 문제들을 많이 내포하고 있다. 예컨대 중국·러시아·몽골의 에너지 합작 연구, 변경 무역, 티베트 불교와 몽골을 비롯해 전반적인 내몽골과 외몽골의 관계에 중점을 두고 있는 것이 확인된다. 이것으로 볼 때 북강 연구를 통해 몽골국과의 관계를 주도하려는 중국의 강한 의지를 엿볼 수 있다.

응용 연구 계열은 변강의 안정과 민족 통합이라는 북강항목의 목적을 충실히 드러내고 있다. 무분별하고 과도한 개발로 황폐해진 초원을 복구하고 보호하는 정책들을 전면에 배치하여 동요하는 유목민들을 안정시키고, 다양한 경제개발 정책을 제시함으로써 소외되었던 북강 지역을 포용하려는 연구들이 주류를 이루고 있다.[14]

한편, 북강항목 원안에 포함되어 있던 당안 문헌 정리 계열, 번역 계열 및 데이터베이스 구축은 연구 과제 공모에는 드러나 있지 않아서 어떻

14 북강항목 연구 과제 공모와 관련한 상세한 분석에 대해서는 이평래, 2014, 「북강항목의 실태와 추진현황」, 『중국의 변경연구』, 동북아역사재단, 233~271쪽 참조.

게 된 영문인지 파악할 필요가 있다. 이에 대해서는 2가지 추측이 가능하다. 첫째, 앞의 두 과제는 초원공정에서 상당 부분 사업이 진행되기도 했고, 공모 과제에 드러나 있지는 않지만 연구 결과물을 보면 번역 사업도 어느 정도 이루어진 것으로 보인다. 둘째, 북강공정을 진행하는 과정 중에 2013년 5월부터 '내몽골민족문화건설연구공정'이 6년간 프로젝트로 시작되었기 때문이다. '내몽골민족문화건설연구공정'은 자치구 사과원 규획 특별 항목으로 총 비용 1.3억 위안이 투입되는 대규모 프로젝트로 초원문화공정과 북강공정 이후 내몽골의 민족문화를 연구할 목적으로 신설된 연구 과제이다. 이 공정은 문헌 당안 정리 출판, 내몽골 사회·역사 조사 및 구술사, 지방 지식 채록, 몽골 부족의 역사, 몽골학 문헌 번역 출판, 내몽골 역사·문화 확장 및 대중화, 내몽골 민족문화 건설 연구 등의 항목으로 구분되어 공모를 진행하였다.[15] 해당 연구 공정에 입안된 2016년 과제를 보면 〈항긴기 자사크 아문 당안(杭錦旗札薩克衙門檔安)〉 40권, 〈알라샤 호쇼드기 몽골 문헌 역사 당안(阿拉善和碩特旗蒙古文歷史檔安)〉 20권 등이 포함되어 있다. 이렇듯 '내몽골민족문화건설연구공정'이 몽골학 문헌 번역과 데이터베이스 구축을 담당하면서 북강항목의 애초의 계획이었던 번역 사업이 축소된 것으로 추측할 수 있다.

2. 북강항목 추진 현황(2014~2018)

북강항목은 2014년에 연구 과제 공모가 끝남으로써 공식적으로는 종결된 프로젝트이다. 2014년 이후 북강항목은 크게 세 부분으로 나뉘

15 http://www.nmgass.com.cn/kydt/2017-04-24/179805.html.

어 사업이 추진되고 있다. 첫째, 연구자들이 연구 결과물을 제출하고 있고, 결과물 제출 이후 과제 평가위원회의 심사 결과에 따라 논문으로 게재되고 있거나, 〈북부 변방의 역사와 현상 연구 문고(北部邊疆歷史與現狀硏究文庫)〉라는 시리즈로 내몽골대학출판사에서 잇따라 출간하고 있다. 이와 관련해서는 3절에서 상세히 다룰 예정이다. 둘째, 북강항목의 연구 성과를 점검, 공유하고 확산시키기 위한 학술연구 토론회를 개최하고 있다. 셋째, 기관 책임자 및 전문가들로 싱크탱크를 구성해, 북강공정의 방향, 현 상황의 진단과 문제점 등을 분석하는 북강논단(北疆論壇), 북강항목 연구의 문제점을 개선하기 위한 북강학술살롱(北疆學術沙龍), 그리고 핵심 주제에 대한 강연회라 할 수 있는 북강강단(北疆講壇) 등이 개최되고 있다.

1) 북강항목 관련 학술연구 토론회

학자들을 중심으로 북강항목의 연구 진행 현황을 설명하고 성과를 전파하고 공유하기 위한 학술연구 토론회(이하 학술연토회) 및 전문가 회의가 2014년부터 개최되기 시작했다. 주목할 만한 몇몇 학술연토회를 살펴보면 다음과 같다.

2014년 12월에 〈원·명·청 시기 몽골족의 장문 전적(藏文典籍) 발굴, 정리와 연구〉(연구 기간: 2014. 6~2017. 12)라는 주제의 학술연토회가 내몽골대학에서 개최되었다. 여기에는 자치구 철학사회과학구획판공실 부주임 치시앙양(戚向陽), 내몽골대학 교장 천궈칭(陳國慶) 교수, 부교장 에르훙 바야르 교수, 내몽골대학 베. 게이트 교수, 몽골학연구중심 주임 치메드 도르지 교수, 칭하이사범대학(淸海師範大學) 부교장 자부 교수, 몽골국 과학원의 데. 소미아 교수, 몽골국 울란바타르대학의 수흐 라마 교수 등을 비롯해 학자 50여 명이 참가했다. 이 연구는 연구 책임자인 내몽골대학 몽골학학원의 에르데니 바얀 교수를 필두로 칭하이사범대학, 시짱대학(西藏大學), 영국 케임브리지대학, 몽골과학원, 몽골국립대학, 러시아의 부리야트대학 등에서 참여하였다. 학술연토회에서 에르데니 바얀 교수는 원·명·청 시기의 몽골족의 장문 전적 정리와 연구, 몽골 장문 전적 연구와 몽골족 장문 전적 자료고(資料庫) 건설 등의 5개 주제 항목을 선정한 배경 및 연구 진행 상황 등을 보고했다. 학술연토회에 참석한 학자들은 해당 연구가 다민족 문화 교류의 과정을 증명하고 몽골학 및 몽·장 문화 관계 연구에 진귀한 자료를 제공할 수 있는 학술적 가치가 높은 연구가 될 것이라고 평가했다.[16] 해당 연구를 통해 내·외몽골을 포함해 인도, 러시아, 영국, 일본과 미국 등에 산재해 있는 몽골족의 장문 문헌을 수집·분류·정리하고 데이터베이스를 구축하게 된다면 해당 분야 연구자뿐만 아니라 몽골 문화의 수준을 이해할 수 있는 중요한 근거가 될 것으로 보인다. 다만 해당 과제는 2017년 12월에 연구 기간이 종료되었으나, 연구가 어떤 형식으로 진행되었고, 어떤 결과를 획득했는지 여부는 확인되지 않고 있다.

2016년 5월에는 〈내몽골 문화 커뮤니케이션 건설 연구기지(內蒙古文化傳播力建設硏究基地)〉(연구 기간: 2014~2015. 12) 주관으로 학술연토회가 내몽골사범대학에서 개최되었다. 연구기지 상무부주임 웨이즈융(魏智勇) 교수는 연구 진행 상황을 설명하고 향후 3년간의 연구 결과물 발표 계획을 설명했다. 연구기지는 2015년 5월부터 단계적 성과를 거두면서 연구원들이 논문 30여 편, 저서 6권을 출판했다고 밝혔다. 특히 연구

16 http://nmgskghw.nmgnews.com.cn/system/2015/01/22/011616058.shtml.

책임자 증푸티엔(鄭福田) 교수는 2016년 4월에 중화서국에서 『중국 고대 사상가 찬술(中國古代思想家 贊述)』, 『삼익재금초(三益齋唫草)』와 『삼익재운어(三益齋韻語)』 등을 동시에 출판하였다. 또한 그는 국가사과금 특별 항목인 『내몽골 문화여행 지표: 총권(內蒙古文化旅遊地標:摠卷)』 중에 자연, 전적부호(典籍符號), 역사 문물과 문화유산 등의 4개 분책을 작업하였다. 학술연토회에서는 본 연구를 통해 내몽골 문화 커뮤니케이션의 설계 및 특성을 파악함으로써 내몽골 문화 커뮤니케이션을 향상시키는 방안을 찾고, 혁신과 개발을 도입해 내몽골의 특성을 가진 문화산업 브랜드를 창출할 것이라는 포부를 밝혔다.

2017년에 내몽골자치구 성립 70주년을 기념해 『내몽골 문화 관광 포켓북 시리즈(內蒙古文化旅遊系列口袋書)』(내몽고인민출판사, 2017)가 출판되었다. 이 책의 주편은 증푸티엔이 맡았고, 부주편(副主編) 웨이즈용을 포함해 20여 명의 집필자들이 참여하였다. 총 22권으로 여기에는 내몽골의 초원, 삼림, 지질 경관, 수역(水域) 풍광, 유적, 향토 음식, 전설 이야기, 민족 복식, 명품 관광 노선, 절경, 비물질 문화유산과 전통음악 등의 다양한 각도에서 내몽골의 문화 및 특색을 기술하였다. 같은 해 9월에는 내몽골자치구 당위선전부 주관으로 각 맹의 시위선전부와 내몽골의 도서관 등에 『내몽골 문화 관광 포켓북 시리즈』를 기증하는 행사를 개최했다. 여기에서 내몽골자치구 당위선전부 상무부부장 저우춘제(周純杰)는 12맹의 선전부부장들에게 책을 전달하였다. 또한 내몽골 도서관과 내몽골 민간 항공 및 후흐호트 호텔 등에도 배포해 홍보를 강화하였다.

2017년 10월에 중국사회과학원 중국변강연구소 산하 동북과 북부변강연구실, 마르크스주의 국가와 변강이론 연구실(馬克思主義國家與邊疆理論硏究室)과 실링골직업학원(錫林廓勒職業學院) 등의 공동 주최로 '북부 변강 연구와 중국 변강학 구축(北部邊疆硏究與中國邊疆學構建)'이라는 주제의 학술연토회가 내몽골 실링골맹의 실링호트에서 개최되었다. 이 학술연토회에는 중국사회과학원, 중국인민대학, 인민출판사, 내몽골대학, 허난대학, 내몽골사범대학, 헤이룽장성민족연구소, 북신지고(北宸智庫), 적봉학원과 실링골직업학원 등에서 온 전문가 40여 명이 참석했다. 내몽골대학 교수 나린 촉드(那仁朝格圖), 적봉학원 교수 바이추이(白初一)와 중국사회과학원 중국변강연구소 부연구원 판언스(范恩實) 등이 기초 연구 계열의 발표를 맡았다. 응용 계열 발표자로는 중국사회과학원 민족학과 인류학연구소(民族學與人類學硏究所) 연구원 저우징훙(周竟紅), 북신지고의 연구원 하다(哈達)와 실링골직업학원 교수 오르나(烏日娜) 등이 참석했다.

'13~19세기 몽골 법제 연혁사 연구(13-19世紀蒙古法制沿革史硏究)'의 연구 책임자인 나린 촉드 교수는 증인과 증거를 선별하고 조사하는 몽골 법전의 상세한 내용을 분석해 보면 증거가 고대 몽골의 사법에서 매우 중요했음을 알 수 있다고 발표했다. 나아가 전통 몽골 사회의 사법은 '공평'과 '정의'를 중시하는 유목적 법제 관념을 추구하고 있다고 주장했다. 또한 그는 몽골족의 사법 문화유산을 발굴하고 민주 법제 문화의 그 시대적 가치를 고양하는 것은 민족 지구의 사법 실천과 사법 업무가 주목해야 할 중요한 과제라고 강조했다. '내할하오부의 역사 연구(內喀爾喀五部歷史硏究)'(연구 기간: 2011~2015. 8. 31)의 연구 책임자 바이추이 교수는 17, 18세기 토르구드(Torghut) 칸국과 짜르 러시아 간의 경제와 정치 관계를 분석하면서, 러시아와의 무역에 토르구드가 적극성을 띤 것은 유목경제의 농업경제에 대한 의존도를 보여주는 증거라고 주장했다. 이러한 무역이 토르구드 칸국의 경제 생활을 윤택하게 하는 동시에 러시아가 다양한 방식으로 토르구드 내정에 간섭하고 독립성을 파괴하는 데 기여했다고 보았다. 모용선비(慕容鮮卑)의 흥기 과정을 분석한 판언스에 따르면 요서로 이동한 모용선비는 이 지역과 연결된 화북, 몽골초원, 동북 교통로 등을 이용해 외부 세계에 대한 약탈을 진행했고, 다링강(大凌河) 일대로 진입한 후에는 다링강의 지리 조건, 발달된 농업 등을 수용하면서 경제 발전을 촉진한 결과 비교적 초기에 발흥할 수 있었다고 한다.[17] 바이추이와 판언스의 주장은 북강 지역의 역사 주체들이 유목이 아니라 유목과 농경을 혼합하는 경제를 영위했기에 국가를 구성하고 유지했다고 주장하고 있다. 일견 동의가 가능할 수도 있겠지만 유목적 생활 방식의 독립국가 구성을 부정하는 측면이 강하게 작용하고 있는 점에서 한계를 드러내고 있다. 나아가 이들 연구는 다민족 사회의 경제·문화적 융합을 강조하여 민족 화해와 안정을 추구했음을 각인시키려는 북강 연구의 의도가 다분히 내재되어 있다.

북강항목 '중국공산당의 민족 정책 초심과 홍군 장정 중 실천에서의 사명(中國共産黨民族政策的初心與使命在紅軍長征中實踐)'의 책임자 저우징훙은 내몽골자치구 성립 70주년의 의의를 민족 화해와 안정의 각도에서 분석했다. 그는 중국공산당의 영도하에 내몽골 자치정부 및 후일의 내몽골자치구 인민정부가 건립되었고 '대일통(大一統)'의 역사 자원의 기초 위에 마르크스주의 민족 이론에 입각한 민족자결 자치가 탄생했다고 보았다. 민족 구역 자치제도가 내몽골의 정치, 경제, 문화, 사회와 생태 등의 발전을 이끌었고, 통일 다민족 현대 중국의 건설과 발달을

17 呂文利·翟福正, 2017, 「北部邊疆研究與中國邊疆學構建」, 『中國邊疆學』 8, 201-2, 392~395쪽.

촉진했다고 주장했다.[18] 하다는 중국공산당의 영도가 내몽골 자치 운동에 유리하게 작용했다고 보면서 민족 구역의 자치는 내몽골 종족들의 역사적 선택이었고 중국공산당이 복잡한 중국의 민족 문제를 선도적으로 해결했다고 주장했다. 내몽골자치구 성립의 중요한 의미는 몽골 민족의 역사상 진면목인 '내몽골의 이상'을 회복하고 민족 공동의 번영과 발전을 실현하는 모델을 건설했으며 기타 국가와 지역의 민족 문제 해결에도 중국의 지혜가 공헌하고 있다고 주장했다. 오르나는 항일전쟁 승리 후에 중국공산당이 올란 후 등을 수니트 우기(右旗)로 파견해 내몽골 서부의 임시정부 문제를 평화적으로 해결함으로써 중국 북부변강의 안정과 단결을 수호하고 내몽골 자치의 길을 열 수 있었다고 주장했다. 이들의 주장은 북강항목의 목적에 충실한 결과를 도출하고 있기는 하지만 국내외 연구자들에게 설득력을 발휘할 수 있을지는 의문이다.

2018년 7월 3일과 4일의 이틀간 실링골직업학원 주관으로 북부변강연구 학술연토회 겸 '대정변강문고(大正邊疆文庫)' 현판식이 열렸다. 3일에는 마다정(馬大正)이 저술한 책, 변강사 관련 소장 자료, 청사(淸史), 중국 민족사, 중국 통사, 학위 논문, 사전류와 외국 문헌 등 3만 권을 '대정변강문고'에 안치하고 이를 기념하는 현판식을 거행했다. 이를 통해 실링골직업학원에 있는 '대정변강문고'는 중국의 북방 최대 변강 역사 도서관으로 자리매김하게 되었다. 오후에는 '내몽골민족문화건설연구공정' 항목인 '실링골 300 구술사(錫林廓勒三介"100"口述史)'에 대한 진행 상황을 논의하였다. 또한 학술연토회에서 마다정은 자신의 지난 연구 활동에 대한 강연을 하고 실링골직업학원 북부변강연구소의 발전

18 呂文利·翟福正, 2017, 앞의 글, 396쪽.

방안, 북강 연구 방법·범위·내용과 북강 연구 중점 등에 대한 방안을 제시하였다. 4일에는 북부변강연구소 학술위원회 1차 회의가 열렸고 회의에는 학원당위위원 서기, 북부변강연구소 학술위원회 주임 차오뤄멍(朝洛蒙), 고문 마다정, 위원 청충더(成崇德), 사인나드미드(斯仁那德米德), 허광리(何廣禮)와 치메드 도르지 등의 전문가가 참석했다. 여기에서 차오뤄멍은 북부변강연구소 학술위원회가 공식 출범했음을 선포하고, 실링골직업학원 북부변강연구소 학술위원회 정관을 통과시켰다. 회의 참가자들은 북부변강연구소의 2018~2020년 연구사업 계획에 대한 논의와 평가를 진행했다.[19] 내몽골의 실링골맹은 2000년대 중국 정부의 무분별한 자원 개발, 불균형 경제성장 및 부의 불평등한 분배와 환경 파괴의 재앙 등으로 지역 유목민들과 갈등이 유발되었던 대표적인 지역인만큼 실링골직업학원에 '대정변강문고'를 설립한다는 것은 앞으로 발생할지 모르는 유사한 충돌에 적극적으로 대비하고 있음을 보여준다.[20]

2018년 12월에 내몽골자치구사회과학계연합회(內蒙古自治區社會科學界聯合會, 이하 자치구 사과연) 주관으로 제4차 내몽골자치구 철학 사회과학 학술활동 월간 보고회(內蒙古自治區哲學社會科學學術活動月宣講報告會)가 실링골직업학원에서 열렸다. 여기에서 북강항목 '몽골어 TEI 표주 모형 어휘고의 건설과 응용연구(蒙古語TEI標注模式歷時語料庫的建設與應用研究)'(연구 기간: 2012~2018)의 연구 책임자 진강(金罡) 교수는 '몽골어 종합형 언어 지식고(言語知識庫)의 건설'이란 주제 발표를 하면서 『몽골비사』의 데이터베이스화와 어휘고 건설 정황 등을 설명했다.

19 http://www.gx211.com/news/20180705/n15307815301045.html

20 보화조로·이상만, 2011, 「基于"資源詛咒"假說的中國西部地區經濟轉型發展研究-以內蒙古地區非均衡增長爲例-」, 『韓中社會科學研究』 9-2, 251쪽.

2) 북강논단

북강논단은 자치구 사과연을 중심으로 내몽골자치구 내의 대학, 연구소, 기업 등 다양한 분야의 영향력 있는 인사들이 내몽골 경제, 사회 발전과 관련된 중요 현안들을 논의하고 토론하는 일종의 학술 포럼이다. 자치구 사과연과 내몽골재경대학이 공동 주최하여 2014년 12월에 개최한 제1회 북강논단의 주제는 '중·몽 경제 무역 합작과 초원 실크로드 경제권 구축'이었다. 회의에는 자치구 사과연 당조서기(黨組書記) 항솬주(杭栓柱), 중국사회과학원 중국변강연구소 소장 싱광청(邢廣程)과 내몽골상무청부청장(內蒙古商務廳副廳長) 겸 내몽골구안판주임(內蒙古口岸辦主任) 궈강(郭剛) 등이 참석했다. 2014년 8월에 시진핑(習近平) 주석이 몽골을 방문한 이후 중국과 몽골의 관계를 개선하고, 북강의 주요 연구주제인 중·몽 합작을 위한 방안을 마련하기 위해 열린 회의이다. 여기에서 참석자들은 내몽골이 중·몽 합작의 기제로 작용해야 함을 인식하였고 양국 간의 소통을 강화할 수 있는 방법 등을 논의했다.[21] 제2회는 '내몽골자치구 육성과 사회주의 핵심 가치관 실천을 위한 연토회'란 주제로 2015년 5월에 자치구 사과연과 내몽골사범대학이 공동 개최했다. 2회 북강논단에는 자치구 사과연 당조서기 항솬주, 부주석 후이화(胡益華), 부순시원(副巡視員) 올란 등을 필두로 150여 명의 연구자들이 참여했다.[22]

2015년 12월에 개최된 제3회 북강논단은 그 규모가 크게 확대되어 자치구 사과연, 자치구 공상연(工商聯), 자치구발전연구중심, 내몽골대

---

21 http://www.nmgskl.com/sklweb/info.php?id=39343.

22 http://www.nmgskl.com/sklweb/info.php?id=41195.

학, 내몽골농업대학, 내몽골사범대학, 내몽골공업대학, 내몽골재경대학, 은행과 회사 등이 참여했다. 제3회 북강논단은 혁신, 협조, 녹색, 개방과 공향(共享)을 목표로 '새로운 상태(新常態)하의 내몽골 경제'라는 주제로 다양한 논의를 진행했다. 대표적인 발표를 보면 '내몽골의 풍요로운 사회 건설을 위한 중대 문제', '새로운 상태와 내몽골 산업의 전환 및 업그레이드', '혁신 주도와 선도 개발', '내몽골 사회 치리(治理) 체계와 치리 능력의 현대화 건설', '기후변화에 대한 적응과 녹색개발 촉진', '세계 에너지 혁명 배경하의 내몽골 에너지 산업'과 '중·몽·러 경제협력의 전략적 요점' 등이 있다.[23] 2016년도부터는 매년 한 번씩 북강논단이 개최되었고 명칭도 '북강논단 2016'으로 바뀌었다. '북강논단 2016'은 10월 21일과 22일에 '새로운 에너지의 수집 및 개발'이라는 주제로 열렸다. 여기에서는 '중국 경제 발전의 새로운 동력', '공급 측의 구조개혁', '금융 혁신을 통한 중·몽·러 경제 회랑(回廊) 건설 촉진'과 '금융, 경제 발전을 위한 새로운 동력' 등의 주제 발표가 있었다.[24]

2017년 8월 11일에 개최된 '북강논단 2017'은 내몽골자치구 성립 70주년을 기념해서 '휘황(輝煌) 70년, 빛나는 풍경'이라는 주제하에 중앙민족대학 진빙하오(金炳鎬) 교수가 민족자치 정책이 소수민족 지역의 경제 발전에 어떤 시사점을 보여주고 역할을 하는지에 대해 기조강연을 하였다. 대외경무대학(對外經貿大學)의 왕원(王文) 교수는 중국 경제 발전의 대세 속에서 내몽골의 경제적 위치와 미래 발전 추세에 대해, 국가행정학원 딩마오잔(丁茂戰) 교수는 '내몽골의 변형 발전'이라는 주제로

23 http://www.nmgskl.com/sklweb/info.php?id=41196.

24 http://www.nmgskl.com/sklweb/info.php?id=49572.

각각 논문을 발표했다.[25] '북강논단 2018'은 '발전에 경의를 표하고 내몽골 개혁개방 40년을 회고하다'라는 주제로 2018년 12월 28일에 개최되었다. 자치구 사과연 주석 항솬주, 자치구 사과원 원장 리춘린(李春林), 내몽고당교 부교장 안징저(安靜賾) 오르도스시위상위(鄂爾多斯市委常委) 겸 선전부부장 쑤추이팡(蘇翠芳) 등이 참가했다. 여기에서는 '개혁개방, 사과이론(社科理論) 종사자의 사명과 헌신', '신앙, 신념, 신심의 강화, 개혁개방 추진력, 재출발', '개혁개방 오르도스 변환과 상승', '내몽골 개혁개방 40주년의 경험과 계몽' 등의 주제 발표가 있었다. 이 회의에서 발표된 논문들은 『개혁개방을 끝까지 진행하다-내몽골자치구 사과(社科) 이론계(理論界) 개혁개방 40주년 이론 연토회 논문집』에 실렸다.[26]

북강논단은 매년 1회(2015년만 2회)씩 개최되면서 그해의 내몽골의 주요 현안들을 다루고 있다. 특히 2018년까지 총 6회 중에 제2회를 제외한 거의 모든 북강논단의 주제가 내몽골 경제와 관련되었다는 것은 시사하는 바가 크다. 이것은 에너지 분야를 중심으로 한 내몽골 경제가 중국 내에서 상당한 위치에 도달했음을 드러내고 있다. 또한 향후 에너지와 희토류 등의 광물자원 분야에서 중국과 몽골국이 합작회사를 추진할 경우에 내몽골이 중간 역할을 해줄 것이라는 기대감도 작용하고 있음을 확인할 수 있다.

3) 북강학술살롱 및 북강강단

'북강학술살롱'의 운영 기관은 자치구 사과연으로, 북강항목을 진행

25 http://www.nmgskl.com/sklweb/info.php?id=53891.

26 http://www.nmgskl.com/sklweb/info.php?id=55610.

하는 과정에서 나타난 문제점이라 할 수 있는 연구 역량의 분산과 연구 성과를 실제 전략에서 반영하기 어려운 점 등을 극복하고 연구 역량을 결집하기 위해 출범하였다.[27] 북강학술살롱은 2018년까지 총 36번 개최되었는데 처음에는 연 1회 개최되다가 2015년부터는 수시로 열렸고 2018년 한 해만도 8번이나 개최되었다. 주목할 만한 몇 개의 '북강학술살롱'을 살펴보면 다음과 같다.

2015년 1월에 개최된 제2차 '북강학술살롱'의 주제는 '새로운 상태하의 2015-전구(全區) 경제 업무 회의 해독(解讀)-'으로 자치구 당위정책연구실, 자치구정부연구실, 자치구발전연구중심, 내몽골대학, 내몽골공업대학, 내몽골농업대학과 내몽골재경대학 등에서 30여 명의 전문가들이 참석했다. 여기에서는 자본 시장의 발달, 투자와 경제 회복, 자치구 부동산 발전 전망 등을 논의했다. 특히 농업·목축 경제와 관련해, 새로운 도시 자본의 농촌 유입과 농·목축민의 보호 사이에서 균형점을 찾을 수 있는 방안을 논의했다. 발표자들은 농·목축민의 이익을 보호함으로써 도시와 농촌의 소득 격차를 줄이고 내몽골 사회의 안정을 추구해야 한다고 강조하였다.[28]

2017년 4월 21일에 거행된 제22차 북강학술살롱에서는 내몽골의 빅데이터 산업과 관련한 제반 정보를 상호 교류하였다. 참석자들은 내몽골 기업의 육성을 통해 몽골의 빅데이터 산업을 발전시켜야 한다고 주장하였다. 여기에는 일리(伊利), 멍차오(蒙草)와 북방연합전력(北方聯合電力) 등 3개 기업의 대표가 초청되었으며, 네이멍구티엔쉰(內蒙古天迅)네트워

27 http://3g.nmgskl.com/sklweb/info.php?id=39204.

28 http://www.nmgskl.com/sklweb/info.php?id=39345.

크 테크놀로지, 완더(萬德)시스템 통합과 화해지혜과기(華海知慧科技) 등의 빅데이터 회사들이 참여해 제품의 시연과 기술 교류에 대해 논의하였다.[29] 2017년 6월 21일에 진행된 제24차 '북강학술살롱'에서는 내몽골의 사막화를 다루었다. 『감히 쿠부치에게 묻다(敢問庫布其)』의 저자인 내몽골농업대학의 마위밍(馬玉明) 교수와 오르도스시 임업국 뤼룽(呂榮)을 초빙해 사막화를 극복한 쿠부치사막의 성공 사례를 듣고 사막 관리에 대한 의견을 교환하였다. 또한 사막의 생태를 보호하면서 동시에 사막의 모래를 활용할 수 있는 산업을 적극적으로 개발해 지역의 빈곤을 완화할 수 있는 방안을 모색하기도 했다.[30] 2017년 9월 27일에 열린 제25차 '북강학술살롱'에서는 내몽골의 경제 현황과 전망을 분석하였다. 푸둥메이(付冬梅) 처장은 2017년 내몽골 경제 상황을 진단하고 문제점과 대책을 제시하였고, 내몽골공업대학 관리학원 원장 창칭(長靑)은 경제의 효율성을 개선하기 위한 대책을 제안하였으며, 내몽골개발연구소 산업부장 장즈둥(張志棟)은 내몽골의 미래 산업과 혁신 등에 대해 토론하였다.[31] 2017년 12월 17일에 열린 제27차 '북강학술살롱'에서는 북강항목의 주요 주제인 성진화(城鎭化) 문제와 현 단위의 경제개발에 대한 논의가 이루어졌다. 특히 내몽골의 호린게르현(縣)의 성공 사례를 모델로 현(縣) 지역의 경제 발전 방안을 마련하기 위한 토론이 진행되었다.[32]

2018년 10월 30일에 열린 제34차 '북강학술살롱'에서는 처음으로 역사 문제를 다루었다. '북위(北魏) 탁발선비(拓拔鮮卑)의 중국 역사상의

29 http://www.nmgskl.com/sklweb/info.php?id=49570.

30 http://www.nmgskl.com/sklweb/info.php?id=50130.

31 http://www.nmgskl.com/sklweb/info.php?id=50133.

32 http://www.nmgskl.com/sklweb/info.php?id=51315.

지위'라는 주제로 울란차부맹(盟)의 호린게르현에서 개최되었다. '탁발선비의 역사적 지위', '탁발선비와 성락(盛樂)'과 '북위와 성락 및 중화 문명 중의 성락' 등의 주제로 토론을 진행했다. 이들의 주장에 따르면 탁발선비의 한 부류인 선비는 성락시대 140여 년간 초원 유목 정권의 특징을 형성하면서 다원적인 정치문화의 특색을 가진 정권을 성립하였다고 한다. 성락에서 평성(平城)으로 천도하기 전후 10여 년간 탁발선비 지배자들의 중원 왕조 정치와 문화에 대한 모방이 북위 왕조 건립의 토대가 되었고, 이로써 탁발선비는 초원 유목 정권에서 중원 왕조로 변모했다고 한다. 이를 통해 북위는 변경 속국 정권에서 황권국가로 정치 형태를 전환했고, 중화민족 공동체적 발전을 촉진하게 되었다고 주장했다. 호린게르현의 성락박물관장 옌안(閆安)은 초원 제일도(第一都)인 호린게르 성락고성(盛樂古城)은 탁발선비의 힘든 창업 과정을 증명하는 장소로, 위진남북조의 한계를 극복하고 당(唐)으로 발전하는 데 지대한 공헌을 했다고 주장했다. 비록 선비족은 점차 역사 속에서 사라졌지만 중국 역사를 발전시키는 데 기여한 바가 컸다고 평가하였다.[33]

2018년 11월 3일에 내몽골사범대학에서 열린 제35차 '북강학술살롱'은 '천년의 생각을 거슬러 올라가고 만리(萬里)의 일을 관통하다-『문심조룡(文心雕龍)』의 번역, 보급과 응용'이라는 주제로 개최되었다. 내몽골의 『문심조룡』 연구는 상당한 수준에 도달했는데, 그 선두주자인 왕즈빈(王志彬)의 지도하에 관련 연구서 5편을 출간하는 등의 풍부한 연구 성과를 거두었다.[34] 같은 해 11월 16일에 열린 제36차 '북강학살롱'은

33 http://www.nmgskl.com/sklweb/info.php?id=55052.

34 http://www.nmgskl.com/sklweb/info.php?id=55069.

'문화적 자신감을 증강하고 이념 작업의 주도권을 장악하자'라는 주제로 내몽골재경대학에서 열렸다. 여기에서는 초·중·고 교사들이 수업시간에 정치 기강을 엄수하여 학생들이 이념을 확립할 수 있도록 해야 함을 강조했다.[35]

'북강학술살롱' 외에 일종의 학술 강연이라 할 수 있는 '북강강단'도 2014년 8월에 개최를 결의하였고, 매년 4~5회 정도 내몽골 전역을 순회하며 열리고 있다. 이들 중에 관심을 끌 만한 몇몇을 소개하면 다음과 같다. 2016년 4월에 '생태문명 건설'이란 주제로 루흐호트민족학원에서 '북강강단'이 개최되었다. '생태문명 건설'은 북강항목의 주요 주제로, 중국환경과학연구원의 샹바오(香寶) 교수와 쑤번잉(蘇本營) 박사를 초빙해 강연을 진행했다. 샹바오 교수는 '환경보호 형식과 분야 개발 분석'이란 강연에서 중국이 현재 직면하고 있는 환경 문제에 대한 과학적인 대안을 찾고 환경을 보호할 수 있는 다양한 방안을 제안하였다. 쑤번잉 박사는 '지역 생태문명 계획에 대한 탐구와 토론'을 주제로 강연하였다.[36] 2017년 3월에 자치구 사과연 주관으로 '초원문화가 잉태하는 행복의 암호(草原文化孕育的幸福密碼)'라는 학술 강연이 열렸다. 북강항목 '새로운 목구 건설과 목구 정책 조정-내몽골 사례를 중심으로-(新牧區建設與牧區政策調整-以內蒙古爲例-)'의 연구 책임자인 내몽골농업대학 경제관리학원 교수 가이즈이(盖志懿)는 중화 문명의 하나인 초원문화가 유발하는 민족적 자부심과 자신감이 행복의 중요한 원천이라고 주장했다. 초원문화의 신앙, 평정심, 부에 대한 관념과 자유 등에 행복의 열쇠

---

35 http://www.nmgskl.com/sklweb/info.php?id=55082.

36 http://www.nmgskl.com/sklweb/info.php?id=51394.

가 숨어 있다고 강연하였다.[37] 2017년 6월 13일에는 북강항목이기도 한 '몽골족의 비물질 문화유산의 전승과 보호'라는 주제로 북강강단이 열렸는데, 후흐호트민족학원의 교수 베. 사이질라푸는 몽골의 무형 문화유산의 전승과 보호의 중요성에 대해 강연하였다.[38] 같은 해 6월 14일에는 '차하르부의 역사 문화'라는 주제의 강연이 차하르 우기(右旗)에서 열렸다. 내몽골의 여러 부족의 역사는 북강항목의 주요 주제로, 발표자인 강 테무르 교수는 차하르의 기원과 발전, 차하르부의 역사적 공헌에 대해 발표하면서 문화 다원화와 경제 세계화의 관점에서 차하르 문화를 계승 발전시켜야 한다고 역설하였다.[39]

III. 북강항목 연구 결과 평가 현황

내몽골대학, 내몽골사범대학, 내몽골민족대학, 적봉학원을 비롯해 중국 전역의 전문 연구자들이 북강항목 과제 공모에 경쟁적으로 응모했다. 북강항목이 5년간의 국가사업으로 이루어진 만큼 규모가 방대하고 수많은 연구들이 이루어졌으며, 또한 과제의 특성으로 볼 때 현재 중국의 대학이나 연구소 등이 어느 정도 과제를 수주했는지 파악하는 것은 쉽지 않다. 다만 북강항목이 몽골을 주요한 연구 대상으로 하는 만큼 내몽골 지역에 있는 대학, 연구소와 학원들이 절대적으로 많은 연구 과

37 http://www.nmgskl.com/sklweb/info.php?id=51404.

38 http://www.nmgskl.com/sklweb/info.php?id=51414.

39 http://www.nmgskl.com/sklweb/info.php?id=51413.

제를 수주했음을 부록의 표(〈표 2〉~〈표 7〉)를 통해 확인할 수 있다.[40] 부록에서 제시하고 있는 표는 자치구 사과원에서 관리하는 국가사과금 항목을 나타낸 것으로 이를 통해 북강항목의 연구 결과의 대략을 파악할 수 있다. 다만 여기에는 초원공정의 결과 항목이 일부 섞여 있거나, 초원공정과 북강공정을 같이 진행하고 있는 부분이 있기도 하다.

북강항목의 연구 결과는 논문의 경우는 과제 수주 후 1년 내에 연구 결과물을 게재해야 하고, 전서(專書)의 경우는 2~3년 내에 결과물을 제출해야 한다. 연구 결과물 제출 후 과제 평가위원회의 평가를 거치는데 4등급으로 평가된다. 우수, 양호, 합격, 불합격으로 나뉘고 합격 이상을 취득해야 '국가사과기금항목결항증서(國家社科基金項目結項證書)'를 받을 수 있다. 우수와 양호 등급을 획득하면 성과를 출판하고 새로운 항목을 신청할 수 있는 특전을 준다. 특히 우수 등급을 받은 연구 책임자는 자치구 사과금 한 항목을 추가로 수주받을 수 있다.[41] 본 절에서는 최종 등급을 받은 연구 결과물의 현황을 살펴보려 하기에 연구 결과물 제출 시기보다 다소 늦은 2013년부터 2018년까지를 분석 대상으로 하였다.

부록 〈표 2〉에 따르면 2013년에는 총 45개 연구 결과물이 제출되었는데, 이 중에 역사와 민족문화를 다룬 주제가 28과제로 절대 다수를 차지하고 있고, 이어 경제와 생태 그리고 사회 안정 문제 등이 뒤를 잇고

---

40 http://nmgskghw.nmgnews.com.cn/gjjjxmgl/.

41 馬凌遠, 2017, 「國家社科基金項目的實際研究時間及其分類特徵-基于1994-2014國家社科基金項目數据的統計分析-」, 『鄭州航空工業管理學院學報』 36-2, 15~16쪽; 馬凌遠, 2016, 「關于印發〈國家社科基金項目資金管理辦法〉的通知」, 『綠色財會』, 23쪽.

있다. 2013년도에 제출된 연구 결과에서 역사류는 주로 몽골사가 중심이 되고 있고, 민족문화의 경우는 북방민족 전체를 총괄하고 있다. 수주 현황을 보면 내몽골사범대학이 15개로 가장 많고 그 뒤를 내몽골대학이 잇고 있다. 우수 등급 5과제, 양호 21과제, 합격 17과제 후기자조항목(後期資助項目) 1개와 평가 면제 항목 1개 등의 평가를 받았다.

우수 등급을 받은 항목은 내몽골대학의 '농촌 기초시설 공급에 대한 정부 행동 연구(農村基礎設施供給中的政府行爲研究, 劉銀喜)'와 '청대 몽골족의 한시 창작에서 당시의 영향(唐詩對清代蒙古族漢詩創作的影響, 米彦青)', 내몽골사범대학의 '둔황석굴 출토 몽골문 문헌 종합 연구(敦煌石窟出土蒙古文文獻綜合研究, 嘎日迪)'와 '중국의 민족 관계와 민족 문제에 관한 몇 가지 이론적 혁신 연구(我國民族關係和民族問題若干理論創新研究, 丁龍召)', 그리고 내몽골사회과학원의 '원대 제왕표 보증 및 몇몇 제왕 연구(《元代·諸王表》補證及部分諸王研究, 張岱玉)' 등이다.

부록 〈표 3〉에 따르면 2014년에는 총 36개 연구의 평가가 이루어졌는데, 역사와 민족문화를 다룬 주제가 17과제로 앞서 2013년도보다는 비중이 줄어들었다. 반면 경제와 생태 문제 관련 주제는 2013년에 비해 증가해 10과제 정도였고 나머지는 사회의 안정이 차지하고 있다. 우수 등급 3과제, 양호 19과제, 합격 13과제, 등급이 표시되지 않은 1과제 등의 평가를 받았다. 우수 과제로는 내몽골재경대학의 '세수 조정과 소득 분배 격차 확대 추세 전환 문제 연구(調節稅收與扭轉收入分配差距擴大趨勢問題研究, 郝春虹)', 내몽골대학의 '옹정조 관원 행정 문책과 처분 연구(擁正朝官員行政問責與處分研究, 孟姝芳)'와 '문화적 관점의 유서 연구-원대 유서를 중심으로(文化視野下的類書研究-以元代類書爲中心, 賈慧如)' 등의 세 과제가 선정되었다.

2014년도에 평가된 과제에서 경제와 생태 관련 연구들은 사회의 안정 연구와 밀접히 연결되어 있음을 확인할 수 있다. 예를 들면 '내몽골의 민족 지역 자치 실천과 관련 경제, 사회 개발에 관한 연구(民族區域自治在內蒙古的實踐歷程及相關經濟社會發展研究)', '축산 관리 시스템 개혁의 새로운 문제: 내몽골 목구 협력 기구 사례 연구(牧業經營體制改革中的新問題-以內蒙古牧區合作組織爲例)', '내몽골 후흐호트·복드·오르도스 지역의 산업화와 생태문명 건설 연구(內蒙古呼包鄂地區工業化與生態文明建設研究)', '내몽골 초원 지구의 광산자원 개발과 생태환경 보호 연구(內蒙古草原地區礦産資源開發與生態還境保護研究)'와 '산권 제도와 경제 정책에 대한 초원 목구의 지속가능한 발전 영향 연구(産權制度和經濟政策對草原牧區可持續發展的影響研究)' 등이 그것이다. 이들 연구는 내몽골자치구의 생태환경 파괴와 목초지 부족 문제 등을 다루면서도 내몽골 경제 발전 방향을 제시하고 있다는 점에서 국가가 선도적으로 내몽골 사회의 안정에 힘쓰고 있음을 드러내려 하고 있다.

부록 〈표 4〉에 따르면 2015년에는 총 52개 연구가 평가를 받았는데, 이 중에 역사와 민족문화를 다룬 주제가 31과제이고, 경제와 생태 문제 관련 주제는 11과제 정도였으며 나머지는 사회의 안정이 차지하고 있다. 우수 등급 7과제, 양호 17과제, 합격 28과제 등의 평가를 받았다.

대학별로 우수 평가를 보면 내몽골대학 3과제, 내몽골민족대학 2과제와 내몽골사범대학 2과제 등이다. 우수 평가를 받은 연구 결과는 내몽골대학의 '9세기 중기에서 11세기까지의 막북 초원의 역사 연구(九世紀中期至十一世紀漠北草原歷史研究, 白玉冬)', '몽골문 『색륵합이내고사』의 문화 배경 연구(蒙古文《索勒哈爾奈故事》的文化背景研究, 寶花)', '변강 소수민족 지구의 철학, 사회과학 사업 가속화에 대한 대책 연구(加快發

展邊疆少數民族地區哲學社會科學事業的對策研究, 紅光)', 내몽골민족대학의 '호르친 지구 몽골어 사용 현상 및 연변 연구(科爾沁地區蒙古語使用現狀及其演變研究, 王頂柱)', '중세기 몽골어의 문장구조 연구(中世紀蒙古語句子結構研究, 于權)'와 내몽골사범대학의 '청대 삼각학사 연구(淸代三角學史硏究, 董傑)'와 '몽골족 설서예인의 창구 보호와 연구(蒙古族說書藝人的搶救保護與研究,包金剛)' 등이다. 2015년도 우수 과제의 대다수가 역사와 문화 관련 연구라는 점은 주목할 만하다. 특히 중국사회과학망(中國社會科學網)은 '9세기 중기에서 11세기까지 막북 초원의 역사 연구'에 대해 전임 연구자의 성과를 계승하면서도 새로운 연구 패러다임을 구축한 연구라고 극찬하였다. 또한 이 시기의 몽골은 초원로를 통해 중원 왕조와 중국 서북지구로 연결되어 있었기에 몽골 초원의 역사는 다민족 문화와 교류·융합한 역사이고 중국사의 유기적 구성 부분이라는 주장을 하고 있어서 북강항목 우수 평가를 받은 목적을 드러내고 있다.[42]

부록 〈표 5〉에 따르면 2016년에는 총 29개의 연구 결과가 제출되었는데, 이 중에 역사와 민족문화를 다룬 주제가 14과제이고, 사회와 안정 관련 주제 11과제이며 경제와 생태 문제 관련 주제 4과제 등이다. 우수 등급 3과제, 양호 15과제, 합격 11과제 등의 평가를 받았다. 2016년에는 훌룬보이르학원의 '중세기 몽고문 불교 문헌 종합 연구(中世紀蒙古文佛教文獻綜合研究, 巴特爾)', 자치구 사과원의 '몽골족 장문 문론 체계 연구(蒙古族藏文文論體系研究, 樹林)'와 내몽골민족대학의 '호르친 토어 어휘와 지역문화 연구(科爾沁土語詞滙與地域文化研究, 嘎拉桑)' 등의 3과제가 우수 과제로 선정되었다. 2016년도 연구 결과에서 주목할 만한 것은

42 http://ex.cssn.cn/zx/bwyc/201708/t20170808_3604374.shtml.

'몽골국 광산자원 개발 잠재력 및 중·몽 합작 형식 연구(蒙古國鑛産資源開發潛力及中蒙合作形式研究)'와 '중동철도와 동몽골 지역사회 변천(中東鐵路與東蒙古地區社會變遷)'으로, 내몽골 지역이 아닌 몽골국과 관련되는 연구라는 점에 특이점이 있다.

부록 〈표 6〉에 따르면 2017년에는 총 19개 연구가 평가되었는데, 이 중에 역사와 민족문화를 다룬 주제가 13과제로 다수를 차지하고 있고, 사회의 안정 관련 주제 4과제이고 경제와 생태 문제 관련 주제 2과제 등이다. 우수 등급 2과제, 양호 9과제, 합격 8과제 등의 평가를 받았다. 2017년에는 내몽골사범대학의 '청 말 과학문화 연구(晩清科學文化研究, 聶馥玲)'와 '청 말 과학 저서의 번역 방법과 이론적 실증 연구(晩清科學著作翻譯方法與理論的實證研究, 郭世榮)'가 우수 연구 결과로 선정되었다. 두 연구는 모두 청대 말기의 과학을 다루고 있어서 눈길을 끈다.

부록 〈표 7〉에 따르면 2018년에는 총 86개 연구가 평가되었는데, 이 중에 역사를 다룬 주제가 17개, 민족문화 33개, 사회와 안정 관련 주제 25과제이고 경제와 생태 문제 관련 주제 11과제 등이다. 우수 등급 5과제, 양호 38과제, 합격 43과제 등의 평가를 받았다. 2013년부터 경제·생태와 사회·안정 연구는 서로 불가분의 관계를 가지고 있음을 확인할 수 있다. 특히 2018년의 사회와 안정 연구는 한층 범위가 광범위해지고 다양한 주제를 다루고 있다. 예를 들면 내몽골대학의 '민족 지역 자치구 광물자원 개발을 위한 생태 보상 법률 체계 구축에 관한 연구(民族區域自治地方鑛産資源開發生態補償法律制度建設研究, 吉雅)', '민족 지역의 급속한 산업화 단계 소비 속도의 지속적인 감소에 대한 심층 원인과 대책 연구(民族地區快速工業化階段消費率持續下降的深層原因及對策研究, 任軍)'와 내몽골재경대학의 '중국 소수민족 도시 주민의 소득 격차 현상,

영향 요인 및 대책 연구(我國少數民族地區城鄉居民收入差距現狀,影響因素及對策研究, 峻峰)' 등은 내몽골 유목민의 경제적 소외와 빈곤의 원인을 근본적으로 모색하고 대책을 강구하고 있다는 점에서 그 나름의 의의를 찾을 수 있다.

우수 등급 과제로는 내몽골과기대학의 '중국 회족 간행물 문학의 가치 연구[中國回族報刊文學價值研究(1906—1949), 王繼霞]', '부리야트 민간문학 연구(布里亞特民間文學研究, 呼日勒沙)', 내몽골사회과학원의 '1717년판 『어제청문감』과 『어제만몽문감』 비교 연구(1717年版《御制清文鑑》與《御制滿蒙文鑑》比較研究, 巴特爾)', 내몽골공업대학의 '중국 황릉 신도문화 연구(中國帝陵神道文化研究, 范景武)', 적봉학원의 '곰브자브와 그 『항하지류』 연구(袞布扎布及其《恒河之流》研究, 風曉)' 등이 선정되었다.

Ⅳ. 맺음말: 연구 전망과 문제점

중국은 각종 연구공정이란 이름으로 몽골 관련 연구에 막대한 연구비를 투여하고 있다. 2004년부터 2014년까지 '초원문화연구공정(국가사과기금 위탁 항목)'을 진행하면서 동시에 2010년에 북강공정(국가사과기금 특별 항목)을 시작했고, 2012년부터 개시한 '몽골족의 기원과 원조의 제릉 종합 연구(蒙古族起源與元朝帝陵綜合研究, 국가사과기금 중대 위탁 항목)'가 현재 진행되고 있다. 2013년부터는 '내몽골민족문화건설연구공정(자치구 사과원 규획 특별 항목)'을 시작해 2018년까지 연구 공모를 완료했다. '초원문화연구공정'과 '내몽골민족문화건설연구공정'은 일종의 몽골 문화 프로젝트인데, '초원문화연구공정'이 문화유산의 지정·보호와 관광 상품 개발을 중심으로 한다면 '내몽골민족문화건설연구공정'은 문헌 사료의 번역 및 데이터베이스 구축을 목적으로 하는 사업이다. '몽골족의 기원과 원조의 제릉 종합 연구'는 고고 발굴 자료를 중심으로 한 몽골족의 기원과 몽골 황제들의 무덤에 대한 연구이고, 북강공정은 학술 이론과 현상 연구를 중심으로 하고 있다.

중국은 2004년부터 2019년 현재까지 쉼 없이 몽골 관련 연구 과제를 공모하였고 그 결과물들은 상상할 수 없는 막대한 물량으로 학계에 쏟아져 나오고 있다. 중국이 몽골 연구에 막대한 자금과 인력을 투입하는 것은 단순히 민족사를 복원하여 역사적 실체를 찾으려 하거나 내몽골의 경제 재건과 사회적 안정을 위해서만은 아닐 것이다. 자치구 사과원이 밝힌 북강 연구의 목적은 국가 전략의 안전과 북강의 안정을 위한 것이라고 한다. 그들에 따르면 북부변강의 중심인 내몽골자치구는 북아시아와 동북아시아를 소통시키는 동시에 국가 전략 방어의 일선 지대로, 북강을 공고히 하는 것은 국가의 중흥과 현대화에 매우 중요한 전략적 의미를 갖는다고 한다.[43] 이것은 중국이 내세우는 변강 연구의 목적과도 일맥상통한다. 즉, 중국사회과학원의 중국변강사지연구중심(中國邊疆史地硏究中心)에 따르면 변강 연구의 목적은 국가의 이익에 봉사하는 것으로, 변강의 발전과 성격을 탐구하여 국가의 영토에 대한 주권을 보호하고 중국 내 민족의 통합을 강화하는 데 있으므로 연구 결과물도 이러한 배경에서 자유로울 수 없다.[44] 목적이 정해진 연구 결과물들의 결론은 천편일률적으로 다원일체 중화민족 형성과 이로부터 파생한 중

43 http://www.nmgass.com.cn/kydt/2017-04-24/179430.html.

44 김선민, 2010, 「청제국의 변경통치에 관한 연구동향 분석-미국학계의 연구성과를 중심으로」, 『외국학계의 정복왕조 연구 시각과 최근 동향』, 동북아역사재단, 89쪽.

국의 발전에 궤맞추어질 수밖에 없다.

근 20여 년 동안 진행된 중국의 몽골 연구 프로젝트는 신장항목, 서남변강항목, 시짱항목과 비교할 때 그 취지와 목적에 일정한 차이가 있다. 북강항목은 동북공정과 마찬가지로 몽골국과 몽골 민족이 존재한다는 점에서 더욱 주목할 필요가 있다. 신장항목, 서남변강항목과 시짱항목 등이 분리주의에 대한 우려와 대책 마련을 목적으로 한다면, 북강공정은 현실적으로 몽골국이 존재하는 상황에서 어떻게 몽골족을 명실상부하게 중화민족의 범주에 넣을 수 있을까? 하는 일차적인 목표를 가지고 있다. 여기에 향후 몽골국과의 문제까지 포함되어 있기에 좀 더 세밀한 작업이 필요했을 수 있다. 이를 반영하듯이 북강공정에 입안된 항목들을 보면 몽골의 역사 외에 '중·몽 정치와 무역 관계 연구(2010)', '중·몽 양국 사학계 역사관 술론(述論)(2013)', '중·몽 양국 관계의 역사와 현상 연구(2013)', '몽골국 동태(動態) 연구(2013)'와 '몽골국 화폐 금융 문제 연구(2013~2014)' 등 현재의 몽골국을 대상으로 하는 주제들이 상당히 많이 보인다.

페이샤오퉁(費孝通)의 주장에 따르면, 변강 연구의 궁극적인 목적은 민족 통합을 위한 중화민족 다원일체로, 여기에 등장하는 중화민족은 중국 내에 있는 56개의 민족 모두가 통합되어 하나의 민족으로 변신한 민족 실체라는 것이다. 이들 56개의 민족은 서로 결합하여 의존적이고 통일적이며 불가분의 관계를 가지고 모두가 하나의 민족임을 인식하고 있다고 주장한다.[45] 주젠신(朱建新)은 중화민족의 일체란 주체 민족이 비주체 민족을 동화시키는 것이 아니라 각 민족문화의 상호작용의 결과

45 費孝通, 1997, 「簡述我的民族研究經歷和思考」, 『北京大學學報』, 1997-2, 4~7쪽.

민족 공유의 '합문화(合文化)'를 이루는 과정이라고 한다. 합문화란 각 민족이 함께 공창(共創)·공치(共治)·공유(共有)하는 중화로, 국가 의식과 중화민족 의식은 완전히 일치한다고 주장하고 있다.[46] 한편, 리다룽(李大龍)은 량치차오(梁啓超)와 페이샤오퉁의 중화민족 개념에 약간의 이의를 제기하면서 중화 대지 위에 나타난 주체 족군(族群)의 자연스러운 응집과 융합이 다민족국가 중국을 건설하는 주요 동력이라고 주장했다. 이들 족군의 응집과 융합 과정에서 고대로부터 중국적 특색이 가미되어왔다고 한다. 또한 민족은 일종의 표상에 불과한 것으로 서양의 민족국가 이론은 중화 대지 위의 결집을 불러온 역사를 설명하기 어렵다고 단정하면서 '민족국가'를 대신할 수 있는 새로운 언어 체계가 필요하다고 주장하고 있다.[47]

위의 중국의 중화민족 다원일체론을 몽골족에 적용하면 점입가경의 상황이 나타난다. 이들의 논리에 따르면 '대원제국(大元帝國)'은 중국의 첫 번째 다민족 통일국가로 몽골의 중국 정복은 몽골족에 의한 중국 통일이라고 강변하고 있다.[48] 심지어 몽골족은 대원제국 이전부터 다원적이고 다민족적 특징을 내포하고 있었기에 중화민족이라고 주장한다. 이를 입증하기 위해 북강항목『감입식 상호작용-청대 몽골에서 티베트로 들어간 오차 연구(嵌入式互動-淸代蒙古入藏熬茶硏究)』를 연구 결과물로 제출한 중국사회과학원 중국변강연구소 연구원 뤼원리(呂文利)는 중화민족의 형성 과정 중에 각 종족군, 집단, 부락, 종교, 문화, 사회와 구역

---

46 周建新, 2000,「關于中華民族稱謂的思考」,『貴州民族硏究』, 2000-3, 3쪽.

47 李大龍, 2017,「闡述中華民族形成和發展的視覺,理論與方法」,『中央社會主義學院學報』 2017-5, 89쪽.

48 何志虎, 2002,「漢族和中華民族的形成」,『歷史敎育』 2002-11, 4쪽.

등에서 '감입식(嵌入式) 상호작용'의 유형이 출현하게 되었다고 주장한다. 감입식 상호작용이란 전쟁, 화친, 통혼, 무역, 화평과 상호 부조 등을 의미한다고 하면서 몽골족은 오랜 기간 혈연, 종교, 문화, 지역과 언어 등에서 복잡성을 지닌 혼합체로 '감입식 상호작용'의 결과 형성된 민족이므로 다원일체 중화민족이라고 주장하고 있다.[49]

만약 리다룽이 주장하는 '자연스러운 응집과 융합'이나 뤼원리의 '감입식 상호작용'의 결과 다원일체 중화민족이 탄생했다면 역사 속에서 오랜 기간 크고 작은 상호작용을 해온 전 인류가 하나의 민족이라는 허무맹랑한 비약도 가능할 정도이다. 몽골족을 명실상부한 중화민족으로 만들려는 근 20여 년의 이러한 시도는 중국 국내용으로는 일정 정도 성과를 거두었다고 할 수 있다. 최근에 북강공정은 연구 진행과 함께 각종 학술연토회는 물론이고 북강논단, 북강학술살롱과 북강강연 등을 통해 연구 성과를 확산하고 대중과 공유하기 위한 다양한 활동을 강화하고 있다. 그러나 몽골국이란 국체를 가지고 있는 몽골족에게 적용하기에는 불가능할 뿐만 아니라 대외적으로 공인받기는 더더욱 어려울 수밖에 없다. 또한 동북공정이 초래했던 크고 작은 국제분쟁을 생각한다면 몽골국의 실재는 다원일체 중화민족 만들기 공정을 그만큼 조심스럽고 고도화된 프로젝트로 진행해야 할 필요를 만들게 되었을 것이다. 이렇게 보면 북강공정이 목표했던 몽골족을 명실상부한 중화민족으로 만들려는 시도는 성공했다고 보기 어렵다.

북강항목 연구는 앞서 살핀 절반의 실패와 이제부터 볼 절반의 성공

---

49 呂文利, 2017, 『嵌入式互動-淸代蒙古入藏熬茶硏究』, 內蒙古大學出版社; 呂文利, 2018, 「2017年中國邊疆理論的進展與突破」, 『中國邊疆學』 2018-2, 309~310쪽.

을 이루었다고 평가할 수 있다. 중국사회과학원은 북강항목의 현실적 필요성을 다음의 2가지로 설명하고 있다. 첫째, 북강 지역사회의 경제가 급성장하면서 눈부신 성과와 함께 새로운 문제들도 생겨나고 있으므로, 이를 해결하기 위해 이론적인 연구를 강화할 필요성이 시급하다. 둘째, 북강 연구에 대한 현실적 필요성이 증가하고 있는 반면에 연구는 유기적으로 연결되지 못하고 산발적으로 분산된 경향이 강해서 이를 정리할 필요성이 대두되었다[50]고 하였다. 북강 연구의 현실적 필요를 반영하여 내몽골 지역의 경제를 발전시키고 생태 환경을 보호할 방안을 찾으려는 시도는 그동안 중국 경제 발전에서 소외되었던 내몽골 지역의 발전 방향을 모색한다는 점에서 긍정적인 효과가 크다고 본다. 다만 생태 복원은 몇 개의 프로젝트로 되는 것이 아니라 파괴한 만큼 돌려놓는 데에는 몇 배의 시간이 필요하므로 결과를 기다려야 할 것이다. 현재 내몽골자치구의 경제성장은 상당한 성과를 달성하고 있다. 석탄, 희토류 등의 천연자원 산업, 에너지와 화학공업 등이 크게 성장하고 있어서 향후 내몽골자치구의 경제 전망은 중국의 여타 자치주에 비해 밝다. 다만 경제적 혜택이 주로 절대다수를 점하고 있는 한족에게 돌아가고 전체 인구의 17%에 해당하는 몽골인, 특히 절대적으로 빈곤한 유목민에게까지 돌아갈지는 의문이다.

국가 단위의 대형 연구사업의 시행으로, 연구자들의 선호에 따라 산발적이고 분산적으로 연구되던 문제를 극복하고 체계적이고 유기적으로 연구가 이루어지고 있는 부분은 긍정적이다. 역사 부분으로 한정해 보면 각 종족의 역사를 체계적으로 서술하거나 몽골족의 통사를 서술

50 http://bjs.cssn.cn/zdxm/zdxm_bbbjxm/bbbjxm_xmjs/.

하고 책으로 발행하는 일은 국가 단위의 연구사업이 아니라면 불가능했을 것이다. 또한 각종 사료를 발굴하고 이를 번역하는 작업 역시 상당한 성과를 거두고 있다. 특히, 목적이 어찌 되었든 전 세계에 흩어져 있는 몽골문 대장경 사료의 수집과 발굴은 몽골의 티베트 불교 수용을 보다 내밀히 이해할 수 있는 기회를 제공하고 있다. 언어 연구를 보면 『몽골비사』와 관련한 고·중세 언어를 연구하고, 점차 소멸되고 있는 각 지역의 종족 언어 자료를 수집·발굴하고 있는 점은 긍정적으로 평가할 만하다. 현재 진행되고 있는 '내몽골민족문화건설연구공정'을 통해 각종 사료의 번역 및 구술사 자료들을 데이터베이스화하는 연구 결과물들이 가시화된다면 근 20여 년간 입안을 반복하던 몽골 연구도 일정 정도 정리될 것으로 보인다.

참고문헌

김선민, 2010, 「청제국의 변경통치에 관한 연구동향 분석-미국학계의 연구성과를 중심으로」, 『외국학계의 정복왕조 연구 시각과 최근 동향』, 동북아역사재단.
이평래, 2014, 「북강항목의 실태와 추진현황」, 『중국의 변경연구』, 동북아역사재단.

盧新寧, 「圈點千古江山-寫在〈邊疆史地叢書〉再版之際」, 『人民日報』 1999年 4月 6日.
馬凌遠, 2017, 「國家社科基金項目的實際研究時間及其分類特徵-基于1994-2014 國家社科基金項目數据的統計分析-」, 『鄭州航空工業管理學院學報』 36-2.
보화조로 · 이상만, 2011, 「基于"資源詛呪"假說的中國西部地區經濟轉型發展研究-以內蒙古地區非均衡增長爲例-」, 『韓中社會科學研究』 9-2.
費孝通, 1997, 「簡述我的民族研究經歷和思考」, 『北京大學學報』 1997-2.
阿拉騰奥其尔, 2019, 「新世紀北部邊疆研究的回顧與展望」, 『中國邊疆史地研究』 29-2.
呂文利, 2017, 『嵌入式互動-淸代蒙古入藏熬茶研究』, 內蒙古大學出版社, 2017.
______, 2018, 「2017年中國邊疆理論的進展與突破」, 『中國邊疆學』 2018-2.
呂文利 · 鞏福正, 2017, 「北部邊疆研究與中國邊疆學構建」, 『中國邊疆學』 8, 201-2.
李大龍, 2017, 「闡述中華民族形成和發展的視覺,理論與方法」, 『中央社會主義學院學報』 2017-5.
周建新, 2000, 「關于中華民族稱謂的思考」, 『貴州民族研究』 2000-3.
何志虎, 2002, 「漢族和中華民族的形成」, 『歷史教育』 2002-11.

http://bjs.cssn.cn/bsgk/bsgk_zzjg/db/.
http://www.nmgskl.com/sklweb/info.php?id=39343.
http://www.nmgskl.com/sklweb/info.php?id=41195.
http://www.nmgskl.com/sklweb/info.php?id=41196.
http://www.nmgskl.com/sklweb/info.php?id=49572.
http://www.nmgskl.com/sklweb/info.php?id=53891.
http://www.nmgskl.com/sklweb/info.php?id=55610.
http://3g.nmgskl.com/sklweb/info.php?id=39204.

http://www.gx211.com/news/20180705/n15307815301045.html.

http://www.nmgass.com.cn/kydt/2017-04-24/179452.html.

http://www.nmgass.com.cn/search/index.php?search_text="北部边疆&pp=15.

http://www.nmgass.com.cn/kydt/2017-04-24/179805.html.

http://ex.cssn.cn/zx/bwyc/201708/t20170808_3604374.shtml.

http://bjs.cssn.cn/zdxm/zdxm_bbbjxm/bbbjxm_xmjs/.

http://nmgskghw.nmgnews.com.cn/system/2015/01/22/011616058.shtml.

〈부록〉 자치구 사과원 사과규획(科學規劃)의 2013~2018년 중대항목 평가 목록

〈표 2〉 2013년도 평가 결과

순번	과제명	연구 단위	연구 책임자	등급
1	蒙古族敖包文化新論	內蒙古師範大學	楊·巴雅爾	良好
2	敦煌石窟出土蒙古文文獻綜合研究	內蒙古師範大學	嘎日迪	優秀
3	現代蒙古語多義詞計量研究	內蒙古社會科學院	薩日娜	良好
4	契丹及契丹人	赤峰學院	任愛君	良好
5	不同草地類型區域牧戶經營與新牧區發展模式研究-以內蒙古爲例	內蒙古農業大學	杜富林	合格
6	蒙古族現代文化變遷與現代化	內蒙古大學	那順巴依爾	合格
7	元代集寧路故城遺址的考古發掘研究	內蒙古師範大學	陳永志	良好
8	生態移民與蒙古族傳統生産生活方式的轉型研究	內蒙古師範大學	阿拉騰圖婭	合格
9	內蒙古"軟實力"研究	內蒙古社會科學院	多志勇	合格
10	基于現代空間信息技術的內蒙古退耕還林還草現狀,存在問題及完善措施研究	內蒙古師範大學	烏蘭圖雅	良好
11	19世紀中葉至20世紀初中日兩國之間物理學交流研究	內蒙古師範大學	詠梅	良好
12	匈奴語研究	內蒙古大學	烏其拉圖	良好
13	改革發展中的牧區建設與牧區經營體制研究-以內蒙古爲例	內蒙古師範大學	烏日陶克套胡	良好
14	那達慕大會文化價值與發展趨勢研究	內蒙古師範大學	高娃	合格
15	蒙古習慣法文化與牧區經濟市場化,法制化問題研究	內蒙古師範大學	特木爾寶力道	合格
16	統一城鄉稅制問題研究—基于西部地區的分析	內蒙古財經大學	朱潤喜	免于鑑定

순번	과제명	연구 단위	연구 책임자	등급
17	《元代·諸王表》補證及部分諸王研究	內蒙古社會科學院	張岱玉	優秀
18	蒙古語地名文化研究	呼和浩特民族學院	天峰	良好
19	蒙古族當代文化的形態學研究	內蒙古社會科學院	烏雲巴圖	合格
20	中共第三代領導集體的民族發展觀研究	內蒙古財經大學	娜芹	合格
21	現代蒙古語口語語料庫	內蒙古大學	玉榮	合格
22	農村基礎設施供給中的政府行爲研究	內蒙古大學	劉銀喜	優秀
23	近代綏遠地區城鎮體系研究	內蒙古師範大學	烏敦	良好
24	生態博物館與民族文化生態區研究	中共內蒙古自治區委員會黨校	烏力更	良好
25	《蒙古秘史》與《羅·黃金史》相同內容文化變遷比較研究	內蒙古師範大學	杭愛	良好
26	成吉思汗言論考	內蒙古農業大學	那仁敖其爾	合格
27	第三次馬克思主義中國化研究	內蒙古財經大學	尹正業	合格
28	日本外交文書所載有關蒙古史史料及其整理研究	內蒙古大學	周太平	良好
29	古漢語虛詞理論及虛詞詞典編纂理論研究	內蒙古師範大學	章也	良好
30	中俄蒙哈穆尼堪鄂溫克傳統文化比較研究	呼倫貝爾學院	森德瑪	良好
31	北方游牧文化與唐詩關係研究	內蒙古大學	高建新	良好
32	唐詩對淸代蒙古族漢詩創作的影響	內蒙古大學	米彦青	優秀
33	明淸時期察哈爾歷史若干問題研究	赤峰學院	寶音礎古拉	良好
34	有無"之間"一莊子道論釋讀	內蒙古財經大學	高利民	後期資助項目
35	蒙古族語言學理論形成與發展研究	內蒙古大學	正月	合格

순번	과제명	연구 단위	연구 책임자	등급
36	我國民族關係和民族問題若干理論創新研究	內蒙古師範大學	丁龍召	優秀
37	資源富集區發展循還經濟的機制與對策研究：以內蒙古爲例	內蒙古大學	趙海東	合格
38	蒙古史詩若干非物質文化母題研究	呼和浩特民族學院	關金花	良好
39	古代埃及基督教史研究	內蒙古民族大學	田明	良好
40	蒙古文多元化字形的挖掘整理和數据化研究	內蒙古農業大學	畢力格巴圖	合格
41	中國古代北方游牧民族醫藥文化研究	內蒙古民族大學	寶音圖	合格
42	蒙古族聚居區社會結構變動及深層影響研究	內蒙古民族大學	阿斯根	合格
43	强化民族認同與民族基礎教育課程知識選擇	內蒙古民族大學	金志遠	合格
44	中國蒙古族當代鄉土小說研究	內蒙古師範大學	巨寶山	合格
45	鞏固和發展少數民族聚居地區新型農村合作醫療制度研究	包頭師範學院	雲秀清	合格

〈표 3〉 2014년도 평가 결과

순번	항목명	연구 단위	연구 책임자	등급
1	中國境內瀕瀕臨危蒙古語地名保護與搶救研究	內蒙古教育出版社	仁欽道爾吉	良好
2	提高西部民族地區基層黨組織建設科學化水平研究—以內蒙古自治區基層黨建工作爲例	中共內蒙古自治區委員會黨校	李紅	合格
3	教育與兩漢社會的整合研究	包頭師範學院	郝建平	
4	調節稅收與扭轉收入分配差距擴大趨勢問題研究	內蒙古財經學院	郝春虹	優秀
5	非再生能源資源有償使用制度和生態補償機制研究	內蒙古財經學院	華曉龍	良好
6	氣候變化背景下以節能減排爲目的的貿易措施與WTO規則的關系：挑戰與回應	內蒙古大學	鄂曉梅	合格
7	擁正朝官員行政問責與處分研究	內蒙古大學	孟姝芳	優秀
8	民族區域自治在內蒙古的實踐歷程及相關經濟社會發展研究	內蒙古大學	李玉偉	合格
9	元代波斯文蒙古史史料研究：拉施德《史集·部族志》諸抄本比較研究	內蒙古大學	朝克圖	良好
10	鐵弗匈奴及大夏國史研究	內蒙古社會科學院歷史研究	胡玉春	良好
11	上都扈從詩與元代多元文化交流研究	錫林郭勒職業學院科研處	楊富有	合格
12	13-14世紀蒙漢語接觸及蒙古語文獻中的漢語借詞研究	內蒙古師範大學	哈斯巴根	良好
13	西部民族地區旅游業可持續發展問題研究	內蒙古財經學院	劉麗梅	合格
14	西部大開發後續政策研究	內蒙古社會科學院	高風	合格
15	牧業經營體制改革中的新問題—以內蒙古牧區合作組織爲例	內蒙古社會科學院	敖仁其	合格
16	達斡爾族文學研究	內蒙古大學	托婭	良好
17	僞滿時期日本在興安四省的調查活動及其文獻成果研究	內蒙古大學蒙古學研究中心	娜仁格日勒	良好
18	《五體清文鑑》詞滙系統與文化研究	內蒙古民族大學	雙山	良好

순번	항목명	연구 단위	연구 책임자	등급
19	蒙古文《金光明經》對蒙古民族文化的影響研究	內蒙古民族大學	烏力吉套格套	良好
20	13-14世紀蒙古族法律制度及思想研究	內蒙古自治區委員會黨校	齊秀華	良好
21	達斡爾族烏欽的保護與傳承研究	呼倫貝爾學院	烏雲高娃	良好
22	內蒙古呼包鄂地區工業化與生態文明建設研究	內蒙古師範大學地理科學學院	甄江紅	良好
23	內蒙古草原地區礦產資源開發與生態還境保護研究	內蒙古科技大學包頭師範學院政治學院	姜明	合格
24	新時期我國老年人口規模,結構變化趨勢及對經濟社會發展影響研究	內蒙古財經學院	韓鵬	良好
25	藏傳佛教與近代內蒙古社會研究	內蒙古師範大學	胡日查	良好
26	產權制度和經濟政策對草原牧區可持續發展的影響研究	內蒙古大學	茶娜	合格
27	基于企業/雇主視角下大學生就業能力培養問題研究	內蒙古科技大學	王雅榮	合格
28	支持西部特色產業中小企業集群化成長的政策體系研究	內蒙古財經學院	李興旺	良好
29	蒙古語族語言的語音比較研究	內蒙古大學蒙古學學院	姜根兄	良好
30	蒙古族文學傳統生態主題研究	內蒙古民族大學	巴·蘇和	良好
31	《文心雕龍》的先秦兩漢文學批評研究	內蒙古師範大學文學院	高林廣	良好
32	蒙古草原文化中的生態哲學思想及其啓示	內蒙古自治區委員會黨校	馬桂英	良好
33	文化視野下的類書研究-以元代類書爲中心	內蒙古大學歷史與旅遊文化學院	賈慧如	優秀
34	《江格爾》演唱傳統的消亡原因之研究-以客拉烏蘇《江格爾》傳承爲例	內蒙古大學蒙古學學院	塔亞	良好
35	新時期話語體系創新與提高黨的動員力	中共內蒙古自治區黨校	于連銳	合格
36	語言接觸與蒙古語族語言歷史演變與發展態勢之關系研究—以東鄉語爲例	內蒙古大學蒙古學學院	包薩仁	良好

〈표 4〉 2015년도 평가 결과

순번	과제명	연구 단위	연구 책임자	등급
1	科爾沁地區蒙古語使用現狀及其演變研究	內蒙古民族大學	王頂柱	優秀
2	九世紀中期至十一世紀漠北草原歷史研究	內蒙古大學蒙古學學院蒙古歷史學系	白玉冬	優秀
3	灌溉管理改革對農戶生計影響研究	內蒙古財經學院金融學院	趙立娟	合格
4	面向信息處理的蒙古語詞語搭配研究	內蒙古大學	額爾敦朝魯	合格
5	《蒙古秘史》詞滙研究	內蒙古大學	布仁巴圖	合格
6	日本的畜産擴張政策研究(1918-1945)	內蒙古師範大學	丁曉傑	
7	科學發展觀與草原利用保護法律制度研究	內蒙古大學	海棠	合格
8	漢語通用社交稱謂語的嬗變與稱謂原則研究	內蒙古大學文學與傳播學院	李樹新	合格
9	內蒙古經濟增長,結構調整和就業效應的實證研究	內蒙古社會科學院	吳晶英	合格
10	牧區草牧場制度改革之草牧場流轉問題研究	內蒙古社會科學院牧區發展研究所	文明	合格
11	《蒙古秘史》一些專用詞的更正及其文化含意	赤峰學院	香蓮	合格
12	新時期蒙古族小說的民族認同與文化想像研究	內蒙古大學文學與新聞傳播學院	丁琪	良好
13	蒙漢俗諺大辭典	內蒙古大學	斯琴高娃	良好
14	網絡時代大學生的價值觀及其社會化引導策略研究	內蒙古民族大學	傅永春	良好
15	遼朝後族諸問題研究	內蒙古師範大學歷史文化學院	史風春	良好
16	蒙古語詞法分析器的研制	內蒙古大學蒙古學學院	斯·勞格勞	良好
17	草原生態經濟理論與實踐研究	內蒙古社會科學院	王關區	良好
18	蒙古語標準音水平測試等級標準研究	內蒙古社會科學院	山丹	良好

순번	과제명	연구 단위	연구 책임자	등급
19	成吉思汗祭奠儀式及文化功能研究	內蒙古社會科學院哲學與宗教研究所	額爾敦陶克套	合格
20	內蒙古低碳能源發展實現路徑研究	內蒙古工業大學管理現代化研究中心	楊光	合格
21	現代民族國家建構：理論′歷史與現實	內蒙古工業大學	于春洋	
22	蒙古文《索勒哈爾奈故事》的文化背景研究	內蒙古大學民族學與社會學學院	寶花	優秀
23	蒙古族說書藝人的搶救′保護與研究	內蒙古師範大學	包金剛	優秀
24	加快發展邊疆少數民族地區哲學社會科學事業的對策研究	內蒙古大學文學與新聞傳播學院	紅光	優秀
25	中世紀蒙古語句子結構研究	內蒙古民族大學	于權	優秀
26	中蒙合作關系綜合研究	內蒙古財經學院	高本權	良好
27	西部貧困縣基本公共服務與扶貧開發聯動研究	內蒙古財經學院公共管理系	李雪峰	良好
28	蒙古族胡仁烏力格爾傳播學研究	內蒙古民族大學蒙古學學院	額爾很白乙拉	良好
29	蒙古語科爾沁土語特殊詞滙研究	內蒙古民族大學蒙古學學院	格根哈斯	良好
30	清代蒙古邊疆大臣的漢文創作及多民族文化交流活動研究	內蒙古民族大學文學院	郝青雲	良好
31	面向信息處理的蒙古語複合詞語義研究	內蒙古師範大學	德青格勒圖	良好
32	蒙古族游牧文化核心特征及其功能研究	內蒙古師範大學蒙古學學院	寶音巴特爾	良好
33	內喀爾喀五部歷史研究	赤峰學院	白初日	合格
34	衛拉特方言語言聲學參數數据庫	內蒙古大學	圖雅	合格
35	國外收藏蒙古文版刻圖書綜錄與研究	內蒙古社會科學院	托亞	合格
36	蒙古族信仰民俗的生態人類學研究	內蒙古師範大學社會學與民俗學學院	哈斯巴特爾	合格
37	面向信息處理的蒙古語複合詞語義研究	內蒙古師範大學	德青格勒圖	良好

순번	과제명	연구 단위	연구 책임자	등급
38	蒙古族信仰民俗的生態人類學研究	內蒙古師範大學社會學與民俗學學院	哈斯巴特爾	合格
39	淸代三角學史研究	內蒙古師範大學科學技術史研究院	董傑	優秀
40	日本侵華時期利用蒙古民族問題對內蒙古地區進行的文化侵略活動研究	內蒙古大學歷史與旅遊文化學院歷史系	任其懌	良好
41	卡爾梅克語土爾扈特方言比較研究	內蒙古社會科學院語言文字硏究所	秀花	良好
42	中亞五國伊斯蘭教發展趨向及對我國開發西北地區的影響	內蒙古師範大學	郭永勝	合格
43	地域文化視野中的科爾沁鄕土小說研究	內蒙古民族大學蒙古學學院	孫高娃	合格
44	蒙古族傳播史研究	內蒙古大學蒙古學學院新聞出版學系	白敖特根	良好
45	內蒙古地方志總目提要	內蒙古農業大學圖書館	鄔韋華	良好
46	牧區可交易水權制度的政府規制研究	內蒙古財經大學經濟學院	張建斌	合格
47	基于産業集群成長視角的資源型地區轉變經濟發展方式研究	內蒙古大學	王坤	合格
48	科爾沁沙地耕地生態補償機制研究	內蒙古師範大學	包慧娟	合格
49	閱讀史寫作研究,邊界,視野,史料和方法論研究	內蒙古科技大學包頭師範學院	王龍	良好
50	鄂溫克語和蒙古語語音及語法範疇比較研究	呼倫貝爾學院	斯仁巴圖	合格
51	電子政務系統可生存策略研究	呼倫貝爾學院計算機科學與技術學院	孟祥宏	合格
52	中國共産黨維護邊疆民族地區社會穩定能力研究	內蒙古大學	馬慧吉	合格

〈표 5〉 2016년도 평가 결과

순번	과제명	연구 단위	연구 책임자	등급
1	跨國民族視閾下布里亞特人公民身份認同比較研究	內蒙古師範大學	張寶成	良好
2	蒙古族十二生肖文化研究	呼和浩特民族學院管理系	今曉	良好
3	民族地區少數民族人口社會流動研究	內蒙古財經學院公共管理系	劉亞萍	良好
4	蒙古語熟語知識庫的開發與研究	內蒙古大學蒙古學學院	海銀花	良好
5	蒙古國鑛産資源開發潛力及中蒙合作形式研究	內蒙古大學蒙古學學院周邊國家研究所	胡格吉勒圖	合格
6	蒙古族民間童話的多維研究	內蒙古科技大學包頭師範學教育科學學院	李芳	良好
7	西部社會轉型加快進程中的游牧文化保護研究	內蒙古農業大學人文社會科學學院	席鎖柱	良好
8	蒙古族"神話"及其生命哲學的教化精神研究	內蒙古師範大學法政學院	薩巴特爾	合格
9	內蒙古集體林權制度改革與森林可持續經營研究	內蒙古社會科學院牧區發展研究所	陳曉燕	合格
10	我國牧民專業合作社利益分配機制研究	內蒙古農業大學經濟管理學院	田艷麗	良好
11	白敖包遺址發掘報告	內蒙古師範大學	索秀芬	良好
12	中世紀蒙古文佛教文獻綜合研究	呼倫貝爾學院	巴特爾	優秀
13	城市化進程中的蒙古族社會焦慮現象研究	內蒙古自治區委員會黨校	烏力吉	合格
14	蒙古族藏文文論體系研究	內蒙古社會科學院文學研究所	樹林	優秀
15	公共政策下的農牧民就業取向研究	內蒙古社會科學院牧區發展研究所	額爾敦烏日圖	合格
16	關于內蒙古牧業地區草場網圍欄效應之實證研究	內蒙古大學	高麗萍	良好
17	馬克思社會發展理論的中國化時代化大衆化研究	內蒙古農業大學馬克思主義教學研究部	蘇德斯琴	合格
18	內蒙古不同類型主體功能區開發强度的動態模擬與調控	內蒙古師範大學地理科學學院	佟寶全	合格

순번	과제명	연구 단위	연구 책임자	등급
19	英語文學中的社會主義思潮研究	內蒙古大學外國語學院	魏莉	良好
20	民族地區資源開發與惠及民生實證研究	內蒙古師範大學	齊義軍	良好
21	成吉思汗八白帳文獻與蒙古歷史文獻比較研究	內蒙古師範大學蒙古學學院	那順烏力吉	合格
22	鮮卑起源,發展的考古學研究	內蒙古大學歷史與旅遊文化學院	吳松岩	良好
23	蒙古族傳統思維方式研究	內蒙古民族大學	王福革	合格
24	邊疆民族地區網絡輿情傳播及其政府治理機制研究	內蒙古科技大學	劉建華	合格
25	蒙古族敖包祭祀的文化人類學研究	內蒙古師範大學	烏仁其其格	良好
26	資源還境约束下的粮食增產問題研究	內蒙古社會科學院牧區發展研究所	韓成福	合格
27	蒙古族傳世法典研究	內蒙古社會科學院哲學與宗教研究所	李梅英	合格
28	科爾沁土語詞滙與地域文化研究	內蒙古民族大學蒙古學學院	嘎拉桑	優秀
29	中東鐵路與東蒙古地區社會變遷	內蒙古自治區委員會黨校	達日夫	良好

〈표 6〉 2017년도 평가 결과

순번	과제명	연구 단위	연구 책임자	등급
1	語言類型學視野下的蒙古語音變構詞現象研究	內蒙古大學蒙古學學院	圖門吉日嘎拉	良好
2	內蒙地區城鄉空巢老人心里衛生自助體系研究	赤峰學院	王麗娜	合格
3	六朝詠物詩研究	內蒙古財經學院公共管理系	趙紅菊	良好
4	西方現代文學對新時期蒙古族生態文學的影響研究	內蒙古科技大學	丁燕	良好

순번	과제명	연구 단위	연구 책임자	등급
5	明末清初遼河流域人文地理變遷史研究	赤峰學院赤峰學院	敖拉	合格
6	推廣蒙古語標準音方略研究	內蒙古大學蒙古學學院	斯琴巴特爾	合格
7	晚清科學文化研究	內蒙古師範大學科學史研究院	聶馥玲	優秀
8	達斡爾,鄂溫克,鄂倫春族傳統體育文化研究	內蒙古民族大學體育學院	叢密林	合格
9	民族自治地方社會管理創新研究	內蒙古自治區委員會黨校	李樹林	良好
10	蒙古族傳統游戏的搜集整理與傳承研究	內蒙古科技大學包頭師範學院教育科學學院	周智慧	良好
11	邊疆民族地區多元宗教和諧關系研究	內蒙古社會科學院哲學與宗教研究所	斯日古楞	合格
12	晚清科學著作翻譯方法與理論的實證研究	內蒙古師範大學	郭世榮	優秀
13	促進我國稀土產業轉型昇級的政策研究	內蒙古科技大學	李文龍	良好
14	信息化時代民族地區群衆工作與社會矛盾化解機制問題研究	內蒙古自治區委員會黨校	孫傑	良好
15	蒙古札剌亦兒部及當代遺存研究	內蒙古師範大學	謝詠梅	良好
16	工業化與城鎮化中的內蒙古牧區草原非牧占用問題研究	內蒙古大學蒙古學學院	布仁吉日嘎拉	合格
17	多維視角下內蒙古地區戰國秦漢長城研究	內蒙古大學歷史與旅遊文化學院	王紹東	良好
18	新時期蒙古文小說批評觀念變遷研究	內蒙古自治區委員會黨校	包阿拉坦巴根	合格
19	國家教育財政投入對民族教育自治權的影響研究	內蒙古財經大學	包桂榮	合格

〈표 7〉 2018년도 평가 결과

순번	과제명	연구 단위	연구 책임자	등급
1	中國回族報刊文學價值研究(1906—1949)	內蒙古科技大學	王繼霞	優秀
2	滿蒙初期政治關係研究	內蒙古民族大學政法與歷史學院	聶曉靈	良好
3	北方草原走廊民族文化傳播研究	內蒙古民族大學傳媒學院	崔银河	良好
4	蒙古族叙事民歌中的漢文化影響研究	內蒙古科技大學	包海青	良好
5	城鎮達斡爾族,鄂溫克族,鄂倫春族的語言生活研究	內蒙古社會科學院民族研究所	德紅英	良好
6	蒙古族體育史考	內蒙古民族大學體育學院	郝延省	良好
7	蒙古語TEI標注模式歷時語料庫的建設與應用研究	錫林廓勒職業學院	金罡	
8	蒙古草原古代游牧民族豁脱文化研究	呼倫貝爾學院政治與歷史學院院	松迪	合格
9	民族地區快速工業化階段消費率持續下降的深層原因及對策研究	內蒙古民族大學經濟管理學院	任軍	合格
10	《青史演義》史源研究	內蒙古師範大學	吳塔娜	合格
11	布里亞特民間文學研究	內蒙古大學蒙古學學院	呼日勒沙	優秀
12	民國時期內蒙古地區國共兩黨報刊研究	內蒙古大學文學與新聞傳播學院	張麗萍	良好
13	18至20世紀初北部蒙古地區土地利用方式與游牧經濟研究	呼倫貝爾學院政治與歷史學院院	阿魯貴·薩如拉	良好
14	草原民族英雄情結研究	內蒙古社會科學院草原文化研究所	王海榮	良好
15	人口老齡化背景下我國加快發展養老服務業研究	內蒙古財經大學經濟學院	韓鵬	良好
16	我國西部地區城市群與文化産業集群互動發展的模式與路徑研究	內蒙古財經大學科研處	柴國君	良好
17	日本在內蒙古殖民法律制度研究	內蒙古科技大學包頭師範學院	宋叢越	良好

순번	과제명	연구 단위	연구 책임자	등급
18	社會變遷與京綏鐵路修建史研究	內蒙古師範大學	段海龍	良好
19	渾河下游地區區域性考古調查綜合研究	內蒙古自治區文物保護中心	黨郁	良好
20	古代北方草原文學美學價值探究	內蒙古科技大學包頭師範學院文學院	溫斌	良好
21	蒙古族文學創作與文化思維關係研究	內蒙古民族大學蒙古學學院	博·照日格圖	良好
22	錫埒圖·固什譯《米拉日巴傳》語料庫建設及其詞滙研究	內蒙古科技大學	塔娜	良好
23	元代少數民族作家漢文詩歌的用韻特點研究	內蒙古大學文學與新聞傳播學院	王沖	良好
24	還境人格權保護研究	內蒙古民族大學政治與歷史學院院	付淑娥	合格
25	改革牧區教育與恢複草原文化研究	內蒙古農業大學人文社會科學學院	鮑曉艳	合格
26	蒙古族科爾沁叙事民歌田野調查與傳承研究	內蒙古民族大學傳播學院	烏恩其	合格
27	社會主義核心價值體系融入國民教育的方法和途徑研究	內蒙古財經大學馬克思主義學院	李濃	合格
28	我國少數民族地區城鄉居民收入差距現狀,影響因素及對策研究	內蒙古工業大學	峻峰	合格
29	空間碎片造成損害責任制度研究	內蒙古科技大學包頭師範學院	蘇惠芳	合格
30	紅山文化社會形態研究	赤峰學院紅山文化國際研究中心	于建設	合格
31	西部民族地區牧區金融服務體系建設研究	內蒙古財經大學	金椿	合格
32	20世紀上半叶中的扎賚特旗一蒙古人與土地關係研究	內蒙古大學外國語學院	孟根	合格
33	蒙古族史詩與印度史詩比較研究	內蒙古師範大學	王艷鳳	合格
34	直譯體文獻詞滙研究	內蒙古大學文學與新聞傳播學院	李慧賢	合格
35	法蘭克福學派文化批判理論及其當代價值研究一以建設中國特色社會主義文化强國爲視角	內蒙古民族大學克思主義學院	包桂芹	合格

순번	과제명	연구 단위	연구 책임자	등급
36	中國西部半農半牧區縣域經濟發展研究	河套學院經濟管理系	何曉瑶	合格
37	1717年版《御制清文鑑》與《御制滿蒙文鑑》比較研究	內蒙古社會科學院	巴特爾	優秀
38	古代漢語同義詞的模糊聚類分析研究	內蒙古師範大學文學院	賈璐	合格
39	土地流轉中農牧民利益表達的政策过程研究	內蒙古財經大學	呂峰	合格
40	新中國蒙古族題材電影史研究	內蒙古大學文學與新聞傳播學院	黃肖嘉	合格
41	內蒙古和林格爾縣新店子墓地綜合研究	內蒙古自治區文物保護中心	孫金松	良好
42	網絡經濟時代勞資關係的邊界擴展研究	內蒙古財經大學金融學院	趙秀麗	合格
43	西部地區社會轉型可快進程中的民族社會問題調查研究	內蒙古工業大學民族社會研究所	九月	合格
44	中國阿爾泰語系諸民族飛禽崇拜文化研究	內蒙古民族大學蒙古學學院	達額爾德木圖	合格
45	蒙古族遊牧文學研究	內蒙古師範大學		合格
46	中國人口較小民族語言實地調查-保安語使用現狀與演變研究	內蒙古大學蒙古學學院	哈申格日勒	合格
47	國家認同在少數民族地區的建構研究	內蒙古師範大學文學院	王俊義	合格
48	內蒙古牧區工作開倉性成就及其意義研究(1947-1966)	內蒙古大學蒙古學研究中心	仁欽	良好
49	蒙古族敍事民歌《嘎達梅林》經典化問題研究	內蒙古民族大學蒙古學學院	寶音陶克陶	良好
50	《現代蒙古語名詞義素詞典》的設計與開發研究	內蒙古民族大學蒙古學學院	林八鴿	良好
51	現代蒙古語新詞語研究	內蒙古師範大學	莫巴特爾	良好
52	中國特色社會主義發展方法論研究	中共內蒙古自治區委員會黨校	徐永平	合格
53	直覺思維的創造機制研究	內蒙古民族大學馬克思主義學院	照日格圖	合格

순번	과제명	연구 단위	연구 책임자	등급
54	牧區城鎮化進程中的教育重組效果的實證研究	內蒙古大學民族學與社會學學院	哈斯額爾敦	合格
55	牧區合作組織金融支持模式研究	內蒙古財經大學金融學院	薩如拉	合格
56	西部民族地區文化産業化轉型發展研究	中共內蒙古自治區委員會黨校	安靜賾	合格
57	蒙古族薩滿教文化遺存現象研究	內蒙古民族大學蒙古學學院	陳永春	合格
58	草原文化視域下的金元詞研究	內蒙古科技大學包頭師範學院	李春麗	合格
59	民族區域自治地方鑛産資源開發生態補償法律制度建設研究	內蒙古大學法學院	吉雅	良好
60	蒙古格斯爾文化傳承保護與發展研究	內蒙古民族大學蒙古學學院	秋喜	良好
61	中俄顎溫克族馴鹿民俗文化比較研究	呼倫貝爾學院民族歷史文化研究所	龔宇	良好
62	民國時期的蒙古族文學研究(1912-1949)	內蒙古師範大學	滿全	良好
63	內蒙古漢語寫作少數民族作家文化意識與民族形象建構研究	內蒙古大學文學與新聞傳播學院漢語系	崔榮	良好
64	蒙古語標準音語調特徵實驗研究	內蒙古民族大學蒙古學學院	烏吉斯古冷	良好
65	邊疆民族地區輿情分析及媒體輿論引導機制研究	內蒙古大學文學與新聞傳播學院	劉寒娥	良好
66	蒙元時期蒙文碑刻研究	內蒙古社會科學院歷史研究所	豊佳棟	良好
67	公立醫院服務補救機制的建立與完善	內蒙古財經大學		良好
68	公權正義與行政司法救救濟比較研究	內蒙古自治區委員會黨校	賈淸	合格
69	蒙古語科爾沁方言語料庫建設	內蒙古民族大學蒙古學學院	王國彬	合格
70	中國帝陵神道文化研究	內蒙古工業大學人文學院	范景武	優秀

순번	과제명	연구 단위	연구 책임자	등급
71	袞布扎布及其《恒河之流》研究	赤峰學院	風曉	優秀
72	蒙古民間魔法故事的文化人類學的闡釋	內蒙古師範大學社會學民俗學學院	鐵安	良好
73	群衆路線制度化研究	內蒙古自治區委員會黨校	楊速芳	良好
74	近代英國激進主義的起源化演變(1768-1848)	內蒙古大學歷史與旅遊文化學院	趙文媛	合格
74	西部地方政府創新的地區差異問題研究	內蒙古自治區委員會黨校	莊虔友	合格
76	領土爭端議題下的公民網絡參與及其政策影響研究	內蒙古財經大學	賈寶林	合格
77	清朝與諸世哲布尊丹巴政治關係研究	赤峰學院	八寶	良好
78	系統功能語言學視角下英語名詞詞組對比研究	內蒙古大學外國語學院	李滿亮	良好
79	蒙古族生態文學與俄羅斯生態文學比較研究	內蒙古師範大學	姚雅鋭	合格
80	蒙藏通經音樂比較研究	內蒙古師範大學	巴孟和	合格
81	邊疆少數民族牧區生態移民生計轉型及可持續發展研究	內蒙古財經大學	史俊宏	合格
82	蒙古族群傳播思想研究	內蒙古大學	塔娜	良好
83	我國法律制度的自然演化與理性構建的法社會學研究	內蒙古大學	薩其榮桂	良好
84	"蒙古語多義詞信息詞典"的研究與發展	內蒙古自治區社會科學院	薩日娜	良好
85	選擧文化與村民自治立法的互動研究	內蒙古大學	周珩	合格
86	蒙古民族宗教通史	內蒙古師範大學	寶力高	合格

4장

내몽골자치구의 민족문화공정, 연혁과 전망

김성수
서울과학기술대학교 인문사회대학 기초교육학부 교수

I. 머리말

이 연구는 지난 20년간 내몽골자치구에서 진행된 사회과학 관련 국책 연구사업의 내용을 살펴보고 그 목적과 배경을 분석해보는 것이다.[1] 이에 해당하는 사업들은 대개 국가사과기금(國家社科基金)과 자치구 정부의 재정 지원을 받아 추진되고 있다. 사업의 집행은 내몽골자치구 공산당 조직 산하 선전부(宣傳部)와 선전부의 지휘를 받는 내몽골사회과학원(內蒙古社會科學院)이 중심이 되었으며, 사업의 성격에 따라 중국사회과학원(中國社會科學院) 중국변강연구소(中國邊疆研究所), 내몽골도서관(內蒙古圖書館) 및 내몽골 각 지역 도서관, 내몽골인민출판사(內蒙古人民出版社), 내몽골대학(內蒙古大學), 난징대학(南京大學) 등의 연구기관과 협업하기도 했다.[2]

---

1 이하에서 다룰 '사회과학 관련 국책 연구사업'은 내몽골 지역을 둘러싼 역사와 문화 연구가 주를 이루고 있다. 이를 사회과학 관련 국책 사업으로 명명한 것은 사회주의 중국 사회의 학문 분류 방식에 따른 것인데, 현대 중국 사회에서는 소위 文史哲을 위주로 하는 인문학도 사회과학의 일부로 분류하기 때문에 우리의 경우처럼 인문·사회과학이라는 표현이 보편적으로 사용되지는 않는다. 최근에는 人文이라는 용어를 학문 분류에서 사용하기도 하는데 여러 대학에서 발행되는 학술 잡지를 自然科學版과 社會科學版으로 분리하여 발행하는 것이 일반적이었으나 최근에는 사회과학판을 哲學社會科學版 또는 哲學人文社科版으로 부르기도 한다. 또한 1999년 베이징대학에 '人文學部'를 설립하여 文史哲 관련 학과를 여기에 소속시키기도 하였다. 이를 통해 고등교육 기관에서 학문의 대분류로서 人文學이라는 용어를 사용함을 확인할 수 있다. 그러나 中國社會科學院의 예에서도 보이듯이 중국 정부가 수행하는 국책 사업에서 인문학의 학문 분류는 따로 존재하지 않으며 자연과학의 상대 개념으로 사회과학을 널리 사용하고 있어 이 글에서 다루는 내몽골 역사와 문화 분야의 연구도 중국 정부의 사회과학 지원 사업의 지원을 받고 있다.

2 이 글의 서술 과정에 언급된 중국어 고유명사는 가능한 한 번체자 한문으로 옮겨 적었다. 다만 사업명, 논문명, 서명에 한글 번역이 병기되는 경우는 간체자를 그대로 적어 원제를 살린 경우도 있다. 다수 등장하는 행정구역명, 정책명 등 고유명사는 번체

최근까지 내몽골자치구 정부의 후원 아래 내몽골사회과학원이 수행한 국책 사업은 민족문화대구건설공정(民族文化大區建設工程, 2002~), 초원문화연구공정(草原文化研究工程, 2004~2014), 북강항목(北部邊疆歷史與現狀研究項目, 2010~), 민족문화건설연구공정(民族文化建設研究工程, 2013~현재) 등이다.[3] 이 사업들은 모두 내몽골자치구의 지역경제 발전을 위한 중요한 전략으로 제시되었고, 민족문화를 소재로 한다는 점에서 공통점이다. 사업의 목적과 사업의 대상, 소재가 같다는 점에서 이 사업들은 자연스럽게 연속성을 가질 수밖에 없었다. 초기 사업 목표로 제시된 관광문화건설(旅遊文化建設), 문화대구건설(建設文化大區), 문화대시(맹)건설[建設文化大市(盟] 등 3개 항목은 2020년 현재 시점에 와서는 "민족문화 건설(民族文化强區建設)"이라는 슬로건으로 바뀌어 있다. 그러나 변강 지역의 안정과 경제 발전이라는 어쩌면 모순될 수 있는 두 방향의 목표를 한데 아우르려는 정부의 목적을 충실히 따르고 있다는 점에서 근본적인 변화는 없다.

본문에서 필자는 민족문화대구건설공정, 초원문화연구공정, 북강항목, 민족문화건설연구공정 등 4개 사업의 내용을 3절에 걸쳐 서술하고 사업 단계에 따라 각 사업의 특징, 목적 등을 살피고자 한다. 이를 통해 2000년대 초반 시작된 초원문화를 특징으로 하는 내몽골의 민족문화 구상이 중앙정부의 변강 정책과 어떻게 맞닿아 있는지 그 지향점을 추론해보겠다.

자로 적거나 한글로 적을 경우 중국어 발음을 한글로 음차하여 적었다.

3 民族文化大區建設工程(2002~)과 北部邊疆歷史與現狀研究項目(2010~)의 경우 관련 사업이 현재까지도 진행되고 있는 부분이 있어 종결 시점을 특정하지 않았다.

II. 민족문화대구건설 논의의 확산

내몽골자치구가 민족문화대구건설 논의를 본격화한 것은 2002년 봄이었다. 1990년대 마련된 경제성장의 기틀을 기반으로 한 단계 도약하고자 하는 중국 사회의 전반적인 분위기 속에서 내몽골자치구에도 경제성장의 동력을 찾고자 하는 움직임이 곳곳에서 일어났다. 이는 중국사회 전체의 분위기에 부응하고자 하는 면도 있었지만 중국 경제 발전에 중요한 조력자이면서 정당한 지위를 인정받지 못했다는 소외감에서 기인한 측면도 있다. 이러한 열등감을 극복하고 자치구 내부의 극심한 지역 불균형을 탈피하고자 하는 분위기는 곧바로 새로운 정책 어젠다로 이어졌고 그것의 시발점이 된 것이 민족문화대구건설 논의였다.

그러나 민족문화대구건설을 사회 발전의 전략으로 채택한 것은 내몽골자치구만은 아니었으며 시기적으로 가장 앞선 것도 아니었다. 이에 2절에서는 민족문화대구건설 논의가 시작된 윈난성(雲南省) 리장(麗江)의 예를 소개하고 이것이 중국 남서부 지역에서 호응을 얻게 된 배경을 살펴보고자 한다. 표면적으로 이 논의는 관광업 발전을 통한 지역경제 활성화와 직접 연결되어 있었다. 그러나 거시적으로 볼 때는 2000년 제시된 장쩌민(江澤民)의 '3개 대표 중요 사상(三個代表重要思想)'과 연결되어 중국 전역으로 확산되었고 그 과정에서 내몽골자치구와 연결된 점을 간과할 수 없다. 국가 정책의 거시적 어젠다가 내몽골자치구에서 어떻게 구현되는지 민족문화대구건설 논의와 이후 계속되는 몇 개의 연구 공정을 통해 추적해볼 수 있을 것으로 생각한다.

1. 지에이의 민족문화대구건설론

윈난성 리장은 쓰촨과 윈난 서부에서 시작되는 차마고도(茶馬古道)의 시작점으로 과거 차마고도의 경제적 풍요로움은 오늘날 리장고성(麗江古城)과 목씨토사부(木氏土司府)에 고스란히 남아 있다. 덕분에 1990년대에 이미 중국 국내외적으로 유명세를 타기 시작했고 1997년에는 유네스코 세계유산으로 지정되면서 국제적인 주목을 받게 되었다. 당시 리장 지위부서기(地委副書記)로 활동하던 지에이(解毅)는 1999년 발표한 글에서 리장의 발전을 위한 정책 과제로서 민족문화대구건설론(民族文化大區建設論)을 주창했다.[4]

리장현 나시(Nakhi 또는 Naxi, Nashi, 納西) 민족 출신으로서 지역경제 발전에 관심이 있던 그에게 1997년 리장이 유네스코 세계문화유산에 등재되고 1999년 장쩌민 주석이 리장을 방문했던 일련의 사건은 지역 관료로서 자신의 정책 포부를 드러낼 수 있는 중요한 기회가 되었다.

1999년 장쩌민 주석이 지진 복구 상황을 시찰하기 위해 윈난성 서북 리장을 방문했다. 1996년 중국 최악의 지진을 맞았던 리장을 방문한 장쩌민 주석은 앞으로 리장을 국제관광명소(國際旅遊景區), 윈난 서북의 중요 상업지구(商貿區), 특색 있는 민족문화대구, 생태환경보호구역(生態環境保護區)으로 육성할 것을 주장한 이른바 '4대구(四大區)' 전략을 제

4 解毅, 1999, 「麗江建設民族文化大區之我見」, 『雲南社會科學』, 1999年 第6期, 79~84쪽.
解毅(1956~2016, 納西族)는 1973년 중학교 교사를 거쳐 1981년 리장현위(麗江縣委) 간부를 시작으로 공직 생활을 시작했다. 리장현위서기(麗江縣委書記), 중국공산당 누장(怒江)州 당위서기(黨委書記, 2002~2007), 윈난성위조직부원부부장(雲南省委組織部副部長, 2007~2014) 등을 역임했다.

시하였다.[5] 당시 리장 지위부서기로 활동하던 지에이는 리장의 상황에 시의적절한 발전 전략으로서 민족문화대구 건설에 주의하였다.

그는 나시를 비롯한 다양한 민족문화를 보존하고 있는 '문화명방(文化名邦)' 리장의 문화산업을 발전시켜 이를 리장 발전의 근간으로 삼고자 하였다. 이에 나시, 이(彝), 티베트 등 다양한 민족문화가 어우러진 리장의 독특한 문화 전통, 나시를 비롯한 지역 인민의 문화적 소양, 최근 리장 관광산업의 발전, 리장 지역 연구의 발전 등을 민족문화대구건설의 조건으로 삼고 해당 사업의 목표를 다음과 같이 설정했다.

먼저 민족문화대구를 형성하는 민족문화는 다른 지역에 흔히 있을 수 있는 민족문화와는 구별되어야 한다고 보았다. 해당 지역의 정치·경제, 사회 발전, 주민의 생활, 더 나아가 대외적으로 그 지역을 대표하는 것이어야 한다는 것이다. 이는 지역사회 발전과 민족문화대구건설 논의가 밀접히 연결되어 있음을 밝힌 것인데 문화 시장을 발전시켜 이것이 해당 지역의 경제에서 차지하는 비중이 높아 적어도 지역경제에 관광업이 차지하는 비중이 20%를 넘는 정도로 새로운 경제의 중심 부분을 차지해야 한다고 주장했다.

그 외에도 그가 중시한 것은 문화 사업을 계획, 발전, 관리하는 전문적인 관리 체계를 갖춰야 한다는 점, 생태환경과 유형, 무형의 문화 자원

---

5 중국에서 四大區는 다양한 용례가 있다. 四大地理分區, 四大經濟分區가 그것인데, 지리적 관점에서 四大區는 서북지구, 북방지구, 남방지구, 청장지구(青藏地區)를 의미하며 경제의 관점에서 나뉜 四大區는 동부, 중부, 서부, 동북 지역을 의미한다. 그 외 공업기지로 四大區를 구분하는 경우도 있는데 京津唐工業基地, 遼中南工業基地, 滬寧杭工業基地, 珠江三角洲工業基地 등이다. 장쩌민 주석이 四大區를 언급한 것은 이렇듯 중국 사회에서 다방면으로 사용되어온 四大區라는 관용어구를 사용하여 자신의 리장 방문의 의의를 설명하고자 한 것이었다.

보호를 법률로 규정함으로써 문화 역량의 지속가능한 발전을 도모해야 한다는 점, 문화산업에 참여할 우수한 인재를 보호, 육성해야 한다는 점, 관광업을 비롯한 문화산업 전반의 발전을 통해 리장의 지명도를 높여 리장 주민의 경제 수준을 향상시키고 리장에 대한 자긍심을 높일 수 있는 기회로 삼아야 한다는 것 등을 강조했다.

이러한 민족문화대구건설의 목표를 달성하기 위해 몇 가지 정책 추진의 원칙을 밝히기도 했다. 첫째는 문화와 경제의 결합, 즉 문화산업이 현대 경제에서 차지하는 위치에 대한 자각을 강조했다. 둘째는 전통문화, 환경보호와 개발의 결합이다. 셋째는 보급(普及)과 제고(提高)의 결합, 넷째는 전통의 계승과 창조의 결합, 다시 말해 독자적 문화의 보존과 함께 문화의 개방성에도 주의할 것을 강조했다. 다섯째 지역 대중의 삶과 분리된 문화 발전, 문화산업의 성장은 불가능하다는 것이다. 따라서 지역 대중의 문화 의식의 향상을 기반으로 문화 수준을 높이고 문화 의식의 너른 보급을 통해 문화 계승과 발전의 두터운 내적 기반을 마련해야 한다고 주장했다.

그는 이상에서 밝힌 민족문화대구건설의 목표와 원칙을 실현하기 위해 구체적인 사업 추진 계획으로 1999~2005년까지 문화 사업을 담당할 기구를 구성할 것, 사업 추진을 위한 관계망을 형성할 것, 유·무형 문화 자원을 조사하고 연구할 것, 전체 계획의 구체화를 바탕으로 유형의 문화시설을 건설하며, 문화산업 관련 인재를 양성하고 대중의 문화 의식을 제고하여, 내적으로 문화적 토양을 두터이 하고 국제 교류를 확대하는 선순환적 산업구조를 만들 것, 관련 법률 제정을 통해 이상의 육

성 방안을 법과 제도로서 후원할 것 등을 주장했다.[6]

이러한 지에이의 구상은 당시 중국 남부 소수민족 지역에서 불고 있던 소수민족문화와 관광업을 결합하고자 하는 분위기와 관련 있다. 1990년대 소수민족 지역의 문화산업과 관광업을 연결하고자 하는 노력은 리장이 포함된 윈난성뿐만 아니라 구이린(桂林)을 중심으로 한 광시성(廣西省), 구이저우성(貴州省)에서도 활발히 전개되고 있었다.[7] 중국지망(中國知網)이 제공하는 '민족문화 여유(民族文化旅遊)' 관련 논문 목록을 살펴보면 관련 연구는 '주'에 언급하였듯이 1991년부터 등장하기 시작하였고 대략 2000년까지는 광시, 구이저우, 윈난을 중심으로 민족문화와 생태환경 자원을 중심으로 한 문화관광사업에 집중되어 있었다.[8] 그러나 2001~2004년 사이 관련 사업에 대한 관심이 확산되어 헤이룽장(黑龍江), 후난(湖南), 신장(新疆), 내몽골 등지에서도 해당 지역의 문화와 관광

6 2006~2015년 리장 전체 경제에서 문화산업이 차지하는 비중이 크게 증가한 것은 이러한 정책 수립과 추진이 역할한 것이라고 평가할 수 있다. 리장 관광문화산업이 리장 경제에 미친 영향에 대해 王延中 · 丁賽, 2015, 『中國民族地區經濟社會調査報告 · 2013年調査問卷分析 · 南方卷』, 中國社會科學出版社; 雲南省社會科學院 編, 2016, 『雲南經濟發展報告2015~2016』, 雲南大學出版社 등을 참조. 金毅, 2004, 「民族文化旅遊開發模式與評價」, 『廣東技術師範學院學報』 2004年 第1期, 41~44쪽에서는 2002년 지역별 관광 수입 추이를 자세히 다루고 있다.

7 중앙정부 차원에서는 1990년 國家民委 소속이며, 旅遊局의 감독을 받는 中國民族旅行社를 성립시켰다. 구이저우에서는 민족문화의 세계 진출을 위한 연토회를 개최했으며 그 내용은 楊政銀 · 田光輝 · 宗太慶, 1991, 「走向世界的民族文化: "貴州民族文化走向世界討論會"綜述」, 『貴州文史叢刊』, 1991年 第1期에서 확인할 수 있는데, 본문에서 "민족문화는 민족 경제 발전의 동력"임을 강조하였다. 광시성에서는 1991년 10월 28~30일 사이 류저우(柳州)시에서 제1회 旅遊文化理論硏討會를 개최하여 다수의 논문을 『旅遊學刊』을 통해 발표하였다.

8 www.cnki.net를 참조. 민족문화와 관광업의 관계를 다룬 논문은 1991년 처음 등장하여 1998년까지 매년 3~5편의 논문이 발표되다가 1999~2004년 사이 14~86편에 이르는 성장을 보였으며 2007년 198편, 2010년 296편, 2015년 410편, 최근에는 500편 전후의 관련 논문이 발표되고 있다.

산업을 연결시키고자 하는 적극적인 움직임이 확인되기 시작했다.

결국 민족문화대구건설의 논의는 1990년대 초부터 시작된 남중국 소수민족 중심 지역인 윈난, 구이저우, 광시를 중심으로 한 민족문화의 상품화 과정과 깊이 연결되어 있었다. 이 과정에서 주목되는 것은 중앙 정부가 왜 이 지역 민족문화 연구와 발전, 더 나아가 이를 경제적 동력으로 삼고자 하는 움직임에 동의했는가 하는 점이다. 먼저 생각해볼 수 있는 점은 이들 지역은 중국 북서 내몽골, 신장, 시짱(西藏) 등지와는 달리 분리 독립의 움직임이 거의 없어 민족문화에 대한 관심이 민족주의 운동으로 비화할 가능성이 적다는 것이다.

또 한 가지 고려할 점은 1990년대 관광산업의 기반으로 삼고자 했던 '민족문화'의 내용이 무엇인가 하는 점이다. 여기에서 말하는 민족문화의 성격과 내용을 어떻게 규정하는가에 따라 민족문화의 활성화가 민족주의의 고양과는 완전히 다른 방향으로 흘러갈 수도 있다는 점이다. 오히려 정치적 구호에 그쳤던 '중화민족 대가정(中華民族大家庭)'의 이상을 소수민족 각각의 상황에 맞춰 실질적으로 각색할 수 있는 계기를 마련할 수도 있었다. '남방장성(南方長城)의 역사와 문화'라는 새로운 테마가 그 예라고 할 수 있다.[9] 민족문화의 내용에 대한 문제는 뒤이어 서술할

---

9 何潁·顔景·何曉萍, 2001, 「廣西民族文化的産業化發展研究」, 『民族歷史與文化研究』 2001年第2期(總64期), 70~75쪽에서는 1999년에서 2000년 사이 구이린(桂林)을 중심으로 한 광시성(廣西省) 관광업이 관광객 수량 78%, 수입액 69.1%가 증가했음을 지적하고 광시성만의 독자적 이미지(廣西形象)를 발굴, 형상화해갈 필요가 있음을 강조했다. 뒤이어 王亞力, 2003, 「南方長城與"長城文化之旅"的開發」, 『旅遊學刊』 2003年 第3期(第18卷), 52~57쪽에서는 1615년부터 축조하여 청대 乾嘉 연간까지 중수된 약 190킬로미터에 달하는 苗疆長城을 북방의 장성과 대비하여 南方長城으로 명명함으로써 그 중요성을 부각시킴과 동시에 광시 소수민족 문화는 물론 중화 세계의 남방 경계로서 이 지역의 의미를 되새김으로써 중화 세계의 일원으로서 광시 문화를 자리매김하고자 했다.

내몽골에서 일어난 민족문화 건설의 논의에서 계속 살펴보겠다. 앞에서 살펴본 민족문화 건설의 논의는 소수민족 비율이 높은 중국 남서부 광시, 구이저우, 윈난 3개 성에서 시험된 후 기타 지역으로 확산되기 시작하는데 북부, 북서부 변강 지역에서 선택된 다음 시험대는 내몽골자치구였다.[10]

2. 내몽골자치구의 민족문화대구건설공정

내몽골자치구에서 지역경제 발전을 위한 중요한 전략으로서 민족문화대구 건설에 대한 논의가 활발히 전개되기 시작한 것은 2002년이었다. 내몽골당위원회 선전부부부장(內蒙古黨委宣傳部副部長)이며 문련당조직서기(文聯黨組書記)였던 아구라(阿古拉)에 따르면 2002년 내몽골자치구 선전부장회의에서 처음으로 민족문화대구 건설에 대한 논의가 시작되었다.[11]

내몽골 전체 문화공작회의(文化工作會議)에 앞서 여러 지역에서 다양한 형태의 좌담회가 개최되었는데 좌담회의 주제는 각각 관광문화건설(旅遊文化建設), 문화대구건설(建設文化大區), 문화대시(맹)건설[建設文化

10 서북지역에서도 지역 소수민족 문화와 관광업을 연결시키고자 하는 움직임이 없었던 것은 아니다. 그러나 2000년대 이후 내몽골을 중심으로 전개되고 있는 民族文化大區建設과 그로부터 확산되고 있는 민족문화연구공정과 같은 각종 문화 정책이 신장이나 시짱에서 도드라져 보이지 않는 것은 사실이다. 이는 이 지역의 민족 정책 노선이 내몽골과 같지 않음을 보여주는 예라고 하겠다. 楊兆萍·謝婷·李曉彦, 2001,「典型少數民族文化旅遊地開發與保護: 以喀什地區爲例」,『干旱區地理』, 第24卷 第4期(2001年 12月), 332~337쪽 등을 참고.

11 阿古拉, 2002,「建設文化大區要動員全社會參與」,『內蒙古宣傳』2002年 第10期, 24쪽.

大市(盟)] 등 3개로 압축되었다. 이를 통해 자치구는 문화대구건설을 위한 장단기 계획을 구체화하기 시작했다. 당시 내몽골자치구에서 관광업은 GDP의 4%를 차지하고 있었으나 독특한 자연환경, 몽골 문화 전통을 기반으로 관광업을 발전시킴으로써 이를 획기적으로 제고하여 내몽골 경제를 지탱하는 기간산업으로 성장시키겠다는 구상을 밝혔다.[12] 그러나 관광업 발전을 위한 교통 등 각종 설비의 확충이 전제가 되어야 함을 강조하고, 이를 위한 내몽골 지역 전체의 조직적 노력이 필요함을 지적하기도 했다.

내몽골 전체 주민의 삶의 질을 향상시킬 수 있다는 점에서 관광업의 발전에 내몽골 주민 전체의 참여가 필요하며, 이를 각 정부 부서와 관광업, 공연예술 분야 종사자들이 이끌어가야 한다고 하였고, 관광 문화의 시대적 추세에 맞춰 여행객들이 직접 참여하여 체험할 수 있는 관광 분야의 개발을 독려했다. 이러한 내몽골 지역 관광산업 발전을 위한 기본 구상과 전략은 앞서 살펴본 지에이의 민족문화대구건설 논의와 대동소이하다. 다만 내몽골의 상황에 맞는 정책의 내용과 방향을 조정할 필요가 있었고 이에 따른 다양한 논의가 전개되면서 이후 10여 년에 걸친 다양한 문화 정책과 사업이 등장하게 되는 것이 아닌가 생각된다.

2000년대 초 내몽골 지역의 문화 정책을 이끄는 여러 관료들이 민족

---

12 내몽골자치구에서 관광업이 GDP의 4%를 차지한다는 것은 다른 성과 비교했을 때 낮은 수준이었다. 桂宇, 2006年 5月, 『少數民族地區旅遊産業政策體系硏究』, 雲南師範大學 碩士學位論文, 10~12쪽에 의하면, 서남, 서북의 소수민족 비중이 높은 자치구의 관광업 비중이 2000년 기준으로 대개 5~8%를 차지하고 있다. 칭하이와 닝샤, 간쑤의 경우 2~3%로 내몽골보다 낮지만 그 외 성은 모두 내몽골보다 높은 수준이었다. 윈난의 경우 8%로 가장 높았고 2005년에는 10%를 훨씬 상회하는 수준으로 성장하였다. 그럼에도 2001~2005년 사이 내몽골 관광업 자체의 성장세는 무시할 수 없는 수준이어서 5년간 약 22% 이상 성장한 것으로 평가하였다.

문화대구건설 사업에 대한 의견을 제기하기 시작했다. 내몽골자치구 문화청장 가오옌칭(高延青)은 민족문화에 대한 자긍심을 바탕으로 이를 산업 분야로 확장하고자 하는 노력의 일환으로 민족문화대구 건설 사업을 추진하자고 주장했다.[13] 독특한 민족문화 전통을 가졌음에도 관광 인프라 구축에서 낙후한 상황에 놓여 있던 내몽골자치구 전체가 이 문제를 심각하게 받아들여야 함을 강조하고 주민의 소양, 도덕성, 전통문화에 대한 이해도의 제고 등 광범한 사회적 변화를 촉구했다. 그러면서 올란하드대극장(烏蘭恰特大劇院), 내몽골박물관(內蒙古博物館), 내몽골회의전시센터(內蒙古會展中心), 내몽골문화빌딩(內蒙古文化大夏), 내몽골민족예술센터(內蒙古民族艺术中心) 등 사회문화시설 기반구축에 관심을 기울였다. 이에 2002~2005년 사이 기반시설 구축을 위한 광범한 투자가 진행되었는데 다음 〈표 1〉에서 대강의 내용을 살펴볼 수 있다.[14] 그중 주목되는 것은 실링골맹(錫林郭勒盟)의 버일러묘 복원사업(貝子廟修復工程)과 몽원문화원(蒙元文化苑)의 설립인데, 청대 사원인 버일러묘(貝子廟)와 원대 상도(上都) 유적을 배경으로 한 가장 방대한 규모의 사업이었다.[15]

13 高延青, 2002, 「弘揚民族文化 建設內蒙古民族文化大區」, 『內蒙古宣傳』, 2002年 第10期, 24쪽.

14 青格勒, 2005, 「打造文化品牌建設民族文化大區」, 『思想工作』, 2005年 9期, 28쪽.

15 단일 항목으로 가장 큰 투자가 이뤄진 항목은 錫林郭勒盟 蒙元文化苑이다. 3억 人民幣, 즉 500억 원을 상회하는 금액이 투자되었는데, 이는 錫林郭勒盟 正南藍旗 경내에 위치한 元上都와 원대 역사를 주제로 한 테마파크이다. 蒙元文化苑의 위치는 錫林郭勒盟의 중심지 錫林浩特 河西開發區이며, 元上都 유적과는 200킬로미터 정도 떨어져 있다. 박물관과 각종 관련 전시실을 갖추고 있다. 元上都는 1996년 유네스코 세계문화유산에 등재되었다.

〈표 1〉 2002~2005년 내몽골자치구 신축 문화시설의 내용과 투자 금액

행정구역명	시기	문화시설 명칭	투자 금액 (인민폐/만위안)
呼和浩特市	2003	塞北影樂宮, 玉泉區影視娛樂城, 博物館 2期工程, 雲中文化宮	4,000
包頭市	2002~2003	阿爾丁植物園, 市博物館(美術館) 北方兵器城廣場	12,600
呼倫貝爾市	2004~2005	呼倫貝爾民族博物館, 呼倫貝爾劇院, 巴爾虎博物館, 青少年活動中心	4,180
興安盟	2005	文化中心	500
通遼市	2003~2005	廣電中心, 文化新聞中心	15,000
赤峰市	2003	博物館, 文化館, 敖漢惠文廣場	1,950
錫林郭勒盟	2003~2005	貝子廟修復工程, 蒙元文化苑, 錫林浩特國際賽場	35,000
鄂爾多斯市	2004	烏蘭宮	2,410
巴彦淖爾市	2003~2005	文體中心, 歌舞團藝術大樓, 臨河區文化藝術中心, 標準田徑訓鍊場, 五原縣文體中心, 磴口縣圖書館, 磴口縣文化藝術大樓, 杭錦後旗廣電培訓大樓	7,150
烏海市	2003~2005	文體中心, 人民廣場擴建, 奧林匹克體育中心, 圖書館, 青少年科技館, 獅城社區活動室 등 13개 社區活動室, 烏達區人民廣場, 海南區文化廣場	28,047
阿拉善盟	2005	巴彦浩特多功能體育場	11,000

이상에서 살펴본 문화관광 인프라의 구축과 함께 민족문화대구건설 사업 중에는 문헌 영인 출판 사업도 포함되었다. 몽골문 『대장경(大藏經)』 400권의 영인 출판 사업이 그것인데 2005년 2월 사업이 시작되어 2015년까지 출판 사업을 완료하였다.[16] 이러한 문헌 영인 출판 사업은

16 內蒙古社會科學院 홈페이지 「『大藏經』影印本 出版工程」 http://www.nmgass.

이후 진행되는 여러 사업에서 계속 연결되어 진행되므로 마지막 4절 「민족문화건설연구공정」에서 함께 다루겠다.

내몽골자치구 당위부서기 천광린(陳光林)은 사업의 책임자로서 민족문화대구건설의 배경과 사업의 의의에 대해 다음과 같이 논술하였다. 그는 내몽골가 풍부한 지하자원과 사막, 초원, 삼림 등 독특한 생태환경을 가졌으며 중국 최북단에 위치하면서 동서로 긴 지형을 지니고 있으므로 북쪽을 향해 크게 열려 있는 개방성을 지니고 있다고 보았다. 내부적으로는 민족 단결을 바탕으로 안정된 사회질서를 유지하고 있고 독자적이며 높은 수준의 인문 자원을 보유하고 있어 민족문화대구 건설을 위한 견조한 기반을 갖추고 있다고 하였다.[17] 따라서 선진국 문화산업 발전의 모범 사례를 통해 문화산업이 내몽골 지역경제에 미칠 긍정적인 영향에 주목해야 함을 강조하면서 암각화에서 공산당 혁명 유적에 이르는 다양한 시대의 문화유산을 경제 발전의 자원으로 연결시키고자 하는 사업의 취지를 분명히 하였다. 이를 위해서는 역사 유적의 관광 상품화는 물론 민족문화를 주제로 하는 다양한 형태의 예술 창작 활동을 지원하며, 관광산업의 기반으로서 지역 주민의 문화 의식 제고, 관련 산업 종사자의 교육, 각 지역 문화 축제 활성화, 관광 인프라 투자, 관리 조직 성립, 법제적 지원 기반 마련 등 다양한 방면에서의 정부의 역할을 강조했다.

그러나 2002년 내몽골자치구가 민족문화대구건설 논의를 제기했을 무렵은 앞서 리장의 간부였던 지에이가 민족문화대구건설을 제창했던 시기와는 다른 변화가 발생했다. 2000년 2월 광둥성 시찰 중 장쩌민 국

---

com.cn/content.html?id=3168를 참조.

17 鄒龍漢, 2003, 「建設民族文化大區 實現人民文化利益: 訪自治區黨委副書記陳光林」, 『內蒙古宣傳』, 2003年 第4期, 4~5쪽.

가주석이 발표한 '3개 대표 중요 사상'이 바로 그것이다. 그 내용은 잘 알려진 대로, 중국공산당은 시종일관 중국 선진 사회 생산력의 발전 요구, 중국 선진문화의 나아가야 할 방향, 그리고 인민 대중의 근본 이익 이 3가지를 대표해야 한다는 것이다. '3개 대표' 사상은 이후 당과 정부가 추진하는 거의 모든 정책의 기본 방향을 제시하였으니 그 중요성을 새로이 언급할 필요는 없을 것이다. 공산당이 이끄는 사회 생산력과 선진문화가 어떻게 다양한 민족을 포함하는 중국 인민 대중의 이익을 증대시킬 것인가?

그렇다면 먼저 이 글에서 논의하고 있는 민족문화대구건설 논의와 관련하여 공산당이 제시한 '중국의 선진문화'는 민족문화와 어떻게 연결되는가? 일반적으로 중국의 선진문화라고 함은 마르크스·레닌주의, 마오쩌둥 사상, 덩샤오핑 이론이 이끄는 사회주의 선진문화로서 '중국 특색 사회주의(中國特色社會主義) 선진문화'를 의미한다. 마르크스주의의 보편 원리와 중국 문화의 결합을 통해 생겨난 새로운 중국적 사회주의 문화를 의미하는 것이다.

사회주의 선진문화라는 것은 중국 문화 중 가장 우수한 부분을 승화시키고, 중국 문화의 계승과 함께 다른 민족의 우수한 문화를 수용하여 새로운 문화를 창조하며 고도의 과학기술과 인문 정신의 통일, 소수를 위한 귀족 문화가 아닌 대중이 창조하고 향유할 수 있는 문화, 대중의 문화 소양을 향상시켜 대중이 문화의 창조자가 되고 이를 향유할 수 있는 문화임을 강조함으로써 사회주의는 인민을 위한 것임을 분명히 하였다. 여기에 더 나아가 경제 발전을 바탕으로 '중국 특색 사회주의 선진문화'를 확산하고 문화 체제 개혁을 심화하여 문화산업을 발전시키는 것을 주요한 내용으로 제시하였으니 영화산업을 육성하는 등 2000년 무

렵부터 문화산업의 중요성을 강조해온 정책 기조가 여기에서 기인함을 이해할 수 있다.[18]

'중국 특색 사회주의'로 대표되는 중국공산당의 정체성이 2000년 "'3개 대표' 중요 사상'을 통해 다시금 거시적 정책 방향을 제시함으로써 중국 사회 각 분야에서 이 노선을 견지하기 위한 다양한 정책이 개발되었다. 현대 중국공산당 문화 분야 정책 기조에 대한 다음의 글은 사회주의 선진문화가 "'3개 대표' 중요 사상'을 통해 인민의 이익을 어떻게 제고할 수 있을지 좀 더 자세한 설명을 더하고 있다.

> 14대(中國共産黨第十四次全國代表大會, 1992년 10월)가 덩샤오핑(鄧小平)이 제시한 중국 특색 사회주의 이론이 갖는 주도적 지위를 인정한 이래, 당은 '물질문명과 정신문명 모두 잘 관리해야 한다. 그것이 바로 중국 특색의 사회주의인 것이다'라는 점을 강조해왔다. 1991년 장쩌민 동지는 중국공산당 성립 70주년 기념식 축사 중 '중국 특색 사회주의의 문화'에 대해 언급했다. 그리고 공산당 15대(中國共産黨第十五次全國代表大會, 1997년 9월)는 대표대회의 주제로 '중국 특색 사회주의 문화 건설'을 채택하였다. **'3개 대표' 중요 사상에서는 중국공산당이 '시종일관 중국 선진문화가 나아가야 할 방향을 대표'하며, 이것을 당이 갖춰야 할 선진적 성격의 하나라고 규정했다. 이로써 공산당은 중국 특색 사회주의 문화 발전의 길을 따라 다시 한 번 일대 도약을 이루는 계기를 마련하였다. 당의 十五屆五中全會(중국공산당 제15회**

18 이러한 문화산업 정책 기조는 계속되어 2005년 공산당 중앙, 국무원이 『關于深化文化體制改革的若干意見』을 발표하고, 중공 중앙이 全國文化體制改革工作會議를 개최하는 등의 활동으로 이어졌다.

중앙위원회 제5차 전체회의, 2000년 10월 9~11일)는 문화산업을 국가 발전 전략의 하나로 열거하였다. 공익적 사업과 수익성 문화산업을 구분하고 문화에 대한 깊이 있는 이해를 바탕으로 당의 문화 건설 이론에 중대한 돌파구를 마련하였다. 그 후 정부는 인민의 기본 문화 권익을 보장하고 지원했으며, 도시와 농촌의 공공 문화 서비스 체계의 확충에 노력했으며, 문화 자원을 함께 건설하고 함께 향유할 수 있도록 하여 文化民生을 개선했다. 국유 경영 위주의 문화 사업 기구를 기업 모델로 바꿔 문화 시장의 주체가 되도록 하고, 정부의 역할을 바꿔 정부와 기업, 관리 감독과 사업 주체를 분리하여 문화산업의 생산력을 확대한다. 후진타오(胡錦濤) 동지는 **사회주의 문화강국을 주장하면서 반드시 중국적 사회주의 문화 발전의 길을 걸어가야 한다고 강조**했다. 당의 十七屆六中全會(2011년 10월 15~18일)에서 『關于深化文化體制改革推動社會主義文化大發展大繁榮若干重大問題的決定』을 발표하고 **사회주의 문화강국 건설의 목표를 제시**하였다. 개혁개방 시기, '五講四美三熱愛'의 활동이 文明城市, 文明村鎮, 文明行業을 새로이 일으켜 세우는 활동을 이끌었다. (有理想, 有道德, 有文化, 有紀律의) **'四有'公民, 公民道德의 배양에서부터 사회주의의 핵심 가치를 건설하는 데 이르기까지 문화 사업과 문화산업 두 개의 바퀴를 굴려 발전하였고 중국 특색 사회주의 문화의 풍성한 결과**를 이끌었다.[19]

19 歐陽雪梅, 2019, 「新中國70年社會主義文化建設及其經驗」, 『光明日報』, 2019年 7月10日 11版. 문화 정책에 관한 공산당의 입장은 中共中央黨史和文獻研究院 編, 2017, 『習近平關于社會主義文化建設論述摘編』을 참조. 오우양쉬에메이(歐陽雪梅)는 후난 출신의 역사학자이다. 현재 중국사회과학원 當代中國研究所 연구원으로 『當代中國文化』(當代中國系列叢書, 五洲傳播出版社, 2014) 등을 출판했고, 관련 문장으로 「改革開放40年中國文化建設的成就」, 『國家行政學院學報』, 2018年 第6期 등 중국공산당의 문화 정책과 관련한 다수의 글을 발표하였다.

중국공산당이 견지해온 중국적 사회주의 모델은 개혁개방으로 큰 변화를 겪은 것처럼 보이지만 실상 중국 사회는 현재도 사회주의 혁명의 한가운데 놓여 있다는 점에서 근본적인 변화는 없다. 개혁개방 시대 국가 발전 전략의 하나로 중시되고 있는 문화산업 육성, 중국적 선진문화의 구축과 확산이라는 노선이 추구하는 방향도 결국 중국적 사회주의의 실현을 위한 전략의 하나다. 20세기 초 공산 사회주의 혁명 이론과 함께 중국에 밀려든 '전반서화론(全般西化論)', '민족허무주의(民族虛無主義)'가 1990년대 중국 사회에서 다시 고개를 들고 있다고 개탄했던 양정인(楊政銀)은 민족 없는 중국적 사회주의 현대화는 실현 불가능하며, 풍부한 중국 고대문화 자원과 5천 년 문명이 응집된 전통의 우월함으로써 중국적 사회주의 현대화가 실현될 수 있다고 강조했다.[20] 화하(華夏)를 중화(中華)의 핵심으로 인정하는 순간 중화의 포용성은 현대 중국을 구성하는 모든 민족으로 확대된다. 다만 모든 민족의 역사와 전통은 고대 중국의 역사 전통과 어떤 방식으로든 연결되고 종속되어야 한다. 그것이 중국적 사회주의의 나아갈 방향이다. 결국 경제 발전과 대외개방적 국가 체제로의 전환점에 선 당과 중국 정부는 민족문화대구건설과 잇따른 여러 문화 정책을 통해 중국적 사회주의 현대화를 위한 민족문화의 나아갈 방향을 제시하고 소수민족 스스로 그것을 체화할 수 있는 점진적이면서 과감한 기회를 제공하기에 이르렀다. 사회주의 선진문화 속에 자리할 각 민족의 역사와 문화의 모습과 인민 대중이 수용할 수 있는 민족문화의 형상이 곳곳에서 모습을 드러내기 시작한다.

---

20 楊政銀·田光輝·宗太慶, 1991, 「走向世界的民族文化: "貴州民族文化走向世界討論會"綜述」, 『貴州文史叢刊』, 1991年 第1期, 153쪽.

III. 초원문화연구공정을 통한 내몽골 문화산업 기반 구축

2002년 민족문화대구건설에 대한 논의를 시작한 이래 내몽골자치구에서는 관광업 활성화를 위한 문화상품 개발에 박차를 가하게 된다. 그 첫 번째 사업이 초원문화공정(草原文化工程)이었다. 다른 지역과 구분되는, 내몽골을 대표할 수 있는 문화상품이어야 했기 때문에 자연환경에서는 '초원', 생산 방식에서는 '유목', 역사적으로는 '몽골제국(元朝)'이 키워드로 등장했다.

2004년 7월에 시작되어 3기에 걸쳐 사업이 추진되었는데 1기(2004~2007), 2기(2008~2011), 3기(2012~2014)로 나뉘어 진행된 사업의 주요 내용은 북방 초원문화의 문화적 의미를 탐구하고 이를 바탕으로 이론적 기초를 마련함으로써 초원문화를 하나의 학문 영역으로 자리매김하고자 하는 것이었다. 독자 학문 영역으로서 초원문화를 연구하는 인재를 양성하고 이들을 통해 초원문화 이론과 내용을 널리 보급함으로써 내몽골의 주민에게는 물론 국내외적으로도 내몽골의 이미지를 디자인하고 각인시키자는 것이다.

초원에서 출발한 여러 정권이 중국의 역사에 지울 수 없는 족적을 남긴 이상 선사와 역사시대를 넘나드는 초원의 역사를 중국의 역사로 널리 포용함으로써 중화 문명의 구성 요소로서 초원문화의 위상을 정립하자는 것이다. 초원문화연구공정이 초원과 중원의 역사적 관계 설정에서 비롯될 수밖에 없는 이유이다. 일찍이 국내 학자로서 이평래는 초원문화연구공정이 "문화적 측면에서의 중국화"라고 정의하면서 초원문화공정에서는 황허, 창장 문화와 더불어 초원문화가 중화 문명의 3대 구성 요소라고 하였으며 더 나아가 북방 초원문화 자체가 가까이는 황허 멀리는 창장의 고대문화와 연결되어 문화적 융합 과정을 거쳐 형성된 것임을 강조하고 있다고 보았다.[21]

우톤잉(吳團英)은 민족문화대구건설, 초원문화연구공정 등 내몽골 문화 정책을 이끌고 있는 당사자로서 그간의 강연록을 모아 『초원문화강연록(草原文化講演錄)』을 출간하였다. 초원문화에 대한 다양한 이론, 초원문화의 특징, 유목문화와 초원문화의 관계와 포괄성 등을 논함으로써 초원문화는 시종일관 중화 문화의 큰 구조 안에서 발전해왔음을 강조하였다. 이로써 초원문화가 자치구의 문화 건설 사업의 핵심이며 민족문화강구건설의 학문적 토대를 마련하고 있다고 했다.[22]

초원문화연구공정을 주도한 것은 내몽골자치구 정부와 내몽골사회과학원이었다. 내몽골사회과학원의 공식 자료에 의하면 2001년 민족문화대구건설 논의가 시작되던 즈음 이미 초원문화 연구를 위한 조직이 필요함을 인식하였고 초원문화가 중화 문화 발전 과정에서 어떤 역할을

21 이평래, 2014, 「초원공정, 문화라는 이름의 다목적 공정」, 『중국의 변강 연구』, 동북아역사재단, 276쪽.

22 우톤잉(吳團英, 1957~)은 헤이룽장 출신 達斡爾族으로 內蒙古自治區人大常委會副主任, 中國蒙古學學會長으로 유목문화공정, 북부변강역사와 현상공정 등 다양한 국책 사업을 이끌고 있다. 관련 대표 저작으로 吳團英, 2016, 『草原文化講演錄』, 遠方出版社; 吳團英 · 馬永眞 · 包雙龍, 2006, 『文化內蒙古』 3冊, 內蒙古教育出版社 등. 『草原文化講演錄』의 마지막 부분을 구성하고 있는 「中華一體多元共存不容破壞」, 「弘楊草原文化 構建和諧社會: 首屆中國草原文化高層論壇綜述」 등의 문장에서 초원문화의 의미와 위치를 분명히 하고 있다. 참고로 유목문화, 초원문화라는 용어는 내몽골을 대표하는 용어로 일찍이 사용되고 있었고, 초원과 유목을 통해 이 지역을 소개하고자 하는 대중서의 발간은 이미 1990년대 내몽골 바깥 지역에서 보인다. 邢莉, 1995, 『遊牧文化』, 北京燕山出版社; 邢莉 · 易華, 1998, 『草原文化』, 遼寧教育出版社. 후자는 中國地域文化叢書(총 24책) 중 일부로 출간되었다.

수행했는가 하는 점을 밝히는 작업이 중심이 되어야 한다고 보았다. 초원문화의 오랜 역사 전통, 다양한 민족이 공통으로 창조한 문화, 중원의 문화와는 달리 다양한 민족이 초원문화 형성에 참여했다는 점. 황허, 창장 유역 문화와 다양한 연결고리를 갖는 중화 문명의 구성 요소로서 초원문화학이 독자 학문 분야로 자리 잡을 필요가 있음을 강조했다. 이에 2004년 7월에 초원문화연구공정을 본격화하면서 2006년부터 〈초원문화연구총서(草原文化硏究叢書)〉를 발간하기 시작했고, 초원문화학 성립에 박차를 가했다.[23]

그 결과 초원문화연구공정에 대해 학계는 물론 대중적 관심을 확산시키기 위해 2004년 8월 후흐호트시(呼和浩特市)에서 여러 행사가 거행되었다. 첫째는 중국·내몽골초원문화절(이하 초원문화축제)이며, 둘째는 중국·내몽골초원문화연토회이다. 초원문화축제, 초원문화연토회의 순서로 간략히 행사의 시작과 의미를 서술해보겠다.

초원문화축제는 2004년 제1회 행사를 시작으로 매년 개최하여 2020년 8월 제17회 행사를 앞두고 있다. 대중적 축제인 만큼 이 행사 기간에는 우표 모으기 대회, 서화전, 모델 선발 대회, 패션쇼 등 몽골 전통문화와는 별 관계가 없어 보이는 내용도 포함하고 있어 이 행사가 초원문화에 대한 시민 대중의 관심을 독려하기 위한 것임을 알 수 있다. 이러한 행사의 지속가능성을 확보하기 위해 기업과 시민이 참여하는 내몽골초원문화보호발전기금회가 2006년 4월 설립되었다.[24] 시민과 기업

---

23 http://www.nmgass.com.cn/content.html?id=2465(내몽골사회과학원, 2011년 5월 13일).

24 內蒙古草原文化保護發展基金會에 대해서는 http://www.gccd.org.cn/nmzx/jjh.asp를 참조. 내몽골초원문화보호발전기금회는 2006년부터 정식 활동을 시작하였

이 정부 정책을 후원할 수 있는 공간을 마련한 셈인데 내몽골을 대표하는 여러 기업이 이를 후원하고 있고 내몽골 문화·관광 산업이 초원문화 공정과 긴밀히 연결되어 있음을 보여주는 예라고 하겠다.

축제 기간에는 다양한 공연예술이 시민과 만나게 되는데 이 중 몇 가지를 소개하면 다음과 같다. 후흐호트시 올란대극장(烏蘭恰特, 자치구 성립 60주년 기념극장)에서 거행된 15회 초원문화축제 행사에서는 '올란모치르(烏蘭牧騎)'[25]의 신작이 발표되었고, 16회 초원문화축제 행사에서는 경극 「대성괴(大盛魁)」가 상연되어 관심이 집중되었다. 올란모치르는 1957년 저우언라이(周恩來) 총리와 올란 후(우란푸, 烏蘭夫) 내몽골자치구서기(內蒙古自治區書記)의 구상으로 성립된 사회주의 선전 활동 단체이다. 2017년 60주년을 맞이하여 대대적인 축하 활동을 거행했고 신중국 성립 초기의 사회주의 국가 건설의 열정을 현재까지 이어오고 있음을 강조하고 있다. 다양한 단계의 중국 사회문화가 소수민족 지역에서는 어떤 모습으로 존재하는지 살펴볼 수 있다.

「대성괴」는 후흐호트시, 올리아스타이(烏里雅蘇台), 홉드(科布多) 등지

고, 민간기구로서 초원문화 확산과 다양한 초원문화 보존을 위한 후원을 하고 있다. 홈페이지를 통해 초원문화 전반에 대한 지식을 전달하고 다양한 문화 활동, 관광 정보 등을 제공하고 있다. 2018년부터는 내몽골 에너지 산업을 후원하기 위해 內蒙古國際能源大會를 鄂爾多斯에서 매년 8월 개최하고 있다.

25 올란모치르(烏蘭牧騎)는 內蒙古 유목, 반농반목 지역의 주민들에게 사회주의 문화를 보급하기 위해 조직된 공연단체이다. 시초는 저우언라이(周恩來)와 올란후(烏蘭夫) 사이에서 필요성이 제기되었고, 1957년 錫林郭勒 蘇尼特右旗에 설치하면서 시작되었다. 조직 초기 이 단체는 9명으로 시작한 소규모였으나 현재는 내몽골 전역에 75개의 올란모치르가 매년 7천 회 이상의 공연을 수행하는 중국을 대표하는 사회주의 선전 활동 단체이다. 2017년 올란모치르 성립 60주년을 맞이하여 올란모치르 단원과 시진핑 서기 사이에 서신 왕래가 이뤄지고 이것이 언론에 공개되면서 사회적으로 크게 주목받았다. 2018년 2월 CCTV에서 올란모치르 성립 60주년 기념 특별 공연을 제작 방송하면서 이 사실을 널리 알리기도 했다.

를 오가며 활동했던 청대 진상(晉商)을 대표하는 상인 집단이다.[26] 초원문화공정이 한창이던 2009년 내몽골자치구 정부, 내몽골방송국(內蒙古電視臺), 위취엔구인민정부(玉泉區人民政府), 오르도스캐시미어그룹(鄂爾多斯羊絨集團), 베이징진상박물관(北京晉商博物館)이 공동 투자하여 장편 TV 연속극으로 제작하였고 그 인기를 몰아 경극(京劇)으로 제작한 후 여러 지역에서 공연을 이어오고 있다. 명·청 시기 몽골 초원에서 활동하던 중국계 상인을 소재로 하여 몽골과 중국 내지의 역사적 관계를 설명할 수 있다는 장점과 함께 극 중 곳곳에서 진상을 통해 중국 내지의 선진문화가 몽골 초원으로 전파된다는 설정을 하고 있어 몽골 근현대사에서도 중화 문명이 초원 지역 발전에 긍정적인 역할을 수행하였음을 강조하고 있다.

다음으로 2004년 시작된 초원문화연토회에 대해서 살펴보겠다. 내몽골사회과학원은 2004~2018년까지 15차에 걸쳐 전국 규모의 학술연토회를 개최하였고 그 결과물로 『논초원문화(論草原文化)』 15집을 출간하였다. 그중 제1차 회의에서 발표되고 『논초원문화』 제1집에 실린 글의 면면을 살펴보면 다음과 같다.[27]

---

26 「大盛魁」는 청대 康熙 연간 준가르 갈단과 전쟁 중에 군량 공급을 위해 몽골과 내지를 연결하여 활동했던 晉商의 활동에서 시작된 商戶이다. 王相卿, 史大學, 張杰 등이 殺虎口에 개설한 吉盛堂에서 시작하여 후에 大盛魁로 개명하였고, 서몽골 烏里雅蘇台를 근거로 러시아와의 교역에 주력하다가 후에 후흐호트로 자리를 옮겨 활동하였다. 가장 번성하던 시기에는 낙타만 2만 두가 넘었다고 전하나 1929년 몽골-러시아 교역이 어려워지자 도산했다. 현재 후흐호트시 玉泉區가 大盛魁의 옛 건물을 복원하여 自治區文物로 보호하고 있다.

27 제1회 초원문화연토회는 2004년 8월 呼和浩特市人民政府, 內蒙古社會科學院, 內蒙古草原民俗文化研究院, 內蒙古大草原乳業集團, 內蒙古日報社, 《北方新報》, 內蒙古電視台 등의 후원 아래 呼和浩特市에서 개최되었다. 연토회 개최 이후 여기에서 발표된 논문을 모아 董恒宇·馬永眞 主編, 2005, 『中國內蒙古第首屆草原文化

〈표 2〉『논초원문화』 제1집에 실린 논문 목록과 저자

연번	주제	제목	저자	저자 소속
1	정치이론	선진문화를 드높이고 민족문화대구를 건설하자[弘揚先進文化 建設民族文化大區(代序)]	陳光林	中共內蒙古自治區省委
2	정치이론	중화 문화 발전사에서 초원문화의 위상과 작용(論草原文化在中華文化發展史上的地位與作用)	內蒙古社會科學院課題組	內蒙古社會科學院
3	정치이론	중국 문화와 세계문화 발전 과정 중 내몽골 초원문화의 위상와 영향(內蒙古草原文化在中國文化和世界文化發展史上的地位和影响)	董恒宇	中國人民政治協商會議內蒙古委員會
4	정치이론	초원문화의 구조적 특징을 논함(論草原文化的建构特征)	歐諾	內蒙古新聞出版局
5	고고	초원문명의 형성과 그 역사적 지위에 대한 시론(試論草原文明的形成及其歷史地位)	王綿厚	遼寧省博物館
6	생태환경	중화 문화의 큰 계통 중 초원문화의 지위와 영향을 논함(論北方草原文化在中華文化大系中的地位及其影响)	烏恩	內蒙古農業大學
7	문화사	초원문명과 內蒙古民族文化大區建設을 논함(論草原文明與內蒙古民族文化大區建設)	何天明	內蒙古社會科學院歷史研究所
8	정치이론	중화 문명에 대한 초원문화의 역사적 공헌(草原文化對中華文明的歷史貢獻)	潘照東	內蒙古社會科學院
9	정치이론	초원문화를 논함(論草原文化)	寶力格, 盛明光, 黃金	內蒙古社會科學院

研討會論文集』, 內蒙古敎育出版社로 발간하였다. 제5회를 맞이한 2008년 연토회부터는 馬永眞·王學儉·錢榮旭 主編, 『論草原文化』로 이름을 바꿔 2009년 第5輯으로 內蒙古敎育出版社에서 출간하여 제15집까지 출간되었다. 그러나 「中國知網」에서는 제9집까지 검색이 가능하다. http://new.gb.oversea.cnki.net.libproxy.snu.ac.kr/KNavi/DPaperDetail?pcode=CIPD&lwjcode=MNGS200408001&hycode=007305를 참조.

연번	주제	제목	저자	저자 소속
10	문화사, 고고	考古 발굴을 통해 본 몽골 초원문명의 위대한 공헌(從考古發現看內蒙古草原文明的偉大貢獻)	王大方, 張文芳	內蒙古文化廳
11	문화사	몽골 민족 전통문화를 논함: 초원문화의 본질(論蒙古族傳統文化: 草原文化的本體論研究)	烏雲巴圖	內蒙古社會科學院文學研究所
12	문화사	초원문화의 위상과 특징 그리고 정신(略論草原文化的地位, 特色和精神)	賈喜喜	
13	정치이론	역사는 뿌리, 문화는 혼(歷史是根 文化是魂: 寫在內蒙古草原文化節之際)	郝誠之	內蒙古沙産業草産業協會
14	문화사	초원 생태문화에 대한 철학적 사고(對草原生態文化的哲學思考)	格·孟和	內蒙古師範大學
15	문화사	중국 북방 초원문화를 구성하는 복합 생태의 기초를 논함(論中國北方草原文化的複合生態基礎)	葛根高娃	內蒙古社會科學院
16	문화사	초원 생태환경과 북방 유목민족 음식문화의 관계를 논함(論草原生態環境與北方游牧民族飮食文化的關系)	張景明	大連大學美術學院
17	고고	包頭 출토 '單于天降'과 '單于和親' 瓦當(包頭出土的"單于天降"和"單于和親"瓦當)	張海斌	包頭博物馆
18	문학	난세 초원의 영웅: 『몽골비사』 중 자무카에 대한 새로운 해석(亂世草原英雄本色: 《蒙古秘史》札木合形象的重新定位)	王素敏	
19	문헌학	『中國蒙古文古籍總目』: 몽골 민족 역사 문화의 정화(《中國蒙古文古籍總目》: 蒙古族歷史文化的薈萃與見證)	申曉亭	中國國家圖書館
20	문화이론	현대 예술론 중 초원문화의 의의(論當代藝術話語中的草原文化內涵)	李樹榕, 木蘭, 葛根珠崗	內蒙古大學
21	음악학	모린호르 음악과 몽골 초원문화(馬頭琴音樂與蒙古族草原文化)	李紅梅	

연번	주제	제목	저자	저자 소속
22	경영학	초원문화자본의 개발과 이용(略論"草原文化資本"的開發利用)	王忠民	西北大學
23	경영학	초원문화와 내몽골 문화산업 발전 전략 분석(草原文化與內蒙古文化產業發展戰略分析)	海峰	武漢大學
24	정치이론	과학적 문화발전관을 견지하여 민족문화산업의 발전을 가속화함(堅持科學的文化發展觀 加快民族文化產業的跨越式發展)	王利俊	內蒙古建築職業技術學院
25	산업경영	내몽골 피혁 공예의 현대 산업화(把內蒙古皮革工藝美術業建設成現代文化產業)	趙彥錚	
26	관광문화	초원문화를 발전시켜 우리 지역 경제 건설을 번영시키자(發展草原文化 繁榮我區經濟建設: 蒙古族文化是內蒙古旅游文化的精髓)	寶音滿達胡	內蒙古旅遊局
27	문화이론	민족문화대구를 건설하고 문물건축 등 문화유산을 보호하자(建設民族文化大區 保護開發文物建筑文化遺產)	郭朝洪, 海紅	內蒙古科技與經濟雜誌社, 內蒙古科學技術委員會
28	정치이론 행정학	초원문화의 꿈을 널리 알려 전파하자(弘揚和傳播草原文化的遐想)	王玉希	內蒙古管理幹部學院
29	정치이론	초원문화의 발전을 위한 이론적 기초를 충실히 하자: 초원문화연토회를 마치며(爲發展草原文化打好理論基礎: 內蒙古草原文化研討會綜述)	張志華	內蒙古師範大學

앞에서 볼 수 있듯이 초원문화연토회는 몽골의 역사, 문화, 예술에 대한 본격적인 연구보다는 초원문화 이론을 심화시킬 수 있는 주제에 집중하고 있다. 매년 연토회를 거듭하면서 장성(長城)과 초원의 관계, 황허문명과 초원의 관계, 내몽골 선사 문화와 중원의 관계, 오르도스 등 내몽골 특정 지역의 역사나 문화를 다루는 등 다양한 연구가 지속되고 있

으나 다수를 차지하는 것은 역시 초원문화 이론 관련 논문이다.[28]

초원문화연구공정 초기부터 그 필요성을 언급했듯이 관련 업무를 수행하기 위해 2005년 5월 내몽골사회과학원에 초원문화연구소를 설치하였다. 자치구 정부는 '내몽골자치구 국민경제와 사회 발전 제12개 5년 계획(內蒙古自治區國民經濟和社會發展第十二個五年規劃綱要)'을 반포하여 초원문화학을 몽고학 등과 함께 자치구 철학사회과학 분야 중점 학문 분야로 지정하고 이를 수행할 조직으로 초원문화연구소를 둘 수 있는 법적 기반을 마련했다.[29]

이 연구소는 이후 '초원문화연구공정'은 물론 '중국북부변강역사와 현상연구공정', '내몽골민족문화건설연구공정' 등을 이끌고 있으며 그간 『초원문화개론(草原文化概論)』, 『몽고족문화연구(蒙古族文化研究)』, 『홍산 제 문화와 북방 유목민족 원시종교 비교연구(紅山諸文化與北方遊牧民族原始宗教比較研究)』, 『몽골족호한가연구(蒙古族好漢歌研究)』, 『몽골족

---

28 내몽골 초원과 長城의 문화적 관계에 대해 陶玉坤, 2006, 「長城與中國文化地理」, 董恒宇·馬永眞 主編, 『中國內蒙古第二屆草原文化研討會論文集』, 內蒙古教育出版社를 참조. 해당 논문집 외에도 張海斌, 2000, 「包頭境內的戰國秦與古城與古城」, 『內蒙古文物考古』, 2000年 第1期; 薛瑞澤, 2010, 『秦漢魏晋南北朝屆河文化與草原文化的交融』, 科學出版社 등을 참조. 초원과 중원 문화의 관계에 대해 李紅梅, 2006, 「黃土文化與草原文化的完美結合: 淺談二人臺音樂中蒙漢文化交融」, 董恒宇·馬永眞 主編, 『中國內蒙古第二屆草原文化研討會論文集』, 內蒙古教育出版社; 王利俊·王東輝, 2008, 「"和文化", 草原文化的核心價値: 兼論呼和浩特市昭君文化的當代意義」, 董恒宇·馬永眞 主編, 『中國內蒙古第四屆草原文化研討會論文集』, 內蒙古教育出版社 등을 참조. 초원문화 이론과 관련하여 內蒙古社會科學院草原文化研究課題組 명의로 여러 편의 초원문화 이론과 실제를 다룬 글을 『論草原文化』에 발표하였다.

29 2013년 7월 『內蒙古自治區志·社會科學志』 중 「蒙古學」을 별도의 章으로 구성하고, 또 다른 「文化學研究」 章에 '草原文化研究'節을 마련하여 관련 내용을 수록했다. 이는 초원문화가 독자 학문으로서 지위를 차지하게 되었음을 의미한다.

현대시가연구(蒙古族現代詩歌硏究)』, 『초원과 공존하기: 하르간트초원의 생태인류학연구(與草原共存: 哈日干圖草原的生態人類學硏究)』, 『몽골족 오보제사의 문화정체성연구(蒙古族敖包祭祀的文化認同硏究)』, 『홍키라드부족사(弘吉剌部族史)』 등 20여 권의 학술서적과 400여 편의 논문을 발표하였다. 이러한 학술서적의 대부분은 〈초원문화연구총서〉로서 내몽골교육출판사(內蒙古教育出版社)에서 발행되었으며[30] 그 외에도 〈초원문화연구논총〉 2집, 『초원문화연구자료선편(草原文化研究資料選編)』 12집,[31] 『초원문화와 문학예술논총(草原文化與文學藝術論叢)』[32] 등이 발간되었다.

이러한 내몽골사회과학원의 초원문화 연구는 주변 학술기관에도 영향을 미쳐 다양한 활동이 함께 전개되었다. 예를 들어 내몽골대학의 경우 '역사관광문화학원(歷史與旅遊文化學院)' 아래 내몽골대학 초원문화유산연구센터(內蒙古大學草原文化遺産研究中心)를 설치, 운영하였고 같은 대학 출판사에서는 2008~2009년 사이 〈초원문화심종총서(草原文化

30 http://www.nmgass.com.cn/content.html?id=670(내몽골사회과학원, 2017년 10월 31일).
http://www.nmgass.com.cn/content.html?id=3169(내몽골사회과학원, 2020년 3월 30일).
張景明, 2006, 『草原飲食文化研究』; 那木吉拉, 2006, 『草原圖騰文化研究』; 白紅梅, 2006, 『草原那達慕文化研究』; 呼日勒沙, 2007, 『草原文化區域分布研究』; 毅松·塗建軍·白蘭, 2007, 『達斡爾族鄂溫克族鄂倫春族文化研究』; 陶克套, 2007, 『草原文化與現代文明研究』; 朋·烏恩, 2007, 『蒙古族文化研究』; 塔拉, 2007, 『草原考古學文化研究』; 扎格爾, 2007, 『草原物質文化研究』; 『草原文化史論』, 內蒙古教育出版社, 2007 등. 이러한 초원문화 관련 연구가 활성화되면서 다양한 분야에서 초원문화와 연결된 연구 성과가 나오고 있다. 徐慧賢, 2017, 『草原文化與社會結構變遷視覺下牧區民間金融發展』, 經濟管理出版社 등.

31 牛森 主編, 2005, 『草原文化研究資料選編』, 內蒙古教育出版社.

32 巴特爾 主編, 2012, 『草原文化與文學藝術論叢』 第6輯, 內蒙古人民出版社.

尋踪叢書)〉를 발간했다.[33] 각 지역별로도 초원문화 관련 총서가 발간되었는데 스칭하이(史淸海)의 『초원힐영(草原擷英)』(2014)이 〈실린골맹 초원문화연구총서(錫林郭勒盟草原文化硏究系列叢書)〉로 내몽골과학기술출판사(內蒙古科學技術出版社)에서 출판되었다.

이상에서 언급한 학술활동 이외에 사회과학원과 초원문화연구소의 노력으로 2005년부터 매년 9월 6일을 초원문화유산보호일(草原文化遺産保護日)로 지정하여 유·무형의 문화재 지정과 보호를 위한 법률 제정, 민간의 보호 노력 등을 이끌게 되었다. 또한 내몽골방송국과의 협업으로 「초원문화의 핵심 이념(草原文化的核心理念)」 5집, 「역사의 흔적: 초원문화의 역사적 공헌(歷史的足跡: 草原文化的歷史貢獻)」 5집 등을 제작하였으며 방송국은 2004년 5월 1일부터 「하늘빛 고향(蔚藍的故鄕)」이라는 프로그램을 통해 초원문화의 전파에 노력하고 있다. 현재 방송국 홈페이지에 관련 프로그램을 소개하는 「초원문화」 메뉴가 첫 화면에 드러나 있는 점도 흥미롭다.[34]

이상의 내용에서 초원문화연구공정이 현대 중화인민공화국의 일부로서 내몽골의 정치적 위상을 제고하는 것은 물론 역사, 문화적으로도 중원과 초원이 오랜 유대관계를 유지하고 공통의 문화를 형성해왔음을 조심스럽게 탐색하고 내몽골 사회 각계각층에 확산시키려는 노력을 기울

33 〈草原文化尋踪叢書〉로 발간된 책으로는 孫建華·楊星宇, 2008, 『大遼公主: 陳國公主墓發掘紀實』; 楊澤蒙, 2008, 『遠祖的傾訴: 鄂爾多斯青銅器』; 劉兆和, 2009, 『日落黑城: 大漠文明搜尋手記』; 黃雪寅, 2008, 『追夢中原: 從嘎仙洞到龍門石窟的鮮卑人』; 苗潤華·杜華, 2008, 『草原佛聲: 蒙古地區黃教第一寺美岱召記』 등이 있으며, 歷史與旅遊文化學院 교수 장지우허(張久和) 등이 『草原文化史論』, 內蒙古教育出版社, 2007을 출간하였다.

34 內蒙古網絡廣播電視臺 騰格里網, http://www.nmtv.cn/를 참조.

이고 있음을 파악할 수 있었다. 또한 이는 내몽골 주민에게뿐만 아니라 내몽골 외부의 중국 사회에도 북강(北疆)을 각인시키는 효율적인 방법이 아닐 수 없다. 필자는 초원문화연구공정을 정리하는 과정에서 몽골 초원과 황허 문명 사이의 관계를 분리하지 않고 그 자체로 한 덩어리였음을 강조하는 분위기를 읽을 수 있었다.

오랜 역사를 관통해 몽골을 대표해온 유목문화는 이제 내몽골 초원문화의 일부로 위치하게 되었다. 유라시아 동서를 관통하는 초원의 길, 그 주변의 유목사회와는 구별되는 내몽골만의 초원문화가 존재한다는 것이다.[35] 유목문화는 초원문화의 일부라고 주장하거나 중원과 내몽골 초원의 오랜 역사적 유대감을 강조하는 우톈잉의 논술이 지향하는 방향은 바로 여기에 있다.[36] 물론 2002년 초창기부터 의도했던 것인지 분명하지는 않지만 현재 일대일로(一帶一路) 프로젝트가 활성화되고 경제협력이 진행되는 상황에서 우톈잉이 제시한 초원문화 이론은 분명 중앙정부의 변강 정책을 충실히 뒷받침하면서 유라시아의 초원보다는 중원에 연결된 내몽골의 초원문화를 확립해가고 있다.

여기에서 우리는 과거 초원과 중원이 대체로 격리되어 있었고 장성이 그 경계의 역할을 해왔으며 때로 중원을 넘보던 북방의 정권도 결국 문화적 열세 때문에 한화되었다는 전통적 역사 해석에 근본적인 시각의

---

35 내몽골사회과학원에서는 초원문화연구공정과는 별도로 유라시아 초원의 길, 실크로드와 관련해 중국 정부가 강력히 추진하고 있는 一帶一路 프로젝트가 따로 추진되고 있다. 일대일로 프로젝트의 추진을 위해 2008년 7월 개소한 俄羅斯與蒙古國研究所의 명칭을 內蒙古'一帶一路'研究所로 개칭하고 2012년부터 內蒙古中長期經濟社會發展研究工程을 추진하고 있다. 여기에서 몽골과의 경제협력 관계 확대, '草原絲綢之路經濟帶' 건설을 위한 사업이 진행되고 있다. http://www.nmgass.com.cn/content.html?id=3173를 참조.

36 앞의 주 19를 참조.

변화가 발생하였음을 인지하게 된다.

추보(儲波)는 내몽골 지역의 역사가 여러 시대를 거쳐 중원의 문화와 한 덩어리가 되어 발전해왔음을 지적하였다. 근현대의 혁명사는 물론이고 선사시대 역사·문화에서도 같은 시각에서 논의를 전개하였는데 핵심은 농경과 유목문화가 서로 만나 융합된 지역이라는 것이다. 내몽골 선사 문화를 대표해온 홍산문화[紅山文化, 현재 츠펑(赤峰), 차오양(朝陽) 지역], 대요문화[大窑文化, 후흐호트시 동쪽 33킬로미터에 있는 바오허샤오향(保合少鄕)], 하투문화(河套文化), 닝샤 허란산 동쪽 샤르오스강(寧夏 賀蘭山 東 薩拉烏蘇河 연안), 하가점문화(夏家店文化, 현재 츠펑시 쑹산구(赤峰市 松山區), 주개구문화[朱開溝文化, 현재 오르도스(鄂爾多斯)]가 농경과 유목의 혼합 문화에서 발전했다는 것이다.[37] 이는 곧 황허 유역의 선사 문화와 유사한 경제 형태를 유지하여 서로 접점이 존재함을 지적한 것이다. 또한 백악기의 차간노르(查干諾爾) 공룡 화석에는 아시아제일공룡(亞洲第一恐龍), 흥륭와유지[興隆洼遺址, 내몽골자치구 츠펑시 아오한기 바오궈투향향(赤峰市 敖漢旗 寶國吐鄕) 신석기 유적)]에는 화하제일촌(華夏第一村), 홍산문화 웡뉴트기(翁牛特旗) 산싱탈(三星塔拉) 가차촌(嘎查村)에서 출토된 벽옥룡(碧玉龍)에는 중화제일용(中華第一龍 또는 天下第一龍), 요 상경(遼 上京)과 중경(中京) 유적에는 초원제일도(草原第一都)라는 별

37 2013년 3월 19일 내몽골사회과학원이 주최한 초원문화학술좌담회에서는 "무엇이 초원문화인가?", "초원문화학의 이론과 근거", "초원문화의 대표적 저작과 저자들", "초원문화의 개념, 범주와 발전 양상", "紅山, 大窑, 薩拉烏蘇, 河套, 昭君文化와 초원문화의 관계와 한계" 등을 논하면서 본문에서 다뤘던 선사문화의 농목 융합적 요소와 함께 昭君文化를 초원문화의 중요한 요소로 열거하고 있다. 즉, 漢代 匈奴로 下嫁했다고 알려진 王昭君의 고사를 역사적 사실로 인지하고 漢과 흉노 사이에 이뤄졌던 민족 융합의 모범적 사례로 삼고자 하였다. http://www.nmgass.com.cn/content.html?id=2464를 참조.

칭을 붙여 초원 남부의 여러 역사 유적이 중화 문명의 구성 요소임을 강조하고 있다.[38]

과거 초원의 역사는 곧 북방 유목민족의 역사이며 때로 중국사에 심대한 영향을 미치는 것으로 이해되었다. 물론 심대한 영향이란 막강한 군사력을 앞세워 황허 유역을 근거로 몇 개의 왕조를 구성하여 중국사의 일부를 구성하였다는 점을 일컫는다. 그러나 하나같이 문화적으로 낙후해서 중화 문명에 흡수되어 그 독자성을 상실했다는 것이 공통된 의견이다. 룩·콴텐은 이를 정복 왕조라고 일컫기도 했지만, 이 또한 초원의 정치 세력이 중화 세계에 흡수됨을 전제로 한다는 점에서 다르지 않다. 위와 같이 농경사회 우위의 역사 전개를 당연시하는 입장은 황허 유역에만 국한되지는 않으며, 동서로 길게 뻗은 초원지대의 남북에서는 농경과 유목 세계의 오랜 접촉, 갈등, 융합의 과정이 지속되었다. 이에 대해 문화사 전공자인 자오린(趙林)은 거시적 관점에서 기원전 15세기에서 기원후 15세기까지 유라시아 초원지대와 농경지대가 크게 세 차례에 걸쳐 갈등과 융합의 과정을 거쳤다고 지적하였다. 지역에 따라 차이가 있기는 하지만 지중해 동부, 이란 고원, 인도 북부, 황허 유역에 이르기까지 북방 초원 세계의 침입과 농경 문화의 확장이 이뤄졌다고 보았다.[39]

이러한 논의는 정주(농경)와 유목 사회가 역사적으로 어떠한 상호작용을 해왔는가 하는 거시사의 오랜 관심 분야 중 하나였다. 물론 결론

---

38 儲波, 2004,「加快文化發展建設民族文化大區」,『求是』, 2004年 第10期, 39쪽.

39 趙林, 2002,「農耕世界與遊牧世界的衝突融合及其歷史效應」,『武漢大學學報(人文版)』, 2002年 第6期, 700~706쪽. 자오린은 3차에 걸친 북방 유목국가의 남하가 첫째는 기원전 2000년 무렵 인도 아리안계의 남하, 둘째는 동유럽에서 활동한 훈(Hun)을 포함하는 흉노의 활동, 셋째는 돌궐, 위구르, 거란, 여진으로 연결되는 몽골의 활동에서 비롯되었다고 보았다.

적으로는 농경사회가 이룩한 문명이 점차 확산되면서 '화외지지(化外之地)'가 문명의 영역으로 흡수된다는 논리를 펴고 있으니 농경과 유목의 대립, 농경에 의한 유목의 흡수라는 점을 강조하고 전통적인 농경사회가 곧 인류 문명의 선구자라는 입장을 취하고 있는 셈이다. 즉, 중화주의적 역사관이 세계사의 큰 흐름과 다르지 않음을 확인하는 작업이라고 할 수 있다. 이러한 농경문화 위주의 거시적 관점에서 볼 때 내몽골의 초원문화는 분명 농경 중심의 황허 남부 '중원'에 문화적으로 병합되어 화하(華夏)의 일부가 되었다고 이해될 수도 있었다. 그러나 초원문화 연구공정에서 제시한 초원문화는 유목과 정주 사회에 대한 역사학계의 오랜 논의에서 내몽골을 조금은 다른 영역으로 설정하였다. 유목이라는 독자성을 유지하면서도 역사적으로는 농목이 혼재했던, 동시에 중원과의 문화적 유대감을 완전히 상실한 적도 없고, 심지어 화하의 주요한 근원 중의 하나인 곳이 바로 내몽골이다. 여기에서 우리는 내몽골 너머의 초원 세계와 분리된 내몽골 역사 문화의 정체성을 보게 되는데 이는 과거 오랫 동안 농경사회 중심의 흡수 이론이 이루지 못한 성과가 아닌가 한다.

Ⅳ. 민족문화건설연구공정: 민족문화대구에서 민족문화강구로

1. '북부변강역사와 현상연구' 사업과의 관계

초원문화연구공정이 사업 후기로 접어든 2010년 8월 내몽골사회과학원은 중국사회과학원 중국변강연구소와 함께 국가사회과학기금의 후원을 받아 '북부변강역사와 현상연구(北部邊疆歷史與現狀研究)' 사업을 시작했다.[40] 500여 명의 중국 국내외 연구자가 투입되어 9년이 넘는 기간 동안 사업이 진행되었는데 그 결과물은 〈북부변강역사와 현상연구문고(北部邊疆歷史與現狀研究文庫)〉로 출간되고 있다. 대략 2020년 3월까지 40여 권이 내몽골대학출판사와 광시사범대학출판사(廣西師範大學出版社)에서 출간되었고, 나머지 60여 권은 출판을 앞두고 있다. 그중 대표적인 연구 성과를 소개하면 다음과 같다.

『청대흠차주고륜판사대신아문당안당책회편(淸代欽差駐庫倫辦事大臣衙門檔案檔冊匯編)』 20권은 몽골국 국가당안총국(國家檔案總局), 몽골국 과학원 역사고고연구소, 중국사회과학원 중국변강연구소, 내몽골사회과학원이 공동으로 영인 출간한 자료집이다. 몽골, 만주, 한문, 러시아

40 http://www.nmgass.com.cn/content.html?id=3165를 참조.
사업 전반에 대해 烏恩特, 2011, 「國家社科基金特別項目《北部邊疆歷史與現狀研究》」, 『內蒙古年鑒』, 遠方出版社를 참조. 같은 해인 2010년 중국사회과학원에서는 邊疆中國歷史與現狀研究를 시작하여 〈中國邊疆研究文庫〉를 黑龍江教育出版社에서 발간했다. 2012~2015년에 걸쳐 『奉使俄羅斯日記·出塞紀略·從西紀略』(2014), 『西盟會議始末記·偵蒙記·征蒙戰事詳記』(2014), 『口北三邊志』(2015) 등 100권의 책을 출간하였다. 전체 목록은 https://www.douban.com/note/648815879/를 참조.

문자로 기록된 8,870권에 달하는 사료로 1758년(건륭 23)에서 1911년(선통 3) 사이의 기록을 담고 있다.[41]

몽골 부족사 연구로 『투메사(土默特史)』, 『논호르친사(嫩科爾沁史)』 등이 출간되었는데 국가 사업으로 몽골 부족사가 채택된 것은 이번이 처음이라고 한다.[42] 다고르족(達斡爾族) 문학 연구 시리즈로 『다고르족문화변천연구(達斡爾族文化變遷研究)』, 『다고르족문학연구총서(達斡爾族文學研究叢書)』, 『다고르족소설연구(達斡爾族小說研究)』, 『다고르족산문연구(達斡爾族散文研究)』, 『다고르족보고문학 및 희극문학연구(達斡爾族報告文學及戲劇文學研究)』[43] 등도 출간되었고 내몽골 지역 조사 사업으로 〈내몽골농촌목구가차촌현상추양조사총서(內蒙古農村牧區嘎查村現狀抽樣調查叢書)〉 시리즈,[44] 주제사로 『유목행국체제와 왕조번속호동연구(遊牧行國體制與王朝藩屬互動研究)』, 『청대수원성: 팔기주방연구(清代綏遠城: 八旗駐防研究)』, 『감입식호동: 청대몽고입장오다연구(嵌入式互動: 清代蒙古入藏熬茶研究)』 등 변강사(邊疆史) 관련 연구서도 다수 출

---

41 厲聲 · 畢奧男 · 烏蘭巴根 · 阿拉騰奧其爾 · S.楚侖 · D.烏力吉巴圖爾 · A.奧其爾 · N.崗巴特 主編, 2017, 『清代欽差駐庫倫辦事大臣衙門檔案檔冊匯編』 20권, 廣西師範大學出版社.

42 몽골 부족사 연구로 胡日查, 2018, 『嫩科爾沁史』, 내몽골대학출판사; 曉克 主編, 2018, 『土默特史』, 내몽골대학출판사 등이 있다.

43 다고르(達斡爾族) 관련 연구로 崔榮, 2012, 『達斡爾族詩歌研究』; 李樹新, 2012, 『達斡爾族小說研究』; 『達斡爾族文化變遷研究』; 『達斡爾族文學研究叢書』; 『達斡爾族散文研究』; 『達斡爾族報告文學及戲劇文學研究』 등이 있다. 이상 내몽골대학출판사에서 출판됨.

44 雙寶, 2018, 『內蒙古農村牧區社會結構現狀調查研究』, 내몽골대학출판사; 張敏, 2018, 『內蒙古農村牧區基本公共服務調查研究』, 내몽골대학출판사; 朱檬, 2018, 『內蒙古農村牧區基層社會治理調查研究』, 내몽골대학출판사; 敖仁其 主編, 2018, 『內蒙古農村牧區嘎查村問卷調查數據統計』, 내몽골대학출판사. 참고로 '가차(嘎查)'는 내몽골자치구의 가장 작은 자치 촌락 단위를 일컫는다.

간되었다.[45]

초원문화연구공정이 초원문화의 이론적 기초를 확립하고 이를 근간으로 대중적 확산을 목표로 했다면 '북부변강역사와 현상연구' 사업은 역사, 문헌, 문학, 문화, 사회 조사 등 내몽골 인문사회과학 여러 분야의 학술적 성장을 염두에 둔 학술연구 기반 강화 사업이었다. 이는 물론 2002년부터 시작된 '동북변강역사와 현상 시리즈 연구공정(東北邊疆歷史與現狀系列硏究工程)', '신장역사와 현상 종합연구 프로젝트(新疆歷史與現狀綜合硏究項目)', '서남변강역사와 현상 종합연구 프로젝트(西南邊疆歷史與現狀綜合硏究項目)'의 빈자리를 채운다는 면도 있었지만 2002년 민족문화대구건설논의 이후 내몽골 학술계 전반에 형성된 질적, 양적 팽창의 추세가 이어진 결과이기도 하다. 2013년부터 본격화되는 내몽골자치구의 민족문화건설연구공정의 추진 방향과 내용 면에서 앞서 진행한 '초원문화연구', '북부변강역사와 현상연구' 사업과 연속성을 보이는데 특히 후자는 역사 문헌 연구와 공간(公刊), 지역 조사, 주제사 연구 등 사업에서 그 연결성을 분명히 보이고 있다.

45 張志華, 2015, 『內蒙古邊境管理與防務硏究』; 劉蒙林, 2017, 『淸代綏遠城: 八旗駐防硏究』; 呂文利, 2017, 『嵌入式互動: 淸代蒙古入藏熬茶硏究』; 李大龍·李元暉, 2018, 『遊牧行國體制與王朝藩屬互動硏究』; 蓋志毅, 2018, 『將內蒙古建成我國北方重要的生態安全屏障硏究』; 金鑫, 2018, 『布特哈衙門: 軍政制度沿革硏究』; 範恩實, 2019, 『地緣與族群: 遼代以前蒙古草原與東北地區族群關係硏究』. 이상 내몽골대학출판사에서 출간되었음. 그중 蓋志毅의 『將內蒙古建成我國北方重要的生態安全屏障硏究』는 10년에 걸쳐 102개 旗縣을 조사하여 얻은 자료를 바탕으로 정리한 방대한 작업으로 시진핑 주석의 '四個全面' 重要思想에 근거하여 작업을 수행하였다는 점에서 공산당의 주목을 받고 있다. http://www.nmgass.com.cn/content.html?id=3166, http://www.nmgass.com.cn/content.html?id=3175를 참조.

2. '민족문화건설연구공정'의 주요 사업 내용

2013년 5월 14일 내몽골자치구 민족문화건설연구공정 영도소조(領導小組)의 1차 회의가 개최되었다. 회의에는 영도소조의 조장을 맡은 내몽골자치구 당위상위(黨委常委), 선전부부장(宣傳部部長) 올란(烏蘭)과 영도소조의 부조장을 맡은 자치구인대상위회부주임(自治區人大常委會副主任), 중국몽고학학회회장(中國蒙古學學會會長) 우톼잉 등이 참석하였다. 우톼잉은 앞서 살펴본 대로 초원문화 이론을 정립하고 초원문화연구공정을 이끈 인물이기도 하다. 이 회의는 중국공산당 제18차 전국대표대회(2012년 11월 8~14일)에서 강조한 '사회주의 문화 강국 건설(社會主義文化强國建設)' 논의를 내몽골자치구에서 어떻게 실현할 것인가를 구체화하는 자리였다.[46]

자치구 정부는 민족문화건설연구공정을 자치구의 민족문화건설 중대사업인 동시에 자치구 사회과학 발전 전략을 위한 특별사업(사업코드 2014TB001)으로 지정하였다. 이 사업은 근래 진행된 몽골학 연구, 역사문화자원 조사 사업의 성과, '초원문화연구공정', '북부변강역사와 현상연구' 등 국책 사업의 성과를 기반으로 몽골학 연구의 발전과 인재 양성, 문화 전파, 학술 교류를 목표로 진행되었다.

민족문화건설연구공정은 크게 6가지 주요 사업으로 구성되었는데, 첫째 내몽골 역사문화 관련 자료(文獻檔案)의 연구·출판 사업, 둘째 내몽골자치구 여러 지역에 대한 사회 역사 조사 사업의 수행, 셋째 주제사

46 내몽골사회과학원 홈페이지 http://www.nmgass.com.cn/content.html?id=1113를 참조. 이는 『內蒙古日報』에서 발췌한 기사임.

연구, 넷째 국제적으로 저명한 몽골학 관련 연구서의 번역과 출판 사업, 다섯째 내몽골 역사 문화를 전국적으로 보급, 여섯째 내몽골민족문화건설연구 사업 데이터베이스 구축이 그것이다.

전체적인 사업 일정은 2013~2016년 6대 사업을 순차적으로 완성하는 것을 목표로 하였다. 그중 문헌 당안의 정리와 출판 사업에 35개 사업, 내몽골 지역사회와 역사 조사에 89개 사업, 전문 주제 연구에 81개 사업, 몽골학 문헌의 번역과 출판에 43개 사업, 내몽골 지역 역사 문화 보급 '주출거(走出去)' 확산 전략에 1개 사업,[47] 내몽골민족문화건설연구 데이터베이스 구축에 6개 사업 등 255개 사업을 선정할 계획이었다.[48] 그러나 2019년 4월까지도 사업 추진 공고가 계속되었고 2020년 3월 현재 이 중 79개 사업이 진행되어 전체 계획 중 약 35%의 사업이 실제 진행된 것으로 파악되어 아직 사업이 진행 중인 것으로 판단된다.[49] 따라서 전체 사업의 내용과 결과물을 확인하기 위해서는 추적 조사가 계속되어야 할 것으로 보인다. 이하에서는 현재까지 파악된 역사 문화 관련 자료의 연구·출판 사업, 주제사 연구 사업, 몽골학 관련 연구서의 번역과 출판 사업을 중심으로 사업 내용을 살펴보겠다. 특히 몽골학 관련 연구서의 번역 출판 사업은 앞서 다른 사업에서 다루지 않았던 부분이

---

47 盛明光·塞樹林, 2009, 「加快實施內蒙古文化産業"走出去"發展戰略」, 『前沿』, 2009年 第4期. 경쟁력을 갖춘 문화 상품, 문화 서비스, 문화 자본, 문화 기술을 개발하고 이들이 진출할 수 있는 시장을 개척함으로써 내몽골 문화산업의 국제 경쟁력을 확보할 것을 주장하고 있다. 내몽골사회과학원 홈페이지 http://www.nmgass.com.cn/content.html?id=1873를 참조.

48 http://www.nmgass.com.cn/content.html?id=3162를 참조.

49 內蒙古自治區社會科學院 홈페이지 연구계열 4차 공고 「"內蒙古民族文化建設研究工程"研究系列第四批項目招標公告」(2019년 7월 26일) http://www.nmgass.com.cn/content.html?id=1936를 참조.

어서 가능한 한 자세히 다뤄보겠다.

1) 내몽골 역사 문화 관련 자료의 연구·출판 사업

앞서 서술한 민족문화대구건설사업에서 몽골문 『대장경』 400권의 영인, 출판 사업(2005~2015년)이 시행되었고, '북부변강역사와 현상연구' 사업에서는 『청대흠차주고륜판사대신아문당안당책회편(淸代欽差駐庫倫辦事大臣衙門檔案檔冊匯編)』 20권의 사업(2010~2017년)이 시행되었다. 모두 장기 사업으로 전자는 2015년, 후자는 2017년에 출판이 완료되었으니 각각의 민족문화대구건설사업이나 '북부변강역사와 현상연구'의 사업 기간을 훌쩍 넘겨 민족문화건설연구공정 사업 기간에 겹쳐 사업이 진행된 셈이었다.

'『대장경』 영인본출판공정', 즉 몽골문 『대장경』 400권의 영인과 출판 사업은 초원문화공정의 일부 사업인 동시에 국가중점도서출판사업(國家重點圖書出版項目)의 일환으로 내몽골자치구 사회과학원과 자치구 신문출판국(新聞出版局)이 합동으로 진행하였다. 몽골문 『대장경』은 『간주르(甘珠爾)』 108권, 목록 1권, 『뎬주르(丹珠爾)』 225권, 목록 1권, 『쫑카바문집(宗喀巴文集)』 20권, 『악왕췌뎬문집(阿旺却丹文集)』 5권, 『복장경(伏藏經)』 40권 등으로 구성되어 있다. 이는 소위 '청대 베이징 목각본'을 저본으로 하며 몽골문 이외 티베트, 한문, 만주문 『대장경』과 대조 작업을 거쳐 내몽골인민출판사에서 출간되었다.[50]

초원문화연구공정 기간에 시작되었지만 현재까지 계속되고 있는 사

50 내몽골사회과학원 http://www.nmgass.com.cn/content.html?id=3168를 참조. "中國蒙古文丹珠爾經收藏聖地".

업으로는 '『원사』 회주 프로젝트(『元史』匯注項目)'가 있다. '『원사』 회주 프로젝트' 사업은 2009년 8월 내몽골자치구 사업으로 시작되어 내몽골사회과학원과 난징대학 역사학원(歷史學院) 류잉성(劉迎勝), 천더즈(陳得芝) 교수 등이 이끄는 난징대학 민족과 변강연구소(民族與邊疆研究所) 연구진이 함께 완성한 사업이다. 이를 통해 『원사』가 성립된 명대에서 현대에 이르는 관련 연구 성과를 반영하여 교감을 진행하였고, 각종 고유명사의 해석을 붙여 2017년 1월 초고가 완성되었다. 이 사업은 국가사과기금중대항목(國家社科基金重大項目), 내몽골자치구 '몽원문화연구' 사업의 일환으로 정부의 재정 지원을 받았다. 2016년 4월 중국 국내의 원대사 연구자들이 모여 전문가 심사를 거쳤고 대략 2017년 초고가 완성된 것으로 알려졌으나 아직 정식 출판은 확인되지 않는다.[51]

'민족문화건설연구공정' 이후 시작된 역사 문헌의 연구·번역·출판 사업으로 '청조몽고사료정리(清朝蒙古史料整理)' 사업이 있다. 이는 내몽골인민출판사가 주관하며 특히 출판사 소속의 에르뎀트(額爾德木圖)가 만문의 몽골문 번역 등 작업을 총괄하고 있다. 이 사업 중에는 청대 이번원 관련 문헌의 번역과 『만문원당(滿文原檔)』의 몽골문 번역 사업이 포함되어 있는데 『몽역대청이번원제본(蒙譯大清理藩院題本)』은 순치(順治)에서 광서조(光緒朝)에 이르는 4,135건 만문 제본(題本)을 몽골문으로 번역하는 사업이다.[52] 이 번역 작업은 2010년 내몽골인민출판사에서

51 이 연구는 元上都 연구와 함께 蒙元文化研究 사업의 일환으로 전개되었다. 이 결과물은 베이징 인민출판사에서 출간될 예정이다. http://www.nmgass.com.cn/content.html?id=3167 참조.

52 『蒙譯清朝前期理藩院滿文題本: 順治康熙朝』, 내몽골인민출판사, 2013; 『蒙譯大清乾隆朝理藩院題本』 6권, 내몽골인민출판사, 2015~2017; 『蒙譯大清嘉慶朝理藩院題本』 8권, 『蒙譯大清道光朝理藩院題本』 12권, 『蒙譯大清咸豐朝理藩院題本』 2권,

발간한 『청조전기이번원만몽문제본(清朝前期理藩院滿蒙文題本)』을 저본으로 번역을 진행하였다.

내몽골 지역 문헌 정리 사업으로 『알라샤호쇼드기몽고문역사당안(阿拉善和碩特旗蒙古文歷史檔案)』이 있다. 이는 민족문화건설연구공정의 일환으로 2013년 12월 전문가 자문회의를 거쳐 정식 사업으로 선정되어 2016년부터 내몽골인민출판사 소속의 원방출판사(遠方出版社)에서 출간하고 있다. 전체는 80권으로 계획하고 있으며 현재까지 23권이 출간되었다.[53] 이 자료는 알라샤좌기당안관(阿拉善左旗檔案館)과 일부 내몽골당안관(內蒙古檔案館)에 소장되어 있던 청대 자료를 더해 출간하게 되었다. 국외의 몽골문 자료를 집성하는 작업도 진행되었는데 〈몽골학연구문헌집성·몽골문시리즈(蒙古學硏究文獻集成·蒙古文系列)〉가 그것이다. 이 사업을 통해 출간된 국외 몽골문 자료로는 『미국하버드대학 하버드연경도서관장 몽골문문헌회편(美國哈佛大學哈佛燕京圖書館藏蒙古文文獻匯編)』 68책이 있다.[54]

2014년 말 국가사회과학기금중대공모사업(國家社會科學基金重大招標項目)으로 선정된 '원명청몽고족 티베트문 전적 발굴 정리와 연구(元明清蒙古族藏文典籍挖掘整理與硏究)'(사업코드: 14ZDB072)도 주목된다. 이

『蒙譯大淸同治朝理藩院題本』 3권, 『蒙譯大淸光緒朝理藩院題本』 5권; 『蒙譯弟子規』, 내몽골인민출판사, 2018; 額爾木圖 譯(2017), 『蒙譯滿文原檔』 1~3冊, 內蒙古人民出版社. 『蒙譯滿文原檔』은 전체 10책이 출간될 계획이다. 『蒙譯大淸嘉慶朝理藩院題本』 이후의 출판 정보는 명확하지 않다.

53 蘇雅拉圖·布仁巴依爾·吳團英 編, 2016, 『阿拉善和碩特旗蒙古文歷史檔案』, 遠方出版社. 이 자료는 內蒙古民族文化通鑑 시리즈의 일부로 출간되었다.

54 畢奧南·烏蘭巴根 主編, 2015, 『美國哈佛大學哈佛燕京圖書館藏蒙文文獻匯刊』 68冊, 廣西師範大學出版社.

사업은 중국 국내는 물론 몽골국, 부랴트공화국 등 주변국에 흩어져 있는 몽골 민족이 생산한 티베트문 자료를 정리하고 연구하는 것을 목적으로 시작된 사업이다. 내몽골민족문화건설연구공정과 같은 시기 진행된 국가사과기금항목으로 몽골민족문화건설연구공정 사업과 연결되어 진행될 가능성이 매우 높다. 다만 연구 책임자인 내몽골대학 에르든보인(額爾敦白音) 교수가 2019년 사망하였으므로 이 사업이 현재 어떤 상태에 놓여 있는지 분명하지는 않다.[55]

이상에서 살펴본 역사 문헌 당안의 발굴, 정리 작업은 내몽골을 중심으로 전개되고 있는 민족문화 관련 국책 사업의 주요 과제 중 하나였다. 기본적으로 이상의 작업은 연구를 목적으로 한 사업이지만 때로는 문헌의 발굴지로서 명성을 얻어 그 지역 관광업에 영향을 미치기도 한다. 그러나 이 과정에서 잊지 말아야 할 점은 몽골문 역사 문헌, 당안의 발굴과 정리 작업이 2002년 민족문화대구건설이나 초원문화, 민족문화건설연구공정과 같은 사업과 함께 시작된 것은 아니라는 점이다. 이미 1990년대 후반부터 베이징의 연구기관들이 소수민족 고적 정리 작업을 본격화하여 전국에 흩어져 있는 소수민족 고적의 목록을 만들고 자료 해제를 진행한 결과 『중국몽골문고적총목(中國蒙古文古籍總目)』, 『중국소수민족고적제요 · 몽골족권(中國少數民族古籍提要 · 蒙古族卷)』, 『내몽골자치구사회과학원도서관수장몽고문고적문헌통람(內蒙古自治區社會科學院圖書館收藏蒙古文古籍文獻通覽)』 등이 출간되었다.[56] 이러한 기초 작업

---

55 http://www.npopss-cn.gov.cn/n/2015/0205/c393168-26514414.html를 참조.

56 『中國蒙古文古籍總目』, 北京圖書館出版社, 1999; 孫蓓欣 · 申曉亭, 2000, 「『中國蒙古文古籍總目』: 中國第一部大型少數民族古籍全國聯合目錄」, 『中國圖書館學報』, 2000年 第6期; 國家民族事務委員會 全國少數民族古籍整理研究室 編, 『中國少數

이 바탕이 되어 현재의 문헌 정리가 지속되고 있다고 보아야 하겠다.

2) 주제 연구 사업

내몽골사회과학원은 2014년 3월 6일 사회과학원 홈페이지를 통해 개론과 주제사(專題史) 연구를 공모하기 시작했다. 2014년 공포된 1차 사업에서는 전체 22개 연구 중 13개의 개론 연구, 9개의 주제사 연구가 사업을 구성했으며 2015년 2차 공모에서는 그 수가 크게 늘어 전체 47개 과제가 제시되었다. 2차 사업 이후부터는 앞선 사업에서 연구자 공모에 실패한 사업이 재공지되기도 해서 3차 공모는 1, 2차 공모의 내용과 크게 다르지 않았다.

마지막 4차 공모는 2019년 7월 26일 내몽골사회과학원 홈페이지를 통해 주제 연구 14개가 공포되었는데 연구 기간은 2년이며, 결과물은 사회과학원을 통해 출판되는 것을 조건으로 지원받을 수 있었다. 아래의 표는 1~4차에 걸쳐 제시된 과제명을 열거한 것이다. 현재 과제 수행자에 대한 정보는 분명하지 않으며, 특히 4차 사업의 경우 2019년 9월 이후 연구 지원이 시작되었다면 이 연구 주제는 현재까지 연구 과정에 있을 것으로 추정된다. 2021년 8~9월경 연구 기간이 종료되어 연구 결과물이 제출된다고 예상하면 결과물이 출판되기까지는 상당한 시간이 걸릴 것으로 생각된다.

民族古籍總目提要·蒙古族卷』, 中國大百科全書出版社, 2013.

〈표 3〉 민족문화건설연구공정 중 주제 연구 사업 목록

시기	구분	과제명
1차[57] (2014. 3)	개론(13)	蒙古語言文字概論, 蒙古姓氏概論, 蒙古族家譜概論, 達斡爾族民間文學概論, 達斡爾族音樂概論, 達斡爾族傳統文化概論, 蒙古族經濟概論, 鄂溫克族文學概論, 鄂溫克族音樂概論, 鄂倫春族文學概論, 鄂倫春族音樂概論, 蒙古族宗教概論, 蒙古族美學概論
	주제사(9)	蒙古族民歌史, 蒙古族民間故事史, 蒙古族民間說唱藝術史, 蒙古族經濟民俗史, 蒙古族思惟發展史, 蒙古族王公史略, 內蒙古地區行政建制沿革史, 內蒙古地區民族關係史, 內蒙古城市史
2차[58] (2015. 9)	개론(17)	達斡爾語概論, 鄂溫克族文學概論(1차), 蒙古姓氏概論(1차), 蒙古族家譜概論(1차), 鄂倫春族音樂概論(1차), 三少民族舞蹈概論, 三少民族美術概論, 蒙古族經濟概論(1차), 三少民族民俗概論, 內蒙古文物考古概論, 蒙古族文獻概論, 蒙古族軍事思想概論, 蒙古族歷史地理概論, 三少民族非物質文化概論, 內蒙古地名文化概論, 達斡爾族研究概論, 鄂倫春族研究概論
	주제사(30)	蒙古族文字史, 畏兀兒體蒙古文字史, 蒙古族語言史, 蒙古族神話傳說史, 蒙古族民歌史, 蒙古族民間說唱藝術史(1차), 元代對外關係史, 元代文獻中蒙古人名研究, 蒙古族政治制度史, 達斡爾族通史, 鄂倫春族通史, 鄂溫克族通史, 內蒙古滿族史, 內蒙古民族發展史, 蒙古族生業方式與生存環境史, 蒙古族認識論史, 蒙古族哲學本體論史, 達斡爾族教育史, 蒙古族狩獵經濟史, 蒙古族農業發展史, 內蒙古農業發展史, 蒙古族經濟民俗史(1차), 蒙古族信仰民俗史, 蒙古族語言民俗史, 蒙古族遊藝民俗史, 蒙古族社會史, 蒙古族社會思想史, 蒙古族文化史, 達斡爾族研究史

57 內蒙古自治區社會科學院 홈페이지 연구계열 1차 공고 「"內蒙古民族文化建設研究工程"研究系列第一批項目招標公告」(2014년 3월 6일) http://www.nmgass.com.cn/content.html?id=2190를 참조.

58 內蒙古自治區社會科學院 홈페이지 연구계열 2차 공고 「"內蒙古民族文化建設研究工程"研究系列第二批項目招標公告」(2015년 9월 25일) http://www.nmgass.com.cn/content.html?id=2138를 참조.

시기	구분	과제명
3차[59] (2017. 11)	주제사(8)	蒙古族經濟民俗史(1, 2차), 蒙古族信仰民俗史(2차), 蒙古族認識論史(2차), 蒙古族說唱藝術史, 元代文獻中蒙古人名研究(2차),[60] 蒙古族商貿史, 蒙古族社會史(2차), 蒙古族生産方式與生存環境史(2차)
4차[61] (2019. 7)	주제사(14)	內蒙古沿黃河(長城)區域文化研究, 察哈爾服飾文化研究, 察哈爾飮食文化研究, 茶文化之路, 蒙古族詩歌史, 蒙古族文化史(2차), 蒙古族生業方式與生存環境史(2, 3차), 蒙古族民間說唱藝術史(1, 2차), 打造'沿黃文化長廊'前期研究, 內蒙古民族文化與地方特色, 民族特色産業相互促進的路徑與策略研究, 成吉思汗思想研究(上下卷), 蒙古文學熱点難点問題研究, 蒙古族藏文文學史, 蒙文譯編『御製增訂淸文鑑』的校勘整理

3) 몽골학 관련 연구 문헌의 번역 출판 사업

몽골학은 몽골국, 중국의 내몽골자치구 외에도 다양한 국가에서 연구의 지평을 넓혀온 국제 학술 교류가 활발한 학문 분야이다. 이는 2가지 점에서 이해해볼 수 있는데 첫째는 비록 몽골제국이 분열하고 후퇴하였지만 19세기까지도 몽골계 정권이 초원의 길과 중앙아시아 여러 지역을 장악하고 있었다는 점이다. 둘째는 제국주의의 시대에 동아시아로 향한 유럽 열강은 대륙을 관통하는 교통로 곳곳에서 몽골계 정권과 조우했고 이들에 대한 이해와 소통은 각국 제국주의 활동의 성패를 가늠할 수 있는 주요한 사안이었다. 이에 러시아, 프랑스, 독일, 영국, 스웨덴, 헝가리, 네덜란드, 폴란드, 뒤이어 일본, 미국 등 여러 국가의 몽골 연구 전통

---

59 內蒙古自治區社會科學院 홈페이지 연구계열 3차 공고 「"內蒙古民族文化建設研究工程"研究系列第三批項目招標公告」(2017년 11월 17일) http://www.nmgass.com.cn/content.html?id=509.

60 「元代文獻中蒙古人名研究」 과제는 2018년 1월 25일 자로 額爾敦巴特爾(阿拉善盟地方志辦公室主任)를 연구 책임자로 선정하였다.

61 앞의 주 44와 동일.

이 현재까지도 그 맥을 이어오고 있다. 따라서 개혁개방 이후 중국의 몽골학 연구 전통이 되살아나던 시점에 국외 연구 성과를 빠르게 소개하여 소화할 필요가 절실했고 이런 점에서 내몽골사회과학원이 교량 역할을 수행하게 되었다.

내몽골사회과학원은 일찍이 1980년부터 『자료와 정보(資料與情報)』, 『몽골학 자료와 정보(蒙古學資料與情報)』(1983년 更名), 『몽골학 소식(蒙古學信息)』(1993년 更名)을 통해 중국 내외 몽골학 관련 주요 논문을 번역하여 싣거나 서평을 실어 중국 몽골학 발전에 기여했다.[62] 더 나아가 중국의 몽골학은 1990년대 후반부터 내몽골자치구 각지의 사료를 발굴함과 동시에 베이징 제일역사당안관(第一歷史檔案館)의 자료를 공간하고 연구하면서 국제 몽골학 및 청대사 연구에서 중요한 지위를 회복해가고 있다. 중국 몽골학의 발전을 위한 다양한 행보는 내몽골자치구의 정책적 후원 아래 진행되었던 '북부변강역사와 현상연구공정'에 뒤이어 '민족문화건설연구공정'으로 이어졌는데, 이번 사업에서는 국외 연구 성과를 번역 출간하는 작업을 6대 주요 사업 중 하나로 설정하여 사업을 진행하였다. 번역 사업은 3차에 걸쳐 사업을 공지하였고, 그 각각의

62 『蒙古學資料與情報』와 뒤를 이은 『蒙古學信息』에는 국외 학자의 논문과 중국 국내 학자들의 논문이 발표되었다. 몽골학 연구의 허브를 구성하고 있는 후흐호트(內蒙古自治區 呼和浩特市)를 중심으로 다양한 지역에서 학자들이 모여들었고 크고 작은 연구 좌담회, 학술회의 등이 진행되면서 이 내용을 소개하는 것도 이 잡지의 중요한 역할이었다. 그러나 외국 학자의 경우 외국에서 이미 발표한 논문을 내몽골사회과학원의 요청에 따라 다시 중국어로 번역하여 전재하는 경우가 많아 저작권의 문제가 발생할 소지가 컸다. 1980년대 초의 상황에서 이 잡지는 외국의 몽골학 연구 성과를 중국의 몽골학계에 소개하는 중요한 역할을 수행해왔다. 그러나 학계의 직접 교류가 확대되었고 자료 공유 시스템이 발전한 현재에 와서 이러한 성격의 잡지는 더 이상 필요하지 않게 되었다. 『蒙古學信息』는 2004년 4호를 마지막으로 폐간하였다.

사업에 공지된 번역서의 내용은 다음 표에 제시하였다. 먼저 1차 번역 사업에 관련된 내용은 다음과 같다.[63]

〈표 4〉 민족문화건설연구공정 번역 사업 1차 공고 목록

연번	원제	역서명	번역자
1	N.N. Poppe, *Introduction to Mongolian comparative studies*, Helsinki: Suomalais-ugrilainen Seura, 1955.	蒙古語比較研究	미상
2	R. Amitai-Preiss, D.O. Morgan ed., *The Mongol Empire and its Legacy*, Leiden; Boston: Brill, 1999.	蒙古帝國及其遺産	미상
3	G.D. Gulati, *Central Asia under the Mongols*, Dev Books, 2010.	蒙古統治下的中亞	劉瑾玉
4	M. Prawdin, *The Mongol Empire: Its Rise and Legacy*, London: George Allen and Unwin, 1940.	蒙古帝國的興起和影響	趙玲玲
5	Gustaf John Ramstedt, *Seven journeys eastward, 1898-1912: among the Cheremis, Kalmyks, Mongols, and in Turkestan, and to Afghanistan*, Bloomington: Mongolia Society, 1978.	七次東方旅行記	泰米爾
6	J. Curtin, *The Mongols: a history*, Boston Little, Brown, 1908	蒙古人: 歷史	미상
7	O. Lattimore, *Mongol journeys*, Doubleday, Doran and Company, 1941	蒙古遊記	미상
8	Takako Yamada, *An Anthropology of Animism and Shamanism*, Budapest: Akadémiai Kiadó, 1999.	對泛靈信仰與薩滿教的人類學研究	미상
9	R. Empson ed., *Time, Causality and Prophecy in the Mongolian Cultural region: visions of the future*, Folkestone: Global Oriental, 2006	蒙古文化中的時間因果關係和預言	미상

63 "內蒙古民族文化建設研究工程"翻譯系列第一批項目招標公告(2014年 3月 6日 공포) http://www.nmgass.com.cn/content.html?id=2189 참조.

연번	원제	역서명	번역자
10	C. Pegg, *Mongolian Music, Dance and Oral Narrative: Performing Diverse Identities*, Seattle: University of Washington Press, 2001	蒙古族音樂舞蹈和口頭敍事	미상
11	Christopher P. Atwood, *Encyclopedia of Mongolia and the Mongol Empire*, Facts on File, 2004	蒙古和蒙古帝國的百科全書	미상
12	W. Heissig, *Geschichte der Mongolischen Literatur*, Wiesbaden, O. Harrassowitz, 1972	蒙古文學史	미상
13	Joseph von Hammer-Purgstall, *Geschichte der Ilchane, Das ist der Mongolen in Persien*, 1200-1350, Amsterdam: Philo Press, 1974.	伊利汗史蒙古人在波斯, 1200-1350	미상
14	B. Spuler, *Die Mongolen in Iran: Politik, Verwaltung und Kultur der Ilchanzeit*, 1220-1350, Berlin: Akademie-Verlag, 1955	蒙古人在伊朗: 伊利汗時代的政治管理文化, 1220-1350	미상
15	B. Spuler, *Die Goldene Horde, Dei Mongolen in Russland, 1223-1502*, Leipzig: O. Harrassowitz, 1943.	金帳汗國蒙古人在俄國, 1223-1502	미상
16	*Der Mongolen-Sturm in der islamisch-arabischen Welt, Berichte von Augenzeugen und Zeitgenossen 1235-1250*, Wien: Verlag Styria Graz, 1985.	蒙古風暴: 1235-1250年間親歷者報道	미상
17	정보 미상	蒙古文學研究新動態	미상
18	정보 미상	蒙古哲學史	미상
19	저자명(Л.С.Дампилова) 외 서지 사항 미상	布里亞特薩滿教神歌象徵詩	미상
20	А.Ш.Кичиков, Героического Епоса Джангар, Калмыцкое книжное издательство. 1997.	英雄史詩江格爾	미상
21	정보 미상	穆罕默德阿勒-阿達部詞典	미상
22	История Калмыкий с Древнейших Времен До Наших Дней, vol. 1-3, 2009 저자, 발행처 서지 사항 미상	卡爾梅克通史	미상

연번	원제	역서명	번역자
23	История Бурятии, 2011 저자, 발행처 서지 사항 미상	布里亞特史	미상
24	Mircea Eliade, *Le Chamanisme et Les Techniques Archaiques de l'Extase*, Payot, 1951	薩滿教: 古代的愉悅術	段滿福
25	白石典之, 『モンゴル帝國史の考古學的研究』, 同成社, 2002	蒙古帝國史考古學研究	
26	豊田有恒, 『騎馬民族の思想』, 德間書店, 1990	騎馬民族的思想	미상
27	伊藤幸一, 『蒙古社會經濟考』, 風媒社, 1975	蒙古社會經濟序	미상
28	小長谷有紀, 『遊牧がモンゴル經濟お変える日』, 出版文化社, 2002		미상
29	田山茂, 『蒙古法典の研究』, 日本學術振興會, 1967	蒙古法典研究	미상

번역 사업에 선정된 연구서가 어떤 과정을 거쳐 선정되었는지 그 과정에 대한 정보는 얻지 못했다. 분야가 언어, 역사, 고고, 샤머니즘 등 민속, 문학 등에 집중되어 있는 것으로 보아 내몽골사회과학원 역사연구소, 철학·종교연구소, 문학연구소 등의 견해가 다수 반영된 것으로 이해된다. 국가별로는 영어로 출간된 유럽 여러 연구자들의 연구서와 독일어, 프랑스어 자료, 러시아, 몽골국, 일본의 연구 성과가 망라되었다. 중앙아시아 일칸국의 역사를 제외하면 대부분 연구 시기가 근현대에 집중되어 있어 몽골제국 시대, 즉 원대 연구와 관련해서는 중국 연구 성과에 대한 강한 자신감을 보이고 있다고 할 수 있다.

앞에 열거된 29권 중 현재까지 4권이 번역을 마치고 약간의 제목 수정을 거쳐 출판되었다. 〈표 4〉 3, 4, 5, 24번 항목에 해당하는 『몽골제국 중앙아시아 정복사(蒙古帝國中亞征服史)』,[64] 『몽골제국의 흥기와 영향(蒙古帝國的興起和影響)』,[65] 『7차동방여행기(七次東方旅行記)』,[66] 『샤머니즘: 오래된 접신술(薩滿教: 古老的入迷術)』[67]이 그것이며, 나머지 서적의 번역 작업에 대한 진행 상황은 공개되지 않았다. 그중 『7차동방여행기』의 경우 번역 사업이 시작된 2014년에는 이미 출간된 것으로 파악되었는데 이 책의 번역이 '민족문화건설연구공정'의 일환으로 이뤄진 것인지는 분명하지 않다.

〈표 4〉의 11번 항목의 경우 사전을 번역할 계획을 세운 것인데 이는 몽골제국은 물론 현대 몽골에 이르는 몽골사의 통시적 이해를 돕는다는 점에서 한 권의 전문 몽골사 연구서로서 평가받았다고 볼 수 있다. 몽골과 몽골 역사 이해를 위한 다양한 지식을 망라하고 있어 애트우드(Christopher P. Atwood)는 물론 인디애나대학을 중심으로 한 미국의 몽골학 연구 수준을 파악해볼 수 있는 의미 있는 책이다. 그런 의미에서 형식적으로는 사전임에도 연구서로서의 의미를 인정받아 번역 사업에

---

64 G. D. 古拉提 著, 劉瑾玉 譯, 2017, 『蒙古帝國中亞征服史』, 社會科學文獻出版社(內蒙古民族文化通鑑·翻譯系列).

65 邁克爾普勞丁 著, 趙玲玲 譯, 2019, 『蒙古帝國的興起和影響』, 社會科學文獻出版社. 사회과학문헌출판사는 九色鹿叢書를 기획 발간하고 있는데 주로 변강, 민족, 동서 문명 교류와 관련된 다양한 도서를 망라하고 있다. 중국 학자들의 연구서는 물론 외국 학자들의 연구서를 번역하여 최근까지 17권의 관련 도서를 출판하였다. 民族文化建設硏究工程 번역 사업의 일환으로 진행된 번역서가 九色鹿叢書를 구성하고 있으며 전체 번역서가 일괄적으로 內蒙古人民出版社 등 내몽골 소재 출판사를 통해 출판되지 않았음은 분명해 보인다.

66 G. J. 蘭司鐵 著, 泰米爾 譯, 2013, 『七次東方旅行記』, 內蒙古人民出版社; 泰米爾, 2015, 『巴林右旗與固倫淑慧公主』, 內蒙古人民出版社.

67 米爾恰伊利亞德 著, 段滿福 譯, 2017, 『薩滿教: 古老的入迷術』, 社會科學文獻出版社(內蒙古民族文化通鑑·翻譯系列).

포함된 것으로 판단된다. 약 10년 후 2013년에 내몽골대학교 몽골학연구센터(蒙古學硏究中心) 치메드 도르지(齊木德道爾吉) 주편의 『몽고학백과전서(蒙古學百科全書)』 20권이 발간되었다.[68] 양적으로 비교하기는 어렵지만 『몽골학백과전서』의 역사, 고고, 민속 등 부분에서 어떤 표제어를 추출하였는지, 서술에서는 어떤 차이를 보이는지 비교해보는 것도 흥미롭겠다.

1차 사업 공지 이후 약 1년 6개월 후에 다시 2차 번역 사업 공고가 내몽골사회과학원 홈페이지를 통해 공지되었다.[69] 여기에는 1차 번역 사업 공고 이후에도 시작되지 못한 몇 개의 사업이 다시 포함되었고, 몽골제국에서 근현대에 이르는 몽골 역사, 영웅 서사를 중심으로 한 문학, 샤머니즘과 불교 중심의 종교, 지역 조사 등 몽골학 관련 연구서가 번역 사업에 선정되었다.

2차 사업 공고를 보면 1차 사업 공지에 비해 2배에 가까운 수량의 책을 사업 목록에 올린 것을 알 수 있다. 그중 11권이 1차 사업에서 번역자를 선정하지 못해 2차 사업으로 넘겨진 것으로 이를 통해 다시 새로운 번역자를 선발하고자 했음을 알 수 있다.

---

68 齊木德道爾吉 主編, 2013, 『蒙古學百科全書』 20冊, 內蒙古人民出版社. 모두 20권으로 구성되어 있으며 고대사권, 근현대사권, 언어문자권, 문학권, 경제권, 군사권, 과학기술권, 의학권, 교육권, 민속권, 철학권, 종교권, 문헌권, 법학권, 지리권, 예술권, 체육권, 문물고고권, 신문출판권, 국제몽고학권으로 구성되어 있다. 『蒙古學百科全書』 사업은 2000년 5월 사업계획을 수립하여 2007년 내몽골자치구 수립 60주년 기념 활동의 일환으로 대부분 완성에 이르렀다. 이 사업은 사업 개시 후 內蒙古自治區 文化大區建設 9대 사업 중 하나로 지정되어 자치구 정부의 후원을 받아 완성되었다.

69 "內蒙古民族文化建設硏究工程"翻譯系列第二批項目招標公告(2015年 9月 25日 공포), http://www.nmgass.com.cn/content.html?id=2136 참조.

〈표 5〉 민족문화건설연구공정 번역 사업 2차 공고 목록

연번	원제	역서명	번역자
1	N. N. Poppe, *Introduction to Mongolian comparative studies*, Suomalais-ugrilainen Seura, 1955.	蒙古語比較研究	미상 (1차 사업)
2	Igor De Rachewiltz, *The Secret History of the Mongols*, Brill, 2006.	羅依果 校注,『蒙古秘史』	미상
3	H. Yule, *Cathay and the way thither*, London: printed for the Hakluyt Society, 1913	契丹及通往契丹之路	미상
4	Henry H. Howorth, *History of the Mongols from ninth to nineteenth century*, 北京, 文殿閣書莊, 1927	九至十九世紀蒙古史	미상
5	A. Sárközi, *Political prophecies in Mongolia in the 17-20th century*, Budapest: Akadémiai Kiadó, 1992.	17至20世紀時期蒙古的政治預言	미상
6	B. Spuler, *History of the Mongols based on Eastern and Western Accounts of the 13th and 14th centuries*, 1970	蒙古史, 基于13-14世紀的東西文史料	미상
7	정보 미상	海都中亞蒙古國的發展	미상
8	정보 미상	穿越中亞遊記	미상
9	Caroline Humphrey, *Shamans and Elders: Experience, Knowledge and Power among the Daur Mongols*, Clarendon Press, 1996.	薩滿和長者	미상
10	Eva Jane N. Fridman, *Shamanism among the Buddhist Peoples of Russia*, Budapest: Akadémiai Kiadó, 2005	俄羅斯境內佛教信徒中的薩滿教	미상

연번	원제	역서명	번역자
11	Henri-Paul Francfort, Roberte N. Hamayon ed., *The Concept of Shamanism: Uses and Abuses*, Budapest: Akadémiai Kiadó, 2003	薩滿教的兩個觀念:助與害	미상
12	Takako Yamada, *An Anthropology of Animism and Shamanism*, Budapest: Akadémiai Kiadó, 1999.	對泛靈信仰與薩滿教的人類學研究	미상 (1차 사업)
13	Mihaly Hoppal, Gabor Kosa ed., *Rediscovery of Shamanic Heritage*, Budapest: Akadémiai Kiadó, 2004.	薩滿文化遺産的新發見	미상
14	C. R. Bawden, *The Jebtsundamba Khutughtus of Urga: text, translation and notes*, O. Harrassowitz, 1961[70]	著名的蒙古佛教傳記	미상
15	Larry W. Moses, *The political role of Mongol Buddhism*, Bloomington: Asian Studies Research Institute, Indiana University, 1977	蒙古佛敎的政治角色	미상
16	A.M. Pozdneyev, *Religion and Rituals in Society: Lamaist Buddhism in Late 19th Century Mongolia*, Bloomington, Ind.: Asian Studies Research Institute, Indiana University, 1978.	社會的宗教與儀式: 19世紀末蒙古喇嘛教	미상

70 이 책은 서지 사항 중 저자명이 잘못 입력된 것으로 판단하여 필자가 고쳐 적었다. 내몽골사회과학원이 제시한 공지문에는 J. Elverskog라고 하였으나 그의 저작 중에는 이 책이 없으며 이는 C. R. Bawden의 성과로 널리 알려져 있으므로 필자가 고쳐 적었다.

연번	원제	역서명	번역자
17	C. Humphrey, Ujeed Hurelbaatar, *A Monastery in Time: The Making of Mongolian Buddhism*, University of Chicago Press, 2013.	莫爾根寺廟: 塑造蒙古佛教	미상
18	Rober J. Miller, *Monasteries and Culture Change in Inner Mongolia*, Wiesbaden, O. Harrassowit, 1959.	修道院和內蒙古文化的變遷	미상
19	P. Kegan, *Tents in Mongolia*, Henning Haslund, 1935	蒙古包	미상
20	R. Empson ed., *Time, Causality and Prophecy in the Mongolian Cultural region: visions of the future*, Folkestone: Global Oriental, 2006	蒙古文化中的時間因果關係和預言	미상
21	Herbert H. Vreeland, *Mongol Community and Kinship Structure*, 1957	蒙古社區和親屬結構	미상
22	정보 미상	蒙古民族習慣法	미상
23	정보 미상	布里亞特文學史	미상
24	저자명(Л.С.Дампилова)외 서지 사항 미상	布里亞特薩滿教神歌象徵詩	미상 (1차 사업)
25	정보 미상	布里亞特格斯爾神話學-東天	미상
26	정보 미상	布里亞特格斯爾神話學-西天	미상
27	정보 미상	蒙古史詩	미상
28	정보 미상	「格斯爾」史詩的歷史淵源	미상
29	А.Ш.Кичиков, Героического Епоса Джангар, Калмыцкое книжное издательство. 1997.	英雄史詩「江格爾」研究	미상 (1차 사업)
30	정보 미상	蒙古民間文學的幾個問題	
31	정보 미상	突厥英雄史詩	
32	정보 미상	「江格爾」資料與硏究	
33	정보 미상	民間文學詩學	

연번	원제	역서명	번역자
34	저자명(Овалов Э. Б.) 외 서지사항 미상	史詩「江格爾」情節結構傳統及其異文	
35	정보 미상	薩滿教秘密	
36	Gerhard Doerfer, *Turkische und Mongolische Elemente im Neupersichen*, Wiesbaden, 1963-1975	新波斯語中的突厥語蒙古語成分	
37	저자명(W. Heissig) 외 정보 미상	蒙古英雄史詩敍事資料	
38	B. Spuler, *Dei Mongolen in Iran: Politik, Verwaltung und Kultur der Ilchanzeit*, 1220-1350, Berlin: Akademie-Verlag, 1955	蒙古人在伊朗: 伊利汗時代的政治管理文化, 1220-1350	미상 (1차 사업)
39	B. Spuler, *Dei Goldene Horde, Dei Mongolen in Russland, 1223-1502*, Leipzig: O. Harrassowitz, 1943.	金帳汗國蒙古人在俄國, 1223-1502	미상 (1차 사업)
40	*Der Mongolen-Sturm in der islamisch-arabischen Welt, Berichte von Augenzeugen und Zeitgenossen 1235-1250*, Wien: Verlag Styria Graz, 1985.	蒙古風暴: 1235-1250年間親歷者報道	미상 (1차 사업)
41	Joseph von Hammer-Purgstall, *Geschichte der Ilchane, Das ist der Mongolen in Persien, 1200-1350*, Amsterdam: Philo Press, 1974.	伊利汗史蒙古人在波斯, 1200-1350	미상 (1차 사업)
42	W. Heissig, *Die Familien und Kirchengeschichtsschreibung der Mongolen*, Wiesbaden, O. Harrassowitz, 1959	蒙古宗譜與宗教歷史文獻(19世紀)	
43	W. Heissig, *Die Pekinger lamaistischen Blockdrucke in mongolischer Sprache; Materialien zur mongolischen Literaturgeschichte*, Wiesbaden, O. Harrassowitz, 1954	北京木刻版蒙古文喇嘛教經典: 有關蒙古文學, 歷史資料	

연번	원제	역서명	번역자
44	저자명(W. Heissig) 외 정보 미상	蒙古文手繪地圖	
45	린친(1979) 외 정보 미상	蒙古國語言學: 部族分布圖	
46	갈바트르(2012) 외 정보 미상	文學理論: 歷史研究百科辭典	
47	체렌소드남(2010) 외 정보 미상	蒙古文學研究新動態	미상 (1차 사업)
48	정보 미상	蒙古哲學史	미상 (1차 사업)
49	Joseph de Guignes, *Histoere generale des Huns, des Turcs, des Mongols, et des autres Tartares occidentaux*, Paris: Chez Desaint & Saillant, 1756	匈奴突厥蒙古及其他西方韃靼人通史	미상
50	杉山正明, 『モンゴル帝國と大元ウルス』, 京都大學出版會, 2004	蒙古帝國與大元烏魯斯	
51	中見立夫, 『滿蒙問題の歷史的構圖』, 東京大學出版會, 2013	滿蒙問題的歷史構圖	
52	岡洋樹, 『淸代モンゴル盟旗制度の研究』, 東方書店, 2007	淸代蒙古盟旗制度研究	
53	森川哲雄, 『モンゴル年代記』, 白帝社, 2007	蒙古編年史	
54	田村實造, 『中國征服王朝の研究』, 東洋史研究會, 1964	中國征服王朝研究	
55	箭內亘, 『蒙古史研究』, 刀江書院, 1930	蒙古史研究	
56	佐口透 主編, 『モンゴル帝國と西洋』, 平凡社, 1970	蒙古帝國和西歐	
57	長坂金雄, 『元時代』 서지 사항 불명	元朝時代	
58	村上正二, 『蒼狼之國』, 文藝春秋, 1968	蒼狼之國	미상
59	豊田有恒, 『騎馬民族の思想』, 德間書店, 1990	騎馬民族的思想	미상 (1차 사업)
60	岩村忍, 『モンゴル社會經濟史の研究』, 京都大學人文科學研究所, 1968	蒙古社會經濟史研究	미상

연번	원제	역서명	번역자
61	島田正郎,『清朝蒙古例の研究』, 創文社, 1982	清朝蒙古例研究	미상
62	宮紀子『モンゴル時代の出版文化』, 名古屋大學出版會, 2006	蒙古時代的出版文化	
63	정보 미상	阿伊楠,『薩滿教今昔, 資料與研究』	

유럽 학계를 대표해온 몽골 언어학자 포페(N. N. Poppe)의 연구서는 중국 학자들에게 그간 많은 영향을 주었고, 번역되기도 했다. 서북민족대학 허쑤민(赫蘇民)이 번역한 『포페의 바스파자 몽골어 문헌어 연구입문(鮑培八思巴字蒙古語文獻語研究入門)』(베이징: 민족출판사, 2008)이 그것이다.[71] 이번 번역 사업에 이름을 올린 〈표 4〉와 〈표 5〉의 1번 항목 또한 그의 대표 저작으로 번역될 가치가 충분하다고 하겠다.

학자 중에서는 독일 몽골학계를 대표하는 하이시히(W. Heissig, 海西希)의 연구 성과가 추가되었는데 여기에 열거되지는 않았지만 경성(耿昇)이 번역한 『몽골의 종교(蒙古的宗教)』가 이미 출간되기도 했다.[72] 그 외 주목되는 부분은 여전히 샤머니즘 관련 연구 성과를 다수 반영했으며 몽골의 종교로서 티베트 불교와 그 역사에 대한 연구서 또한 적지 않게 반영되었다는 점이다. 특히 〈표 5〉 17번 항목에 소개한 책은 2013년에 출간된 비교적 최근의 연구 성과로 내몽골 동부의 주요 사원 메르겐 사원

71 N. N. Poppe, 1957, *The Mongolian monuments in 'Phags-pa script*, Wiesbaden, O. Harrassowitz (Göttinger asiatische Forschngen ; Bd.8)

72 海西希 著, 耿昇 譯, 2013,『蒙古的宗教』, 內蒙古人民出版社. 이 책은 G. Tucci, W. Heissig, *Die Religionen Tibets und der Mongolei*, Verlag W. Kohlhammer, 1970 중 Heissig가 맡은 몽골 종교 부분만 따로 출간한 것이다.

의 형성 과정과 사원의 주요 활불들, 현재 사원의 의례 등을 소개함으로써 과거와 현재 몽골 종교의 실제를 살펴볼 수 있는 귀중한 기회를 제공하고 있다. 물론 내몽골의 학자들은 어렵지 않게 답사할 수 있는 메르겐 사원이지만 제3자의 시선으로 몽골 현대 종교의 면면, 전통과 현재의 조우를 새로이 조명할 수 있다는 점에서 의미 있는 작업이라고 할 수 있다.

그 외 20세기 일본 학계의 연구 성과를 가능한 한 다수 반영하려고 노력한 점이 확인된다. 몽골제국사 전반에 대한 통사는 물론 몽골 연대기, 법전 연구 등 몽골문 사료 연구를 바탕으로 한 일본 학계의 독자적인 연구 영역을 확인할 수 있다. 스기야마 마사아키(杉山正明)의 경우 이미 『유목민이 본 세계사(遊牧民的世界史)』, 『쿠빌라이의 도전(忽必烈的挑戰)』, 『몽골제국의 긴 그 후(蒙古帝國的漫長遺緒)』, 『몽골이 세계사를 뒤엎다(蒙古顚覆世界史)』 등 여러 권의 연구서가 번역되었지만 그 가운데서도 번역되지 않았던 〈표 5〉 50번의 저작이 번역 사업에 채택되었다. 그러나 1차 번역 사업 공고에서와 같이 2차 번역 사업도 공고 이후 사업 진행 상황에 대한 공식적인 발표가 확인되지 않아 현재로서는 1, 2차 번역 사업의 진행 상황을 명백히 확인할 수 없다는 점이 매우 안타깝다.

2차 공고로부터 약 2년 후인 2017년 11월 사회과학원 홈페이지를 통해 3차 번역 사업이 공고되었다. 이번에는 앞서 두 차례의 경우와는 달리 이듬해 2018년 1월 31일에 13권에 대한 번역 작업자를 선정, 공고하였다.[73]

73 "內蒙古民族文化建設研究工程"翻譯系列第三批項目招標公告(2017年 11月 17日 공포), http://www.nmgass.com.cn/content.html?id=508 참조. 3차 공고를 통해 번역과 연구 과제에 선발된 인원에 대해서는 關于對"內蒙古民族文化建設研究工程"研究系列, 翻譯系列第三批拟入項課題進行公示的公告(2018년 1월 25일)를 통

〈표 6〉 민족문화건설연구공정 번역 사업 3차 공고 목록

연번	원제	역서명	번역자
1	Mildred Cable, *The making of a pioneer: Percy Mather of Central Asia*, London: Hodder & Stoughton, 1935	中亞的先驅: 馬慕杰	미정
2	Christopher P. Atwood, *Young Mongols and Vigilantes in Inner Mongolia's Interregnum Decades, 1911-1931*, Brill, 2002.	青年蒙古人	財吉拉胡
3	P. Pelliot, *Notes sur l'histoire de la Horde d'Or*, Paris: Adrien Maisonneuve, 1950	金帳汗國史評註	미정
4	David M. Farquhar, *The government of China under Mongolian rule*, Stuttgart: Steiner, 1990.	『元史 · 百官志』譯註	미정
5	Igor De Rachewiltz, Hok-lam Chan, et al., *In the Service of the Khan: Eminent Personalities of the Early Mongol-Yuan Period 1200-1300*, Harrassowitz, 1993	羅依果, 『赴蒙古汗廷』	洪麗珠
6	정보 미상	田清波文集	미정
7	Henri-Paul Francfort, Roberte N. Hamayon ed., *The Concept of Shamanism: Uses and Abuses*, Budapest: Akadémiai Kiadó, 2003	薩滿教的兩個觀念: 助與害	미정 (2차 사업)
8	Takako Yamada, *An Anthropology of Animism and Shamanism*, Budapest: Akadémiai Kiadó, 1999.	對泛靈信仰與薩滿教的人類學研究	宋小飛 (1, 2차 사업)
9	Mihaly Hoppal, Gabor Kosa ed., *Rediscovery of Shamanic Heritage*, Budapest: Akadémiai Kiadó, 2004.	薩滿文化遺產的新發見	미정 (2차 사업)
10	Larry W. Moses, *The political role of Mongol Buddhism*, Bloomington: Asian Studies Research Institute, Indiana University, 1977	蒙古佛教的政治角色	劉瑾玉 (2차 사업)

해 발표하였다. http://www.nmgass.com.cn/content.html?id=2037를 참조

연번	원제	역서명	번역자
11	A.M. Pozdneyev, *Religion and Rituals in Society: Lamaist Buddhism in Late 19th Century Mongolia*, Bloomington, Ind.: Asian Studies Research Institute, Indiana University, 1978.	社會的宗教與儀式: 19世紀末蒙古喇嘛教	金鈴 (2차 사업)
12	Rober J. Miller, *Monasteries and Culture Change in Inner Mongolia*, Wiesbaden, O. Harrassowit, 1959.	修道院和內蒙古文化的變遷	段滿福 (2차 사업)
13	정보 미상	穿越中亞遊記	미정
14	정보 미상	薩滿教秘密	미정 (2차 사업)
15	정보 미상	布里亞特文學史	薩·白嘎力賽恒 (2차 사업)
16	佐口透 主編, 『モンゴル帝國と西洋』, 平凡社, 1970.	蒙古帝國和西歐	白玉冬 (2차 사업)
17	長坂金雄, 『元時代』 서지 사항 불명	元朝時代	미정 (2차 사업)
18	村上正二, 『蒼狼之國』, 文藝春秋, 1968.	좌동	宮海峰 (2차 사업)
19	『羽田博士史學論文集』	좌동	白莉莉
20	伊藤幸一, 『蒙古經濟史序說』	좌동	娜荷芽
21	吉田順一, 『蒙古遊牧及其變遷』	좌동	寶音巴特爾
22	田山茂, 『蒙古法典の研究』	蒙古法典研究	巴德瑪 (1차 사업)
23	Isabelle Charleux, *Temples et Monastéres de Mongolie-Intérieure*, Paris: Comité des travaux historiques & scientifiques; Institut national d'histoire de l'art, 2006.	內蒙古的寺廟	

3차 번역 사업에 선정된 항목은 모두 13개로 이 중 8개 항목은 1차 또는 2차에서 번역 사업이 시작되지 못하고 3차로 이관되었다가 3차에서 번역자를 선임할 수 있게 되었다. 그러나 여전히 〈표 6〉 7, 9, 14, 17번 사업은 3차에서도 번역자를 선임하지 못했다. 3차에서도 샤머니즘과 불교사 연구서가 다수 선택된 것을 볼 수 있으며 몽골제국사에 종사해온 서구의 원로 학자 펠리오(P. Pelliot), 파르쿠아르(David M. Farquhar), 라케빌츠(Igor De Rachewiltz) 등의 연구서가 추가된 것이 눈에 띈다. 그 외 최근의 연구 성과로 샤를뤼(Isabelle Charleux)의 몽골 불교 관련 연구와 애트우드(Christopher P. Atwood)의 20세기 초 내몽골 현대사를 다룬 두 권의 책이 명단에 이름을 올렸다. 특히 후자는 몽골 민족주의 운동 과정을 밀도 있게 다루고 있어 내몽골 학계에서 어떻게 수용될 수 있을지 귀추가 주목된다.

4) 사회역사조사 사업

사회역사조사(社會歷史調査) 사업은 몇 가지 원칙에 따라 사업이 진행되었다. 연구 대상은 소수민족을 주요 연구 대상으로 하며 내몽골의 몽골 민족 등 여러 민족의 경제, 사회, 문화, 생태환경 등의 상황을 조사하는 것을 목적으로 해야 한다. 시기와 내용은 개혁개방 이후 몽골 성진(城鎭), 농촌, 목구(牧區) 각 민족의 생활, 문화 등의 변화 추이를 조사, 분석해야 하며, 생산 방식, 음식, 복식, 주거 방식, 자연생태환경, 교육, 언어와 문자, 세시풍속, 신앙, 가무 등 민간 문화, 민간 문학, 도시화 등 분야를 나눠 진행해야 한다. 특히 1950년대 조사와 비교 연구가 가능한 지역을 선택해야 하고 자치구의 여러 지역을 서로 비교 연구해야 하며 개혁개방 이후를 위주로 하나 신중국 성립 이후의 변화도 일부 반영할

〈표 7〉 민족문화건설연구공정 사회역사조사 사업 공모 과제 목록

연번	과제	주제 분류
1	蒙古族蘇木(鄉鎮)生産經濟(生産方式)變遷調查	생산 방식
2	蒙古族嘎查(村)生活方式變遷調查	생산 방식
3	蒙古族蘇木(鄉鎮)生態環境變遷調查	자연생태환경
4	蒙古族教育變遷調查	교육
5	蒙古族敖包祭祀的變遷調查	신앙
6	蒙古族傳統節日的變遷調查	세시풍속
7	蒙古族服飾變遷調查	복식
8	蒙古族城鎮化的發展調查	거주 형태(도시화)
9	蒙古族婚俗變遷調查	혼인문화
10	蒙古族民間歌舞文化變遷調查	민간문화
11	蒙古族飮食文化變遷調查	음식
12	少數民族村落文化的變遷調查	민간문화
13	少數民族鄉鎮歌舞文化變遷調查	민간문화
14	少數民族城市社區文化變遷調查	민간문화
15	內蒙古城鎮社區的建立與變遷調查	거주 형태(도시화)
16	漢族鄉鎮生活方式變遷調查	민간문화
17	漢族村落生産經濟, 社會關係變遷調查	생산 방식

수 있음을 밝혔다. 사업 시작 이후 12개월 이내에 결과물을 제출해야 하며 제출 결과물의 형태는 20만 자 이상의 조사 문건 또는 영상 작품 또는 20만 자 이상의 구술사로 구성할 것이 요구되었다. 2014년 3월 7일에 1차 과제 공모가 있었으나[74] 연구자 선정이 완료되지 않아 같은 내용이 2015년 9월 다시 공표되었다. 연구자 선발 과정에 대한 자세한 내용은 알 수 없으나 선발 후 1년의 연구 기간을 주었고, 모든 과제는 20만

74 내몽골사회과학원 홈페이지 http://www.nmgass.com.cn/content.html?id=2188를 참조.

위안(人民幣)의 과제비를 수혜했다.[75] 내몽골사회과학원에서 제시한 공모 과제는 〈표 7〉과 같다.

5) 내몽골 역사문화 보급과 DB 구축 사업

내몽골민족문화건설연구공정의 시작과 함께 2013년 9월 내몽골 문화의 상징물로서 내몽골을 대표할 문화 부호 '내몽골 10대 문화부호(內蒙古十大文化符號)'를 선정하는 작업이 시작되었다.[76] 내몽골 문화의 상징물을 제정하여 매체를 통해 역사 문화를 보급할 때 이를 적극 활용하고자 하는 의도에서 시작되었다. 내몽골 대초원(內蒙古大草原), 모린호르(馬頭琴), 나아담(那達慕), 몽골 게르(蒙古包), 칭기즈한(成吉思汗), 초원 영웅 어린 자매(草原英雄小姐妹), 몽골 문자(蒙古文), 오보(敖包), 몽골마(蒙古馬), 홍산옥룡(紅山玉龍)이 10대 문화 부호로 선정되었는데 선정 과정은 다음과 같다. 내몽골사회과학원 초원문화연구소가 주축이 되어 조사 작업을 진행하였고 이를 통해 210개의 문화 부호를 선정하고 그중 대표성을 갖는 30개를 추린 후 내몽골 주민 등에 대한 설문조사를 거쳐 최종 10개 문화 부호를 선정하였다.[77]

약 2년의 작업 끝에 2015년 7월 1일 내몽골사회과학원이 선정 내용

---

75 내몽골사회과학원 홈페이지 http://www.nmgass.com.cn/content.html?id=2137를 참조.

76 中華人民共和國 國務院新聞辦公室, 「內蒙古擧行"內蒙古十大文化符號"新聞發布會」(2015년 7월 16일) http://www.scio.gov.cn/m/xwfbh/gssxwfbh/xwfbh/neimenggu/Document/1441390/1441390.htm을 참조.

77 설문조사에 참여한 내몽골 주민은 74%, 내몽골 외부인 26%였으며, 그중 도시 거주자는 93.66%로 대부분 도시 거주자를 대상으로 설문이 진행되었다. 설문에 응한 사람 중 漢族이 37.86%, 蒙古族이 41.51%, 기타 민족이 20.63%였다. 성별로는 남성이 57%, 여성이 43%였다.

을 발표하였다. 그중 '초원 영웅 어린 자매(草原英雄小姐妹)'는 우리에게 조금은 낯선데 그 내용은 다음과 같다. 1964년 2월 내몽골자치구 다르한·모망근기(達茂旗) 초원에서 당시 11세와 8세였던 몽골족 자매 룽메이(龍梅)와 위룽(玉榮)이 생산대(生産隊) 일원으로 양을 치다 눈폭풍을 만나게 되었다. 생산대의 양이 피해를 입지 않게 하기 위해서 위험을 무릅쓰고 양을 몰고 돌아오는 길에 심한 동상을 입어 두 소녀가 심각한 장애를 입은 사건이 발생했다.

두 소녀가 큰 부상을 입었다는 기사가 "폭풍설중일주야(暴風雪中一晝夜)"라는 제목으로 1964년 3월 12일 자 『인민일보(人民日報)』에 실리면서 이들의 이야기가 전국적으로 알려지게 되었고, 이를 기념해서 중국에서는 두 소녀를 '초원 영웅 어린 자매'라고 불러왔다.[78] 이들은 내몽골 초원의 청년 노동 영웅으로 추앙받아오다가 2009년 9월 14일 신중국 성립 이래 가장 감동을 준 중국 인물 100인에 선정되기도 했다. 또한 홍산옥룡(紅山玉龍)은 C 자형의 옥룡으로 1971년 츠펑시(赤峰市) 웡뉴드기(翁牛特旗) 산싱탈(三星塔拉)에서 발굴되었다. 중국에서는 중화 용문화의 기원으로 이해되고 있으며 초원문화의 원류와 중원문화의 접점을 이루고 있다고 하여 크게 주목받고 있다. 내몽골을 유목문화보다 광범한 개념인 초원문화지역으로 규정하면서 내몽골의 이미지는 많은 변화를 겪고 있다.

데이터베이스 구축과 관련해서는 2013년 '내몽골 문화 자원 데이터베이스(內蒙古文化資源數据庫)' 사업이 시작되었다. 그러나 이는 역사 문헌 정리, 주제 연구 사업, 지역 조사 사업 등이 그랬듯이 앞서 진행된 민족

78 『人民日報』 홈페이지 http://data.people.com.cn/rmrb/19640312/2를 참조.

문화대구건설사업 시기에 이미 시작된 사업을 계승 발전시킨 것이다. 2004년 10월부터 2009년 7월까지 약 5년에 걸쳐 내몽골사회과학원은 '내몽골 민족민간문화유산 데이터베이스' 건설 프로젝트('內蒙古民族民間文化遺産數据庫'建設工程)'를 진행했다. 이 사업은 크게 민속, 민간 문학, 민간 예술, 민간 문화 전승자 등 4개 분야로 나눠 정리되었다.[79] 이렇게 정리된 데이터는 2007년 7월 새롭게 개관한 내몽골박물관에서 결과물을 전시함으로써 대중과 만나게 되었다.[80] 그 후에도 자료 수집, 자료의 광범한 확산 이용률의 제고를 위한 노력이 계속되었는데 '민족문화건설연구공정'이 시작되면서 2013년부터 약 2년에 걸쳐 내몽골사회과학원이 주관하여 '내몽골 문화 자원 조사(內蒙古文化資源調査)' 사업을 진행하고 2015년 2월 '내몽골 문화 자원 데이터베이스(內蒙古文化資源數据庫)' 전문가 평가 회의를 개최하였다. 이 작업의 결과물은 19개 대분류로 구성되며 그 아래 13만 4,427개의 문화 자원 개별 항목, 4만 9,892명의 문화 인재(文化人才, 전통문화 전승인), 5만 5,833명의 문화 기구 종사자를 등록하여 내몽골 문화 자원을 관리할 수 있는 데이터베이스를 구축하였다.[81] 이 사업은 2016년에 개통된 '중화인민공화국 국사

---

79 내몽골사회과학원 홈페이지 http://www.nmgass.com.cn/content.html?id=3172를 참조.

80 내몽골사회과학원 홈페이지 http://www.nmgass.com.cn/content.html?id=1278를 참조.

81 내몽골사회과학원 홈페이지 http://www.nmgass.com.cn/content.html?id=1035를 참조. 평가 회의에 참석한 우탄잉은 구축된 데이터의 활용을 위해 자료를 가공하고 이용률을 제고하기 위한 다양한 방안을 추후 논의해야 함을 강조했다. 또한 이러한 사업이 이후 內蒙古民族文化强區建設 사업과 "8337"發展思路의 실행을 위해 공헌할 것임을 강조했다. "8337"發展思路는 2013년 내몽골자치구 당위원회가 제시한 정치 노선이다. 이에 대해서는 http://gov.nmgnews.com.cn/8337/를 참조.

데이터베이스(中華人民共和國國史數据庫)', '서역 문물고고 데이터베이스(西域文物考古數据庫)' 등 역사, 고고 문물과 관련된 방대한 데이터베이스 구축 작업과 일맥상통한다고 하겠다.[82]

V. 맺음말

근대국가의 형성 과정에서 중국은 다양한 민족의 역사 전통, 다채로운 민족문화를 아우르면서 오늘날의 중화대가정(中華大家庭)을 구축해 왔다. 그럼에도 중화민국, 중화인민공화국의 국호에서 보이듯 중화는 한족(漢族)을 구심점으로 하는 새로운 국민국가 건설의 염원을 담은 것이어서 한족 이외의 민족에게 주인공의 자리는 허락되지 않았다. 신중국 건설, 문화대혁명, 개혁개방에 이르는 일련의 중국 현대사에서 역사의 주역은 한족이었고, 한족의 역사가 곧 중국사였다. 그러나 1980년대 말부터 1990년대 초 대두하기 시작하는 변경 지역 소수민족의 민주 의식의 성장—중앙의 입장에서는 민족주의의 성장—은 물론, 한족이나 소수민족을 불문한 변경 지역의 지역주의 경향은 청대 대일통(大一統)의 계승자로서 중화인민공화국의 미래를 장담할 수 없는 분열적 요소로 작용했다.

이에 중앙민족대학(中央民族大學), 인민대학(人民大學) 산하 청사연구소(淸史硏究所), 사회과학원 중국변강연구소, 티베트연구센터(藏學硏究

82 中華人民共和國國史數据庫 http://prc.goosuudata.com/index.php?m=login&a=index를 참조.

中心) 등 베이징의 주요 국책 연구기관, 국립대학이 중심이 되고 변경 지역의 지방 국립대학이 협조하여 다양한 변경 지역 지역학 연구가 전개되었다. 이제는 소수민족, 변경 지역의 역사도 중국 역사의 주요한 부분이며 결코 경시하거나 곁가지로 다룰 수 없는 부분임을 인식하는 과정의 일환이었다. 물론 소수민족이 중국 역사의 주역임을 인정하는 것은 아니지만 소수민족과 변경 지역 또한 중국 역사의 일부임을 인식하고 이에 대한 연구, 지적 전통의 계승 발전을 외국 학계에 맡기지 않겠다는 강한 의지를 드러내기 시작했다. 이러한 중국 학계의 변화는 민족주의의 강화라는 측면에서 비판받을 부분이 있으나 일면 학술적 성숙의 기회가 될 수도 있어 사학사적 관점에서 검토해볼 필요도 있다고 생각한다.

그간 중국 역사학계는 한족의 역사, 정통 왕조의 역사 전통만을 설명하기 위해 노력해왔다. 그러나 2000년대 이후 『청사(淸史)』 편찬은 물론 중앙과 각급 지역 단위 연구소까지 변강사를 중국사의 본류와 연결시키기 위한 노력을 강화해왔다. 이는 중국 전역의 각급 박물관에도 영향을 미쳐 관련 유물을 전시하는 데 이르고 있는데 그 중심에 있는 베이징 중국국가박물관(中國國家博物館)의 변화는 모두를 놀라게 했다. 이는 역시 소수민족과 주변 변강 지역 역사를 적극적으로 중국사에 편입시키는 과정의 일환이라고 하겠다.

자연스럽게 소수민족 언어로 기술된 역사 기록물에 대한 관심도 높아지고 있으며, 이는 북강사 연구에도 직접 영향을 주고 있다. 과거 변강사지총서(邊疆史地叢書)에서 강조되었던 것이 한문 위주의 역사 기록물이었다면 이제는 소수민족 언어 자료에 대해서도 적극적인 연구와 번역을 수행하여 이를 연구에 직접 활용하기 시작하였다. 한편으로 이러한 경향은 미국 학계를 중심으로 전개된 신청사(New Qing History) 연구

경향과 경쟁하고 호응하면서 강화된 측면도 없지 않다.

한족 이외 소위 '소수민족의 역사'를 중국사의 일부로 수용하려는 중앙정부의 의지는 선명했지만 이것이 일방적인 흡수 이론으로 점철될 경우 자칫 민족주의나 지역주의를 부추길 수 있다는 점 또한 간과할 수 없었다. 이에 각 민족의 독자성을 인정하는 속에서도 그 독자성조차 포용할 수 있는 중화 문명의 공통 근원을 탐색하는 방식으로 각 민족과 중화의 관계를 재설정하기 시작했다. 내몽골의 경우, 몽골을 비롯한 북부변강 지역을 구성해온 다양한 문화 요소가 중화의 심원한 근원과 맞닿아 있음을 밝혀 유목과 몽골로 대표되었던 내몽골의 역사와 전통문화가 새로이 형상화된 초원문화의 일부로 축소되는 효과를 낳았다. 2000년대에 접어들어 내몽골자치구를 중심으로 전개된 '민족문화대구건설공정', '초원문화연구공정', '북부변강역사와 현상연구 프로젝트(北部邊疆歷史與現狀研究項目)', '민족문화건설연구공정' 등 국책 사업을 통해 등장한 '초원문화' 개념은 외적으로는 유라시아 초원과 내몽골을 분리하고 내부적으로는 내몽골에서 몽골과 유목의 중심적 지위를 박탈하는 방식으로 새로운 내몽골의 정체성을 제시하고 있다.

참고문헌

이평래, 2014, 「초원공정, 문화라는 이름의 다목적 공정」, 『중국의 변강 연구』, 동북아역사재단.

『中國蒙古文古籍總目』編委會, 1999, 『中國蒙古文古籍總目』, 北京圖書館出版社.

國家民族事務委員會 全國少數民族古籍整理研究室 編, 2013, 『中國少數民族古籍總目提要 · 蒙古族卷』, 中國大百科全書出版社.

董恒宇 · 馬永眞 主編, 2005, 『中國內蒙古第首屆草原文化硏討會論文集』, 內蒙古教育出版社.

孫蓓欣 · 申曉亭, 2000, 「『中國蒙古文古籍總目』: 中國第一部大型少數民族古籍全國聯合目錄」, 『中國圖書館學報』, 2000年 第6期.

吳團英, 2016, 『草原文化講演錄』, 遠方出版社.

吳團英 · 馬永眞 · 包雙龍, 2006, 『文化內蒙古』 3冊, 內蒙古教育出版社.

王延中 · 丁賽, 2015, 『中國民族地區經濟社會調查報告 · 2013年調查問卷分析 · 南方卷』, 中國社會科學出版社.

牛森 主編, 2005, 『草原文化研究資料選編』, 內蒙古教育出版社.

齊木德道爾吉 主編, 2013, 『蒙古學百科全書』 20冊, 內蒙古人民出版社.

巴特爾 主編, 2012, 『草原文化與文學藝術論叢』 第6輯, 內蒙古人民出版社.

桂宇, 2006, 『少數民族地區旅遊産業政策體系研究』, 雲南師範大學 碩士學位論文, 2006年 5月.

高延青, 2002, 「弘揚民族文化 建設內蒙古民族文化大區」, 『內蒙古宣傳』, 2002年 第10期.

歐陽雪梅, 2019, 「新中國70年社會主義文化建設及其經驗」, 『光明日報』, 2019年 7月10日 11版.

金毅, 2004, 「民族文化旅遊開發模式與評價」, 『廣東技術師範學院學報』, 2004年 第1期.

陶玉坤, 2006, 「長城與中國文化地理」, 董恒宇 · 馬永眞 主編, 『中國內蒙古第二屆草原文化硏討會論文集』, 內蒙古教育出版社.

李紅梅, 2006, 「黃土文化與草原文化的完美結合: 淺談二人臺音樂中蒙漢文化交融」,

董恒宇·馬永眞 主編,『中國內蒙古第二屆草原文化硏討會論文集』, 內蒙古教育出版社.
薛瑞澤, 2010,『秦漢魏晋南北朝屆河文化與草原文化的交融』, 科學出版社.
盛明光·塞樹林, 2009,「加快實施內蒙古文化産業"走出去"發展戰略」,『前沿』, 2009年 第4期.
阿古拉, 2002,「建設文化大區要動員全社會參與」,『內蒙古宣傳』, 2002年 第10期.
楊政銀·田光輝·宗太慶, 1991,「走向世界的民族文化:"貴州民族文化走向世界討論會"綜述」,『貴州文史叢刊』, 1991年 第1期.
楊兆萍·謝婷·李曉彦, 2001,「典型少數民族文化旅遊地開發與保護: 以喀什地區爲例」,『干旱區地理』, 第24卷 第4期.
烏恩特, 2011,「國家社科基金特別項目《北部邊疆歷史與現狀硏究》」,『內蒙古年鑒』, 遠方出版社.
王利俊·王東輝, 2008,「"和文化", 草原文化的核心價値: 兼論呼和浩特市昭君文化的當代意義」, 董恒宇·馬永眞 主編,『中國內蒙古第四屆草原文化硏討會論文集』, 內蒙古教育出版社.
王亞力, 2003,「南方長城與"長城文化之旅"的開發」,『旅遊學刊』, 2003年 第3期(第18卷).
張海斌, 2000,「包頭境內的戰國秦漢長城與古城」,『內蒙古文物考古』, 2000年 第1期.
儲波, 2004,「加快文化發展建設民族文化大區」,『求是』, 2004年 第10期.
趙林, 2002,「農耕世界與遊牧世界的衝突融合及其歷史效應」,『武漢大學學報(人文版)』, 2002年 第6期.
靑格勒, 2005,「打造文化品牌建設民族文化大區」,『思想工作』, 2005年 9期.
鄒龍漢, 2003,「建設民族文化大區 實現人民文化利益: 訪自治區黨委副書記陳光林」,『內蒙古宣傳』, 2003年 第4期.
何穎·顔景·何曉萍, 2001,「廣西民族文化的産業化發展硏究」,『民族歷史與文化硏究』, 2001年 第2期(總64期).
解毅, 1999,「麗江建設民族文化大區之我見」,『雲南社會科學』, 1999年 第6期.

內蒙古網絡廣播電視臺 騰格里網, http://www.nmtv.cn.
內蒙古社會科學院, http://www.nmgass.com.cn.
內蒙古草原文化保護發展基金會, http://www.gccd.org.cn/nmzx/jjh.asp.

『人民日報』, http://data.people.com.cn.

中國知網, www.cnki.net.

中華人民共和國 國務院新聞辦公室, 「內蒙古擧行"內蒙古十大文化符號"新聞發布會」(2015년 7월 16일), http://www.scio.gov.cn/m/xwfbh/gssxwfbh/xwfbh/neimenggu/Document/1441390/1441390.htm.

中華人民共和國國史數据庫, http://prc.goosuudata.com/index.php?m=login&a=index.

5장

범(汎)몽골주의의 역사적 추이

이평래
한국외국어대학교 중앙아시아연구소 연구교수

I. 머리말

이 글은 20세기 초기에 발흥한 범몽골주의(Pan-Mongolism)의 역사적 추이를 고찰하는 데 목적을 두고 있다. 범몽골주의는 몽골인들의 정치 및 문화적 통합을 제창하는 민족 통합운동과 사상을 말한다. 즉, 현재의 몽골국, 중국, 러시아연방에 거주하고 있는 몽골계 민족을 통합하여 하나의 통일국가를 건립하려는 주장과 운동을 범몽골주의라고 한다. 주로 몽골국, 중국의 내몽골자치구 등 몽골인 거주지, 러시아연방의 부랴트공화국의 통합을 말하지만, 경우에 따라서는 몽골 북부의 투바공화국을 통합의 범위에 넣기도 한다.[1] 그러나 20세기 전체를 통하여 가장 자주 얘기되었고, 역사 과정에서 구체적으로 실천에 옮겨진 민족 통합운동은 몽골국과 중국 내몽골자치구의 통합이다.

범몽골주의라는 말은 원래 러시아 신비주의 철학자 블라디미르 솔로비요프(V. S. Soloviev, 1853~1900)가 발표한 〈범몽골주의(Panmongolizm, 1894)〉라는 시(詩)에 처음 등장한다.[2] 솔로비요프는 19세기 슬라브 문화권에서 널리 퍼진 범슬라브주의(Pan-Slavism)에 착안하여 이 말을 사용했던 것으로 보인다. 범슬라브주의가 공통의 언어와 종교를 바탕으로 슬라브족을 단결시키려고 한 사상이나 운동이었다면, 솔로비요프 작품

---

1 Pan-Mongolism, https://en.wikipedia.org/wiki/Pan-Mongolism(검색일: 2020. 1. 20); Robert A. Rupen, 1964, *Mongols of the Twentieth Century*, Part I, Bloomington, Indiana Univ., Hague: Mouton & Co., p. 69; Christopher Kaplonski, 2004, *Truth, History, and Politics in Mongolia*, London and New York: Routledge Curzon, p. 15.

2 Panmongolizm의 우리말 번역은 박종소, 2001, 「블라지미르 솔로비요프의 창작에 나타난 종말론적 요소」, 『러시아연구』 11-2, 80쪽 참고.

속의 범몽골주의는 몽골인들을 하나로 단결시키려고 한 운동 또는 이념이었다. 다만 그의 작품에 등장하는 몽골은 몽골인뿐 아니라 동방의 제 민족, 즉 황인종을 지칭하였다. 실제로 솔로비요프는 그의 또 다른 작품에서 몽골을 일본인, 중국인, 몽골인, 티베트인으로 구체화하거나 황인종으로 쓰기도 하였다. 그는 일본이 동방 민족들을 규합하여 서방세계를 침략할 것이라고 예언했는데,[3] 이 동방 제 민족을 결집시키려고 한 이념과 운동이 바로 범몽골주의이다.

이런 점에서 솔로비요프의 시 속의 범몽골주의는 황인종의 침략에 대한 심리적 공포나 경계심을 표현한 것으로 볼 수 있다. 한 연구자의 지적[4]처럼 러시아인의 황인종에 대한 공포는 먼 옛날 훈족의 침략으로 거슬러 올라간다. 그 공포의 전설이 13~14세기에 러시아를 지배한 몽골군에 의해 현실화되었으며, 그것이 러시아사 전체를 관통하는 '타타르의 멍에(tatarskoe igo)'로 정착되었다. 이처럼 몽골에 대한 심리적 공포 또는 경계심에서 나온 범몽골주의를 민족 통합운동이라는 정치 운동을 뜻하는 개념으로 사용한 사람이 러시아 외교관 코로스토비츠(I. Ya. Korostovets)이다. 그는 1919년 부랴트, 내몽골, 바르가(Barga) 대표들이 원동러시아 치타에서 대몽골국 임시정부 수립을 결의한 사건을 "부랴트 분리주의자의 선동과 그들의 범몽골운동 계획 시도"[5]라고 특기했는데, 여기서 분리주의는 이제 막 수립된 소비에트로부터의 분리를 말한다.

3 블라디미르 솔로비요프 지음, 박종소 옮김, 2009, 『악에 관한 세 편의 대화』, 문학과지성사, 194~299쪽.

4 田中克彦, 2017, 「パンモンゴリズムという語の起源と発展」, 『モンゴルと東北アジア』 vol.3, 30쪽.

5 コロストヴィェッツ 著, 高山洋吉 譯, 1943, 『蒙古近世史』, 東京: 森北書店, 469쪽.

이처럼 범몽골주의는 20세기 초기 러시아인들이 몽골 민족주의를 경계하는 용어로 사용하면서 일반인들 사이에서도 널리 쓰이게 되었다. 그리고 이 말은 소련 시기 내내 소련 당국의 몽골 민족주의에 대한 탄압의 도구로 활용되었다. 그러나 이 말이 어디에서 왔든 간에 범몽골주의는 몽골인들이 20세기 초기 청조의 지배에서 벗어나면서 발흥하기 시작하여 20세기 내내 몽골 민족운동의 중심 주제로 기능했으며,[6] 1990년대 초기 몽골인민공화국의 체제 전환 이후 현재까지도 그 희미한 잔영이 이어지고 있다. 이런 점에서 범몽골주의의 역사적 변화 과정에 대한 고찰은 몽골 근현대사의 전개 과정은 물론이고, 현재 크게 세 나라에 분산 거주하고 있는 몽골인들의 '몽골 정체성', 그리고 지난 세기와 금세기의 몽·중 및 몽·러 관계의 주요 문제를 이해하는 데 핵심 과제의 하나이다. 본 주제의 중요성에도 불구하고 지난 한 세기를 시야에 넣고 범몽골주의의 전개 과정을 검토한 연구는 하나도 없다. 물론 1911년 독립선언 후 전개된 민족 통합운동[7]과 1919년 치타에서 성립된 대몽골 임시정부[8]를 범몽골주의 시각에서 분석한 논문이나 1990년대 초기 몽골국, 내몽골자치구, 부랴트공화국에서 나타난 몽골 민족주의 흥기를 범몽골주의

---

6 Xiaoyuan Liu, 2006, *Reins of Liberation, An Entangled History of Mongolian Independence, Chinese Territoriality, and Great Power Hegemony 1911-1959*, Stanford: Stanford University Press, p. 6.

7 Л. Жамсран, 1992, Монголын сэргэн мандалтын эхэн, Улаанбаатар; Mei-hua Lan, 1996, *The Mongolian Independence Movement of 1911: A Pan-Mongolian Endeavor*(Ph.D. Dessertation, Harvard University); 張啓雄, 2001, 「汎モンゴル統一運動-別角度から見たハルハ独立-」,『人文學報』85.

8 二木博史, 1997(a), 「大モンゴル國臨時政府の成立」,『東京外國語大學論集』54; Б.В. Базаров, 2002, Неизвестное из Истории Панмонголизма, Улан-Удэ: Изд-во БНЦ СО РАН.

유산으로 보는 글[9] 등이 있다. 또한 사회주의 시기 범몽골주의자에 대한 탄압 관련 자료집[10]이나 범몽골주의의 기원을 논한 논고,[11] 최근 범몽골주의와 1930년대 몽골어 문제 및 범몽골주의 연구의 필요성을 제창한 논고 등도 있다.[12]

이들은 20세기 초기에 발흥한 범몽골주의의 역사적 추이를 이해하는 데 많은 도움을 주고 있다. 그러나 이들 중 극히 일부 연구를 제외하고는 범몽골주의에 관한 기존의 논의와 특정 부분을 소개하는 정도로 본격적인 연구로 보기는 어렵다. 이에 필자는 선학들의 연구를 적극 수용하여 20세기 내내 전개된, 어떤 측면에서는 현재까지 이어지는 범몽골주의의 시대적 변화를 민족 통합운동을 중심으로 하여 검토하려고 한다. 먼저 1911년 독립선언, 1921년 민족민주혁명, 1945년 제2차 세계대전 이후에 전개된 민족 통합운동을 범몽골주의의 시각에 따라 차례로 검토할 것이다. 그리고 마지막에 범몽골주의의 성격이 바뀌는 1950년대 이후에서 현재에 이르기까지의 상황을 결론 삼아 정리할 것이다. 이렇게 함으로써 20세기 범몽골주의 연구의 방향을 정하고 본격적인 연구의 기틀을 마련하려고 하는 것이 이 글의 최종 목표이다. 이런 점에서 이 글

---

9 二木博史, 1997(b), 「パンモンゴリズムの現在」, 『アジア読本, モンゴル』, 東京: 河出書房新社, 118~125쪽.

10 Г. Ариунболд, 2011, "Нармай Монгол"−изм−("Панмонголизм")−ын хэрэгт хэл мэгдсэн Монголчууд, 1937−1941, Улаанбаатар.

11 田中克彦, 2017, 앞의 논문.

12 Ц. Шагдарсүрэн, 2015, ПанМонголизм буюу нармай Монголын үзэл хэмээгч хийгээд түүниий монгол хэл бичигт холбогдсон учир шалтгаан, Түүхийн судлал боть XLIII−XLIV; П. Наранбаяр, 2017, Нармай монголын үзэлийн тухайд судлаачийн бодол, XX зууны Монгол: Түүх, соёл, геополитик, гадаад харилцааны тулгамдсан асуудлууд, Улаанбаатар.

은 20세기 범몽골주의 연구의 서설에 해당한다.

II. 1911년 독립선언과 범몽골주의의 발흥

1911년 독립선언은 20세기 몽골인들의 민족 통합운동의 서막이었다. 1368년 원조 멸망 후 몽골인들은 극심한 내부 분열에 시달리다 17세기 초기부터 청조의 지배하에 들어갔다. 2백여 년에 걸친 청의 몽골 지배는 몽골인들의 분열을 더욱 가속화시켰다. 따라서 청 지배 시기 몽골인들이 해결해야 할 역사적 과제는 독립과 분열된 민족을 통합하는 일이었다. 1911년 독립선언과 함께 민족 통합운동이 일어났던 것도 이 때문이다. 연구자들은 이를 범몽골운동 또는 대몽골운동 등 여러 가지 말로 부르고 있다. 그러나 그 이름을 어떻게 부르든 민족 통합운동이 처음부터 조직적으로 진개되었다는 점에 주목할 필요가 있다. 이는 곧 이 시기 민족 통합운동이 독립 후 발생한 일시적 현상이 아니라 독립과 함께 구상되고 실행된 치밀한 계획에서 나왔을 가능성을 말해준다.[13]

할하(Khalkh)[14] 불교 수장 젭준담바 호탁트(Jebzundamba Khutagt, 1870~1924)가 1895년 바담도르지(Badamdorj)를 러시아에 파견하여 러시아 황제에게 청조로부터의 독립에 대한 지원을 요청했다는 딜라브 호

13 張啓雄, 2001, 앞의 논문, 28쪽; 이평래, 2008, 「1911년 몽골 독립과 민족 통합 운동의 초기 과정」, 『동양사학연구』 104, 156~158쪽.

14 현재 몽골국 몽골족의 주요 집단과 그들의 거주지를 지칭하는 개념으로 지역적으로 보면 외몽골에 해당한다.

탁트(Dilav khutagt)의 증언[15]이 이를 뒷받침한다. 여기서 중요한 것은 당시 방러 대표단이 독립에 대한 지원과 함께 몽골인들이 장성(長城) 이북의 모든 지역을 지배하는 것을 도와달라고 요청했다는 대목이다. 이는 몽골인 거주지 전체를 통합하여 하나의 독립국가를 건설하겠다는 뜻과 같다. 1911년 7월 청조로부터의 독립을 결정한 복드 산 비밀회의에 할하는 물론 하이산(Khaisan)과 악왕-자삭(Agvan-Zasak) 등 내몽골인과 서몽골인까지 참여한 것[16]이나 같은 해 7월 29일 독립에 대한 지원을 요청하기 위해 러시아로 떠난 대표단에 하이산이 포함된 것도 우연으로 볼 수 없다. 특히 몽골인 및 외국인 연구자들이 하이산의 존재를 민족 통합과 관련지어 이해하고 있는 것은 이 글의 주제와 관련하여 매우 중요하다. 그 후 몽골의 고위급 방러 대표단(1912년과 1913년), 캬흐타 몽·중·러 삼국협정(1914~1915), 서몽골(1912)과 내몽골 통합전쟁(1913)에 각지의 내몽골인들이 대표와 지휘관으로 참여한 것도 같은 맥락에서 이해가 가능하다.

1911년 8월 15일 상트페테르부르크에 도착한 방러 대표단은 러시아 황제와 외무부에 올리는 서한을 지참했는데, 이 서한에서 몽골인들은 할하와 더불어 내몽골의 어려운 사정을 상세히 알리고 내몽골인들 또한 청으로부터 독립을 원하고 있음을 전하고 있다.[17] 이는 당시 몽골인들이

---

15 Owen Lattimore & Fujiko Isono, 1982, *Diluv Khutagt-Memoirs Autobiography of a Mongol Buddist Reincarnation in Religion and Revolution*, Wiesbaden: Otto Harrassowitz, pp. 67~68.

16 А.В. Бурдков, 1969, В Старой и Новой Монголии, Москва: Издательства Наука, pp. 29~30.

17 Л. Дэндэв, 2003, XX зууны Монголын түүхийн эх сурвалж(1911-1921), Уйгар жин монгон бичгээс кирилл үсэгт буулгаж хэвлэлд бэлтгэсэн О. Батсайхан, Ул

내·외몽골을 포괄하는 독립을 구상하고 있었음을 시사한다. 이런 생각은 "대저 세상에 끝이 없는 것은 없다. 청조의 이러한 상황은 모두 때가 다했기 때문이다. 그러나 우리 여러 몽골족은 모두 하나가 되어 독립을 이룩하고 황교(黃敎)를 부흥시키고 외세 지배와 고통에서 벗어날 때가 되었다"[18]라고 한 젭준담바의 룬덴[19]에 잘 나타나 있다. 방러 대표단이 귀국하고 신해혁명이 발발한 직후인 1911년 11월 28일 몽골 왕공들은 시국회의를 개최하고 그 결과를 젭준담바에게 보고했는데, 룬덴은 이에 대한 답변으로 내려진 것으로 사실상 독립을 촉구하는 명령이었다.

이 룬덴의 가르침에 따라 할하 왕공들은 1911년 12월 1일 몽골이 청의 지배를 벗어나 독립국가가 되었음을 공식 선포하고 곧바로 민족 통합에 착수하였다. 그 첫 번째 과정으로 후레(Khüree, 현재의 울란바타르)의 임시정부는 내몽골 6맹(盟), 후흐 호트(Khökh khot)의 투메드(Tümed), 울드(Ööld), 바르가, 다리강가(Dariganga), 알라샤(Alashaa), 간쑤성, 산시성 등 각지의 몽골족 거주지에 독립을 통보하고 귀부를 권유하는 서신을 보냈다.[20] 서신의 주요 내용도 독립과 민족 통합에 관한 것이다. 사실 수식어가 붙은 인사말을 빼면 서신은 이 두 마디로 요약된다. 귀부

аанбаатар, pp. 112~117; А. Очир, Г. Пүрвээ, 1982, Монголын ард түмний 1911 оны үндэсний эрх чөлөө тусгаар тогтнолын төлөө тэмцэл, Баримт бичиг эмхтгэл(1900~1914), Улаанбаатар: Улсын хэвлэлийн газар, pp. 164~168.

18 Л. Дэндэв, 2003, 앞의 책, p. 118.

19 Lünden〈Tib. Lung-bstan, 달라이 라마 등 티베트 불교 수장의 詔書 또는 가르침을 말한다.

20 Л. Дэндэв, 2006, Монголын товч түүх, Монгол бичгээс хөрвүүлж оршил бичиж тайлбар нэрсийн хэлхээ хийсэн Доктор С. Чулээн, Улаанбаатар, pp. 86~87; Н. Магсаржав, 1994, Монгол улсын шинэ түүх, Монголоос кирилл бичигт булгасан О.Батсайхан, З. Лонжид, Улаанбаатар, p. 11.

권유는 1911년 12월 29일 젭준담바 호탁트가 복드 칸(Bogd khaan)으로 신정부의 국가수반에 추대된 후에도 지속적으로 이루어진다. 이에 호응하여 각지의 몽골인들이 적극적으로 귀부를 청원해 왔다. 현재 국립공문서보관소에는 이 시기 귀부와 관련하여 몽골 신정부와 내몽골 등지의 몽골인들 간에 주고받은 방대한 자료가 남아 있다. 이에 따르면 1913년 기준으로 내몽골 총 49기(旗) 중 36기와 차하르(Tsaskhar), 홉스굴의 오랑하이(Khövsgöl uryankhai), 두르부드(Dörvöd), 자흐친(Zakhchin), 알타이 오랑하이(Altai uryankhai), 토르고드(Torguud), 호쇼드(Khoshuud), 다라강가, 바르가 등 몽골족과 탄누 오랑하이(Tanu Uryankgai, 현재 투바공화국 거주민), 카자흐 등 투르크계 민족들이 귀부를 알려 왔다.[21] 여러 연구자들의 지적처럼 귀부 청원서에는 독립과 민족통합에 대한 강한 지지와 함께 몽골인의 정체성의 상징인 전통 생업과 종교에 대한 보호 의지가 강하게 표현되어 있다.[22]

젭준담바 호탁트의 즉위식 또한 민족 통합과 관련하여 주목할 만하다. 당시 후레 주재 러시아 대리영사 라브도프스키는 1911년 12월 11일 본국 외무부에 보낸 보고서에서 "12월 29일 젭준담바를 할하의 군주로 선포하려고 합니다. (중략) 즉위식은 대체로 칭기즈칸 왕조 초기 몇몇 군주 시대의 몽골 관습에 따라 진행될 것입니다"[23]라고 얼마 후 열릴 즉위식을 몽골제국과 관련시켜 설명하고 있다. 포포프라는 러시아인도 "몽

---

21 Ж. Гэрэлвадрах, 2014, Монголчуудын нэгдсэн улс байгуулахын төлөөх тэмцэл I, Баримт бичийн эмхтгэл, Улаанбаатар, p. 8, pp. 71~74.

22 Urgunge Onon & Derrick Pritchatt, 1989, *Asia's First Modern Revolution*, Leiden · New York · København · Köln, p. 23, 39; Ж. Гэрэлвадрах, 2014, 위의 책, p. 7.

23 陳春華 譯, 1991, 『俄國外交文書選譯』, 哈爾濱: 黑龍江教育出版社, 19쪽.

골이 중국의 지배를 벗어나 입헌군주국이 되지는 못했으나 칭기즈칸이 건설한 제국과 전통적인 관계가 있는 군주가 무한(無限) 권력을 갖는 제국이 되었다"[24]라고 새로운 국가를 몽골제국과 관련시키고 있다. 이처럼 새 국가를 몽골제국, 새 군주를 칭기즈칸과 연결시킨 데는 그 나름의 이유가 있었다. 우선 신정부의 군주로 추대된 젭준담바 호탁트는 형식상 칭기즈칸의 직계 후손이었다.[25] 몽골제국은 또한 모든 몽골인을 통합한 통일국가였다. 이런 점에서 몽골제국은 민족 통합을 상징한다고 할 수 있다.

1911년 12월 1일 독립선언을 전후한 시기의 문건에 "대몽골국"이 자주 등장하는 것도 주목을 요한다. 같은 해 11월 30일 임시정부는 후레 주재 청조 판사대신(辦事大臣) 산도(San-Do, 三多)에게 사람을 보내 "몽골인들은 모든 땅을 스스로 지키고, 전권을 가진 대몽골국을 건설하여, 젭준담바를 칸으로 추대하기로 결정했습니다"라고 통지하고 신속히 몽골을 떠날 것을 요청하였다.[26] 또한 12월 7일 임시정부는 할하와 접경하고 있는 실링골(Shilingol)맹, 올란차브(Ulaantsav)맹, 이흐 조(Ikh zuu)맹, 알라샤, 다리강가, 바르가 등지의 몽골인에게 서신을 보내 대몽골국을 세우려는 중요한 때에 각자의 지역 방위를 튼튼히 할 것을 당부하였

24 И.И. Попов, 1912, От Небесной Иимперии к Серединной Республике: История Китая, Монголии, Тибета и Наших Сношений с Китаем, Москва, p. 267.

25 칭기즈칸의 직계인 투셰트 칸 곰보도르지의 아들 자나바자르(1635~1723)는 티베트의 活佛 젭준담바의 轉生으로 추대되었는데, 그 후 그와 그의 전생들은 몽골 불교의 수장 역할을 하였다. 위의 젭준담바는 자나바자르 이후 여덟 번째 전생이다. 그는 티베트인이지만 제1대 젭준담바의 전생이기 때문에 이론적으로 칭기즈칸의 후예로 인정된다.

26 Л. Дэндэв, 2006, 앞의 책, p. 84; 陳崇祖, 1965,『外蒙古近世史』, 臺北: 文海出版社, 10~11쪽.

다.[27] 널리 알려진 것처럼 대몽골국은 1206년에 창건된 몽골제국의 공식 명칭이다. 그리고 앞에서 말했듯이 몽골제국은 민족 통합의 상징이다. 따라서 새로운 국가를 대몽골국이라고 부른 것은 민족 통합에 대한 의지가 반영된 것으로 보아야 할 것이다.

5부 내각 구성에서 내몽골 등지에서 귀부해 온 사람들이 다수 참여했다는 것도 민족 통합과 관련하여 생각해볼 여지가 충분하다. 당시 중앙 부서의 차관은 대부분 내몽골인들이 담당했는데, 그중 일부는 식견이 뛰어나 장관들이 그들을 시샘했다[28]고 하듯이 신정부 내에서 내몽골인들의 역할이 두드러졌다. 이처럼 귀부자들을 정부 요직에 기용한 것은 이들에 대한 예우와 함께 민족 통합을 가속화하기 위한 의도적인 조치에서 나왔다. 이는 1912년 5~8월에 진행된 호브드(Khovd) 통합전쟁에서도 확인된다. 이전 연구에서 언급한 것처럼 호브드 전투는 할하, 바르가, 차하르, 오랑하이, 두르부드, 토르고드 등 몽골계 민족의 대동단결하에 수행되었다. 또한 담딩수렌(Damdinsüren), 막사르자브(Magsarjav), 톡토흐(Togtokh), 하이산, 담딩바자르(Damdinbazar), 담비장찬(Dambijantsan) 등 할하, 내몽골, 서몽골을 대표하는 사람들이 전투를 지휘하고, 심지어 탄누 오랑하이인들까지 전쟁에 참여한 것[29]은 이 전쟁이 민족 통합운동의 일환으로 이루어졌음을 말해준다.

---

27 Б. Ширэндэв. Ш. Нацагдорж, 1972, В. Котвичийн хувийн архиваас олдсон монголын түүхэнд холбогдох зарим бичиг, Улаанбаатар: Шинжлэх ухааны академийн хэвлэл, pp. 103~106; Н. Магсаржав, 1994, 앞의 책, p. 11.

28 中見立夫, 1976,「ハイサンとオタイ」,『東洋學報』57-1/2, 133쪽.

29 Josef Šima, 1974, "On the Character of the So-Called Pan-Mongol Movement After 1911", *Ar Or* 42-2, pp. 103~104; Л. Жамсран, 1992, 앞의 책, p. 87.

민족 통합을 향한 몽골인의 노력은 1912년 10~11월에 진행된 몽러 회담에서도 잘 나타난다. 이 시기 러시아의 대몽골 정책의 기조는 '몽골의 지위를 중국 종주권하의 자치국으로 두고 그 적용 범위를 할하로 한다'는 것이었다. 이는 1911년 8월 17일 각료회의 의장 스톨리핀(P. A. Stolypin) 주재하에 열린 '원동문제특별회의'의 결정으로 제정러시아가 소멸할 때까지 이 원칙을 벗어나지 않았다. 러시아 외교관 코로스토비츠도 이 원칙에 따라 몽골과의 교섭을 시도하였다. 몽골 측은 귀부 지역의 몽골국에의 통합을 강력히 주장하는 데 그치지 않고, 러시아가 이를 거부할 경우 다시 중국과 협상하겠다고 협박하였다.[30] 난항을 거듭하던 회담은 몽골의 범위에서 내몽골을 빼는 대신 협정문에 "외몽골"을 "몽골"로 쓰자는 몽골 측의 수정안이 받아들여지면서 1912년 11월 3일에 타결되었다. 사실 "몽골"이라는 단어는 여러 해석이 가능한 애매한 말이다.[31] 일부 연구자들은 몽골 측이 이처럼 애매한 개념의 사용을 주장한 것은 향후 몽골의 범위에 대한 가능성을 열어두기 위한 전략으로 보고 있다. 즉, 러시아의 양보를 얻어내기 어려운 내몽골을 협정의 범위에 포함시키는 대신 "몽골"이라고 영토의 범위를 애매하게 처리함으로써 후일을 기약했다는 뜻이다.

실제로 몽골 정부는 몽·러협정을 전후한 시기부터 몽골의 범위를 확

---

30 陳春華 譯, 1991, 앞의 책, 72-76쪽; Baabar, 1999, *From World Power to Soviet Satellite, History of Mongolia*, C. Kaplonski ed., University of Cambridge, pp. 150~151.

31 O.Батсайхан, 2002, Монголын тусгаар тогтнол ба Хятад, Орос, Монгол гурван улсын 1915 оны хиагтын гэрээ, Улаанбаатар, p. 85; ウルゲダイ·タイブン, 2003, 「ボグド·ハン政府軍の一九一三年の内モンゴルへの軍事行動についての考察」, 『蒙古史研究』 7, 461~462쪽.

대시키기 위한 일련의 조치를 취하기 시작하였다. 즉, 몽골 정부는 몽·러협정 체결 직후인 1912년 말 한드도르지(Khanddorj) 외무장관을 페테르부르크에 파견하여 내몽골을 지배 범위에 포함시키기 위한 외교 교섭을 시도한다. 또한 몽골 대표단이 페테르부르크에서 머무는 동안 체렝치메드(Tserenchimed) 내무장관 등은 민족 통합 문제를 해결하기 위하여 일본과의 협상을 시도한다. 물론 전자는 러시아, 후자는 하얼빈 주재 러시아 및 일본 외교관의 방해로 실패한다. 외교 협상을 통한 민족 통합 노력이 좌절되자 몽골인들은 무력을 통한 내몽골 통합을 시도하는데, 이것이 1913년 초에 시작된 내몽골 통합전쟁이다.

내몽골 통합전쟁은 중화민국의 적극적인 내몽골 정책에 대한 대응적 성격을 띠고 있었던 것이 사실이지만, 1911년 독립선언 이후 본격화된 민족 통합정책의 한 과정으로 볼 여지가 충분하다. 전술했듯이 몽골인들은 독립선언 이전부터 내몽골 통합을 기획하고, 독립선언 직후부터 이를 실행에 옮겼다. 따라서 몽골 입장에서 보면 내몽골은 통합되어야 마땅하고, 중국의 침략으로부터 보호되어야 할 지역이었다. 독립선언 직후 임시정부에서 내몽골 등지에 보낸 호소문에서 각 지역의 방위를 특기한 것[32]도 이 때문이었다. 내몽골 통합전쟁의 지휘관들이 대부분 내몽골 출신의 귀부자들이라는 것도 본고의 주제와 관련하여 주목할 대목이다. 코로스토비츠의 회고에 따르면 바로 이들이 내몽골 침공 계획을 적극적으로 지지하였다.[33]

무기와 보급 및 병력의 열세에도 불구하고 초기 내몽골 원정은 대체

---

32 Б. Ширэндэв. Ш. Нацагдорж, 1972, 앞의 책, pp. 103~106.

33 コロストヴィェッツ著, 1943, 앞의 책, pp. 362~365.

로 성공적이었다. 그러나 1913년 11월 5일 러·중 베이징선언(北京宣言) 직후 러시아의 개입으로 몽골군의 군사작전은 더 이상 지속되지 못한다. 그리고 대략 1913년 12월에서 이듬해 1월에 걸쳐 몽골군의 철군이 이루어지면서 내몽골 통합전쟁은 종결된다. 그 후에도 물론 외교적 수단에 의한 내몽골 통합 노력이 없었던 것은 아니지만, 독립선언과 함께 추진된 적극적인 민족 통합운동의 열기는 더 이상 발휘되지 못한다. 주지하듯이 그 후 1915년 캬흐타 삼국협정에 의하여 몽골은 독립을 상실하고 중국 종주권하의 자치국으로 전락한다.[34] 그로부터 4년이 지난 1919년 말 중국은 무력을 동원하여 몽골의 자치국 지위마저 폐기하고 직접 지배를 실현한다. 이렇게 하여 청조로부터 독립과 함께 실행에 옮겨진 민족 통합운동은 잠시 중단된다.[35]

---

34 1919년 봄 러시아 치타에서는 부랴트인, 내몽골인, 바르가인들의 주도로 몽골족의 통합을 목표로 내건 대몽골국 임시정부가 수립되었지만, 反볼셰비키파의 세묘노프(G. M. Semyonov) 및 시베리아에 출병한 일본군과의 관련성 등 여러 이유로 이 문제는 본고의 논의에서 제외하였다. 이에 대해서는 原暉之, 『シベリア出兵-革命と干渉 1917-1922』, 東京: 筑摩書房, 1989; 二木博史, 1997(b), 앞의 논문; Б.В. Базаров, 2002, 앞의 책; Ivan Sablin, 2017, *Governing Post-Imperial Siberia and Mongolia, 1911-1924. Buddism, Socialism, and Nationalism in State and Autonomy Building*, New York: Routledge 등 참고.

35 이평래, 2009, 「1912-1913년 복드 정부의 내몽골 통합 운동」, 『중앙아시아연구』 14호, 75~77쪽.

III. 1921년 혁명과 범몽골주의의 새로운 전개

1921년 혁명과 더불어 몽골인들은 또다시 민족 통합에 나선다. 몽골인들의 민족 통합에 대한 의지는 몽골인민당 제1회 당대회(1921년 3월 1~3일)에서 채택된 당 강령에 잘 나타나 있다. 부랴트인 체벤 잠차라노(Ts. J. Jamtsarano)가 작성한 당해 강령 제2항에는 인민당의 과제로서 민족 통합이 명기되어 있다.[36] 그해 7월 11일 인민정부 수립 후 몽골인들은 이 지침에 따라 곧바로 민족 통합에 착수하였다. 1921년 10월 26일 ~11월 5일에 열린 몽·러회담이 그 출발점이었다. 첫 회의에서 단장(S. Danzan)을 비롯한 몽골 대표들은 소비에트 대표에게 "몽골 대표의 선언"이라는 8개 항목의 요구 사항을 제시하였다. 그 첫 번째 항목에는 몽골인들이 해결해야 가장 중요한 문제로서 "몽골족의 통합, 중국으로부터의 해방, 독립국가 건설" 등이 열거되어 있다. 그리고 이 문제를 해결하기 위하여 소비에트 측이 즉시 중재에 나서줄 것을 요청하고 있다.[37] 사실 몽골 대표단이 제시한 민족 통합, 중국으로부터의 해방, 독립국가 건설은 1911년 독립선언 이후 전개된 민족운동의 핵심 과제였다.

"몽골 대표의 선언" 세 번째 조항과 네 번째 조항에는 민족 통합을 위한 구체적 방법이 제시되어 있다.[38] 먼저 세 번째 조항에서 몽골 정부는

---

36 Ж. Болдбаатар, М. Саждорж, Б. Ширэндэв, 2003, Монгол улсын түүх, Тав дугаар боть, Улаанбаатар, pp. 115~117; Г. Дашням, З. Лонжид, 2001, Монголын хувьсгалчдын түүхт зөвлөлгөөн(1921оны 3 дугаар сарын 1-3), Улаанбаатар, pp. 57~59.

37 青木雅浩, 2011,『モンゴル近現代史硏究』, 東京: 早稻田大學出版部, 43쪽.

38 Ж. Лонжид, О. Батсайхан, 1995, Жанжин Данзан, Улаанбаатар, pp. 11~12; 青木雅浩, 2011, 위의 책, 44쪽.

탄누 오량하이가 청 지배 시기 내내 몽골의 관할하에 있었음을 근거로 이곳을 몽골에 귀속시켜줄 것을 요청하고 있다. 몽골인들은 그 전에도 소비에트 측에 오량하이 귀속 문제를 제기하였다. 예컨대 1920년 8월 몽골 대표들은 이르쿠츠크에서 코민테른 대표에게 제정 시기 러시아에 빼앗긴 탄누 오량하이를 몽골로 귀속시켜달라고 요청하고, 그해 가을 모스크바에 가서도 소비에트 지도자들에게 똑같은 의견을 전하였다. 또한 1921년 6~7월 코민테른 제3회 대회에 참가한 몽골 대표들 역시 탄누 오량하이 귀속 문제를 거론하였다.[39] 전술했듯이 1911년 12월 29일 신정부 출범 직후 몽골 정부는 모든 몽골족 거주지에 귀부를 요청하는 서한을 보냈는데, 탄누 오량하이도 그중 하나였다.[40] 따라서 세 번째 조항의 오량하이 귀속 요청은 1911년 독립선언 이후 발흥한 민족 통합운동의 연장선에서 이루어진 것으로 볼 수 있다.

네 번째 조항은 종교와 뿌리가 같은 부랴트인들의 할하로의 이주를 허락해줄 것을 요청하는 내용이다. 1917년 러시아혁명 와중에 부랴트에서 몽골로 이주한 사람이 많았을 뿐 아니라 1921년 몽골혁명을 전후해서도 많은 부랴트인들이 몽골로 이주하였다. 그런가 하면 1921년 이후 부랴트인 거주지에서는 부랴트의 할하에의 통합 움직임까지 나타났다.[41] 인민정부에서는 이 모든 사정을 고려하여 부랴트인의 이주에 대한 소비에트의 관대한 조치를 요청했던 것이다. 따라서 부랴트인들의 이주 허가

39 Ж. Лонжид, О. Батсайхан, 1995, 앞의 책, pp. 13~14; 青木雅浩, 2011, 앞의 책, 63, 70쪽.

40 中央研究院近代史研究所 編, 1982, 『中俄關係史料-外蒙古』, 臺北: 1982, 120~121쪽.

41 生駒雅則, 1995, 「ダムバドルヅ政權下のモンゴル: 第一次國共合作とモンゴル民族解放運動」, 『一九二0年代の中國』, 東京: 汲古書院, 279쪽.

요청도 민족 통합의 일환으로 이루어졌다고 할 수 있다.

이렇게 보면 두 조항은 상술한 민족 통합에 관한 당 강령의 지침을 실현하기 위한 과정에서 나온 것으로 볼 수 있다. 몽골 정부는 1924년까지도 공식적으로 이 민족 통합 노선을 견지하였다. 이는 "몽골계 여러 집단과 관계를 맺고 전체 몽골족을 통합한다는 목표는 우리 당의 중요한 과제이다"[42]라고 규정한 인민당 제3회 당대회(1924년 8~9월) 결정문에도 명확히 나타나 있다. 제1회 국가대회의(의회, 1924년 11월 8~28일)에서 몽골과 소비에트 및 코민테른 대표 외에 부랴트, 티베트, 오르도스, 바르가 대표 등 14명이 축사를 한 것[43]도 몽골족 통합 의지가 반영된 것으로 볼 필요가 있다. 축사에서는 실제로 이 점이 강조되고 있다. 예컨대 "저는 여러분의 모든 활동을 몽골족을 통합하는 데 향하게 하고, 아시아 피압박 약소국 대중을 예속에서 해방시키는 데 원조와 지지를 보여줄 것이라고 믿습니다"[44]라고 한 부랴트 인민위원장 에르바노프(M. N. Ervanov)의 축사가 대표적 사례이다. 이러한 민족 통합 염원은 오르도스와 바르가 및 기타 지역에서 온 몽골인 대표들의 축사에서도 확인된다.[45]

그 후 민족 통합운동은 내몽골혁명에 대한 지원으로 확대되었다. 당연하지만 1921년 혁명은 내몽골에도 큰 영향을 미쳤다. 즉, 청조 말기부터 한인의 이주와 목초지 개간에 저항했던 내몽골인들은 1911년 독립 선언 후 신생 몽골국에 귀부하고, 1919년 대몽골국 건설운동에 참여했

42 Г. Долгоржав, 1966, Монгол ард намын гурув дугаар их хурал, Улаанбаатар: Улсын хэвлэлийн хэрэг эрхлэх хороо, p. 220.

43 Ж.Болдбаатөр, М.Саждорж, Б.Ширэндэв, 2003, 앞의 책, p. 153.

44 С. Баатар, "Нармай Монгол" хэмээх хадны мангаа, http://www.fact.mn/2848.html(검색일: 2020. 1. 11).

45 Robert A. Rupen, 1966, 앞의 책, p. 187.

으며, 1921년 혁명에 자극받아 각지에서 민족주의 활동가 그룹이 생겨났다.[46] 이 과정에서 몽골인민공화국의 당과 정부는 무기와 자금 지원, 당원 교육 등을 통해 내몽골 활동가들을 원조하였다. 특히 담바도르지(Ts. Dambadorj) 집권기인 1924~1927년에 집중적인 지원이 이루어졌다. 예컨대 1925년 10월 13일 장자커우(張家口)에서 개최된 내몽골인민혁명당 제1회 당대회에 몽골인민혁명당(1925년 3월 이전에는 몽골인민당) 중앙위위원장 담바도르지, 몽골혁명청년동맹 중앙위서기 보얀네메흐(S. Buyannemekh)가 참석하여 축사를 하였다. 1925년에 개최된 제4회 당대회 보고에 의하면 몽골인민혁명당은 지난 1년간 2만 투그릭(당시 당의 1년 수입은 7만 투그릭)을 내몽골인민혁명을 위해 지출하고, 1926년 인민혁명당 중앙위는 5만 양전(洋錢)을 당의 예산에서 지출하기로 결정하는 등 재정적 지원을 아끼지 않았다. 인재 교육 방면에서도 1926년 말 40명 이상의 내몽골 활동가를 울란바타르 당대학에서 교육시켰다.[47]

사회주의 시기 몽골 연구자들은 담바도르지 정권의 내몽골에 대한 지원을 몽골인민공화국의 국제주의적 활동으로 높게 평가하였다. 그러나 체제 전환 이후 연구자들은 담바도르지가 내몽골 지원의 이론적 근거를 위에서 인용한 제3회 당대회의 민족 통합 관련 결정문에서 찾고 있다는 점, 담바도르지가 범몽골주의자인 부랴트인 엘벡도르지 린치노(E. D. Rinchino)와 몽골 주재 코민테른 대표의 갈등에서 전자를 옹호한 점,

46 ボルジギン・フスレ, 2011, 『中國共産黨·國民黨の對內モンゴル政策(1945-49年)』, 東京: 風響社, 31쪽.

47 二木博史, 1984, 「ダムバドルジ政権の内モンゴル革命援助」, 『一橋論叢』 92-3, 370-371쪽; Irina Y. Morozova, 2009, *Socialist Revolutions in Asia, The Social History of Mongolia in the Twentieth Century*, New York: Routledge, pp. 56~57.

1927년부터 민족 통합운동을 죄악시한 코민테른과 담바도르지 정권의 관계가 극도로 악화된 점 등을 들어 이 시기 내몽골에 대한 원조가 민족 통합정책의 일환으로 취해진 것이라고 주장하고 있다.[48]

이 점은 두 측면에서 확인이 가능하다. 먼저 부랴트 활동가 엘벡도르지 린치노는 1911년 독립선언은 할하에만 관련된 것이 아니고 전체 몽골족의 독립을 의미하고, 이러한 민족 통합사상이 몽골인민당 강령으로 이어졌으며, 내몽골인민혁명당에 대한 지원도 그 연장선에서 이루어진 것이라고 하여 20세기 초기 민족 통합운동을 연속적인 것으로 이해하였다.[49] 또한 내몽골인민혁명당의 설립 과정과 그 후 활동을 통해서도 이 점이 확인된다. 메르세(Merse, 郭道甫), 보얀게렐(Buyangerel, 福明泰) 등 내몽골인민혁명당 창립 주도 세력이 처음에 몽골인민당원이었을 뿐 아니라 이들이 속한 훌룬보이르(Khölönbuir) 혁명 그룹이 원래 몽골인민당 동방부로서 출발했다는 것이 이를 증언한다. 메르세 등이 1919년 치타에서 전개된 대몽골국 건설운동에도 참여할 만큼 훌룬보이르 지역은 범몽골주의 전통이 강한 곳이다. 상기한 것처럼 몽골인민혁명당 위원장과 몽골혁명청년동맹 서기가 내몽골인민혁명당의 창당대회에 참가하고, 10명의 당 중앙위원 중에 훌룬보이르 출신자와 내몽골 출신자 외에, 할하 출신의 보얀네메흐와 부랴트 출신의 오시로프(I. A. Oshirov)가 선출된 것 또한 내몽골인민혁명당의 범몽골주의적 성격을 보여주고 있다고

48 二木博史, 1984, 앞의 논문, 375~378쪽.

49 Э. Д. Ринчино, 1927, К Вопросу о Национальном Самоопределении Монголии в Связи с Задачами Китайской Революции, Революционный Восток № 2, pp. 66~70, 74.

할 수 있다.[50]

그러나 1927년 장제스(蔣介石)의 반공 쿠데타로 국공합작이 붕괴되면서 내몽골인민혁명당은 분열되고 곧이어 소멸로 이어졌다. 몽골인민공화국에서도 1928년에 개최된 제7회 당대회에서 담바도르지를 비롯한 민족주의 성향의 지도부가 모스크바 유학생들로 교체되면서 민족 통합 운동에 제동이 걸렸다. 물론 그 후에도 체벤 잠차라노가 몽골인민혁명당 중앙위원회에 서한(1931년 8월 15일)을 보내 민족 통합 방안을 제안하고,[51] 아마르(A. Amar) 몽골인민공화국 총리가 스탈린과의 회담(1936년 12월 23) 도중 내몽골 통합에 대한 소련의 도움을 요청하기도 하지만,[52] 이전처럼 적극적인 통합 정책은 추진되지 않았다.

몽골인들의 생각과 별개로 소련과 코민테른은 처음부터 민족 통합운동을 범몽골주의로 경계하였다. 이와 관련하여 주목되는 것은 제4회 당대회에서 결정된 제2차 당 강령에 1921년 제1회 당대회에서 채택한 민족 통합을 적시한 강령 내용이 삭제되었다는 점을 들 수 있다. 즉, 1925년 9월 25일 열린 제4회 당대회 결정문은 "몽골족 자신의 바람과 의견을 고려하지 않고 강압적으로 (민족을) 통합하려고 하는 세력은 동방의 여러 나라, 특히 중국에 있어서 민족 해방을 위한 국민혁명 등의 과업을 수행하는 데 해를 끼친다는 것을 밝혀둔다"[53]라고 하듯 민족 통합을 명

---

50 ボルジギン·フスレ, 2011, 앞의 책, 31~40쪽.

51 С. Идшинноров, 1997, Жамсраны Цэвээн, Түүвэр зохиолууд, Улаанбаатар, 8, pp. 35~37.

52 О.Батсайхан, 2005, Монгол үндэстэн бүрэн эрхт улс болох замд(1911-1946), Улаанбаатар, p. 265.

53 МАХН-ын төв хорооны дэргэдэх намын түүхийн институт, 1966, Монгол ардын хувьсгалт намын түүхэнд холбогдох баримт бичгүүд 1920-1940 он, Нэг

시적으로 반대하고 있다. 이는 당 강령에 대한 몽골 주재 코민테른 대표 암가예프(M. Amagaev, 1925년 8월~1927년 12월 재임)의 발언, 즉 "할하 몽골을 중심으로 다른 몽골 여러 집단이 반드시 통일되어야 한다고 잘못 이해하고 있는 사람이 있지만 그것은 좋지 않다. 만약 그렇게 한다면 대몽골국 건설이라는 위험한 길로 들어갈 것이다"[54]라고 한 데서도 확인된다.[55]

따라서 제4회 당대회에서 채택된 강령에 민족 통합 관련 내용이 삭제된 것은 코민테른 대표 암가예프의 입장이 반영된 것으로 볼 수 있다. 전술했듯이 제정러시아는 할하와 내몽골 등 기타 몽골인 거주지의 통합에 확실하게 반대하였다. 이 기조는 소련 시기에도 일관되게 지켜졌으며, 소련 당국은 범몽골주의를 경계하고 기회가 될 때마다 여기에 제동을 걸었다.[56] 그 구체적인 지침이 방금 언급한 암가예프의 발언이다. 이 연장선상에서 1930년대 후반에 수많은 몽골인이 범몽골주의자라는 죄목으로 숙청되었다.[57] 이렇게 하여 인민정부 수립과 함께 새롭게 전개된 민족 통합운동은 또다시 수면 아래로 가라앉았다.

дүгээр дэвтэр, Улаанбаатар: Улсын хэвлэлийн хэрэг эрхлэх хороо, p. 144.

54 Монгол ардын хувьсгалт намын IV их хурал(1971), Улаанбаатар: p. 97(二木博史, 1984, 앞의 논문, 376쪽에서 재인용).

55 1925년 이후 민족 통합운동에 대한 소련과 코민테른의 압박에 대한 설명은 Robert A. Rupen, 1966, 앞의 책, pp. 187~188 참고.

56 Robert A. Rupen, 1966, 앞의 책, p. 186; ボルジギン・フスレ, 2011, 앞의 책, p. 118; Ц. Батбаяр, 2015, Монгол ба их гүрнүүд, XX зуун 1 боть, Улаанбаатар, p. 334.

57 Г. Ариунболд, 2011, 앞의 책.

Ⅳ. 제2차 세계대전과 범몽골주의의 쇠퇴

제2차 세계대전은 1930년에 중단된 내·외몽골 통일운동에 새로운 계기가 되었다. 1927년 이후 닫혀 있었던 몽골과 중국(내몽골)의 국경은 1945년 가을부터 유동적으로 변하였다. 이 시기에 국경 양쪽으로 사람들이 오가고 대표들이 파견되고 민족 통합을 위한 각종 집회가 열렸다.[58] 1930년대 중반 이후 수면 아래 잠복해 있던 민족 통합운동이 재개된 것이다. 물론 그 이전에도 민족 통합 관련 논의가 전혀 없었던 것은 아니다.

예컨대 1944년 1월 22일 몽골 지도자 초이발산(Kh. Choibalsan)은 스탈린과의 회담 말미에서 닝샤, 간쑤, 칭하이 등지의 몽골족 사이에서 적극적으로 활동할 필요성을 요청했는데, 스탈린은 이에 대해서 만시지탄이라고 하면서 지지를 표하였다. 몽골족 사이에서의 활동이 무엇인지에 대한 언급은 없다. 그러나 그날 밤 만찬 석상에서 스탈린이 초이발산을 가리켜 외몽골 지도자에 그치지 않고 내몽골 지도자라고 추켜세우고, 동석한 미코얀(A. I. Mikoyan)이 내몽골인들이 자유를 얻으면 몽골이 크게 확장될 것이라고 말한 것[59]으로 미루어 민족 통합을 말한 것이 분명하다.[60]

---

58 Christopher P. Atwood, 1999, "Sino-Soviet Diplomacy and the Second Partition of Mongolia, 1945-1946", *Mongolia in the Twentieth Century, Landlocked Cosmopolitan*, Stephen Kotkin and Bruce A. Elleman eds., New York, London: M.E. Sharpe, p. 137.

59 Л. Бат-Очир, 1996, Чойбалсан, Намтарын нь балархайг тодруулахуй..., Улаанбаатар, p. 168; О. Батсайхан, 2005, 앞의 책, p. 272.

60 이 말이 곧 스탈린 등이 내·외몽골의 통합을 지지했다는 뜻은 아니다. 그들은 수시로 이 문제로 몽골 지도자들을 때로는 고무시키기도 때로는 좌절시키면서 몽골 문제를 관리하였다.

이처럼 양국 정치 지도자들 사이에서 오갔던 민족 통합 논의는 1945년 가을 몽골의 대일전(對日戰) 참전으로 구체화되었다. 몽골의 참전이 처음 얘기된 것은 1945년 7월 5일 초이발산과 스탈린의 모스크바 회담 때였다. 몽골의 참전은 국제협력에 참여함으로써 국가의 위상을 높이고자 한 초이발산의 요청에 의하여 이루어졌다.[61] 문제는 초이발산의 참전 요청이 국제협력에 그치지 않고 내몽골 통합을 염두에 두었을 가능성이 있다는 점이다. 바로 그 회담 때 초이발산은 스탈린에게 중국인들이 내몽골, 알라샤, 오르도스에 사는 몽골인들을 압박하고 차별하는 매우 나쁜 사람들이라고 비난하고, 다음 날 몽골 주재 러시아 대사 이바노프(I. A. Ivanov)를 만나서는 내몽골 통합을 위한 과업에 대한 도움을 요청한다.[62]

두 지도자의 합의에 따라 몽골의 참전이 확정되었다. 몽골군은 소련 정부가 대일 선전포고를 한 다음 날인 1945년 8월 9일 소련군을 따라 중국 동북지역과 내몽골로 진군하였다. 초이발산 총리는 8월 9일 전장으로 떠나는 몽골군을 향하여 "오늘 여러분은 정부의 명령으로 우리의 자유롭고 독립된 국가의 국경을 넘어 모든 몽골인들의 철천지원수 일본 사무라이들의 압제하에 신음하는 우리 형제들인 내몽골, 바르가 영토로 들어갑니다"[63]라고 대일전을 내몽골 해방으로 인식하였다. 그리고 다음 날인 8월 10일 국가소회의와 몽골 정부는 "몽골족의 통합"과 "인접국들

---

61 Christopher P. Atwood, 1999, 앞의 논문, p. 143; Ц. Батбаяр, 2015, 앞의 책, p. 302.

62 О. Батсайхан, 2005, 앞의 책, p. 273.

63 Д. Цэдэвсүрэн, 1981, Монгол Зөвлөлийн харилцаа 1921-1974, Баримт материалын 2 боть эмхтгэл, Улаанбаатар: Улсын хэвлэлийн газар, p. 134.

과의 우호 협력"에 근거하여 일본과 "성전(聖戰)"을 선포한다[64]고 발표하였다. 대일 선전포고이다.

선전포고 당일에 있었던 울란바타르 노동자 집회에서 행한 초이발산의 연설과 대국민 담화에는 참전의 뜻이 더욱 분명하게 드러난다. 대국민 담화에서 초이발산은 "일본 파시스트 집단을 완전히 무찌르고 일본 침략자들을 괴멸시킨 다음, 전체 몽골족을 자유롭고 독립된 완전한 주권을 갖춘 하나의 형제 국가로 통합시키는 과업을 충족시킬 것이다"[65]라고 대일전의 목표가 민족 통합에 있음을 분명히 하였다. 그는 또 노동자 집회에서 할하, 두르부드, 토르고드, 오이라드(Oirad), 부랴트, 바르가, 내몽골, 차하르, 오르도스, 하르친(Kharchin), 다리강가, 알라샤, 칭하이 등지의 몽골인뿐 아니라 신장의 카자흐와 오량하이 등 투르크계 민족까지 대일전에 나서도록 촉구했는데,[66] 이는 누가 보아도 몽골족의 통합을 염두에 둔 발언으로 볼 수 있다.[67]

이러한 선전 활동은 내몽골에서도 이루어졌다. 소련이 대일전을 선포한 8월 8일 당일 초이발산은 내무부 장관 샤다르자브(B. Shagdarjav)와 동 부처의 소련 선임고문에게 소·몽군의 후방에서 활동할 '기동 파견대'의 조직을 지시하였다.[68] 그들의 주요 임무 중 하나가 '해방된 지역'에서의 질서 유지라는 점에서 민족 통합을 위한 활동 또한 이들에 의하여 이루어진 것으로 보인다. 이는 점령지에서의 안무 활동 과정에서 이루어

---

64 Д. Цэдэвсүрэн, 1981, 앞의 책, pp. 135~136.

65 "Үнэн" сонин No. 181, 1945년 8월 11일 자.

66 Д. Цэдэвсүрэн, 1981, 앞의 책, pp. 136~139.

67 *ボルジギン・フスレ*, 2011, 앞의 책, 105쪽.

68 Christopher P. Atwood, 1999, 앞의 논문, p. 144.

진 집회를 통한 대면(對面) 요청과 전단지 살포를 통한 간접 요청 2가지 방식으로 이루어졌다. 한 연구자가 소개한 1945년 8월 말 차하르 지역과 8월 28일 훌룬보이르 지역에서의 몽골 정부 대표의 활동이 이 점을 확인해준다.[69]

여러 연구자들의 지적처럼 전단지를 통한 민족 통합운동은 상당히 대대적으로 이루어졌다. 당시 내몽골에 뿌려진 전단지의 호소문에는 "몽골 형제들이여! (중략) 붉은 군대는 아시아 대륙 인민들에게 안녕과 평화를 정착시키고 위대한 몽골 인민들을 통합시켜 그들에게 민족 해방을 가져다주고, 독립된 국가를 만들기 위하여 일본 점령자들의 면전에서 정의로운 전쟁의 칼을 추켜세웠습니다"[70]라고 대일전에서의 협력과 민족 통합을 당부하는 내용이 있다. 나중에 몽골인민공화국으로 이주한 바르가 출신의 벡제(D. Begje)는 이러한 전단지에 국가소회의와 몽골 정부의 서명이 있었다고 증언하였다.[71] 이는 곧 전단지가 정부 주도로 제작되고 뿌려졌다는 증거이다. 어떻든 이 시기에는 현지 거주민에 대한 안무 활동과 더불어 "통합하여 사는 것의 축복(Negtgen suukhyn yörööl)", "주목(注目)을 요하는 글(Ankhaarlyn bichig)" 등의 전단지가 내몽골에 살포되었음이 공문서 및 구술 증언에 의하여 확인된다.[72]

이에 화답하듯 내몽골에서는 소·몽군의 진격과 일본군의 패배로 인

---

69 Christopher P. Atwood, 1999, 앞의 논문, pp. 149~152.

70 Л. Жамсран, 1997, Монголын төрийн тусгаар тогтнолын сэргэлт, Улаанбаатар, p. 244.

71 YTA X−11, Д−1, Хд−911, no.96.

72 Л. Жамсран, 1997, 앞의 책, pp. 244~245; Christopher P. Atwood, 1999, 앞의 논문, pp. 152~153.

한 힘의 공백을 틈타 독립운동 및 자치운동이 활발하게 전개되었다. "제 2차 세계대전 종결 후 짧은 시기 내몽골에서는 20세기에 가장 자유로운 시기가 도래했다"[73]고 지적한 한 연구자의 설명도 이를 두고 한 말일 것이다. 당시 내몽골에서는 내·외몽골 통합, 독립, 자치 등 내몽골 장래에 대해 세 갈래의 민족 운동이 전개되었다.[74]

이 중에서 본고의 주제와 관련하여 가장 주목되는 것은 1927년 이후 해체된 내몽골인민혁명당 부활과 이들에 의해 주도된 내·외몽골 통합 운동이다. 1945년 8월 14일 하풍가(Khafunga, 哈豊阿), 보얀만다흐(Buyanmandakh, 博彦滿都) 등 옛 만주국 관리들은 동몽골(내몽골 동부)에서 내몽골인민해방위원회를 조직하고, 4일 후인 18일 내몽골인민혁명당을 부활시키고 같은 당 동몽골중앙위원회 명의로 "내몽골인민해방선언"을 발표하였다.[75] 당해 선언문에는 "내몽골인민혁명당 지도하에 소련과 몽골인민공화국의 지도를 받아 내몽골을 몽골인민공화국에 가입시킨다"라고 내·외몽골 통합이 표명되어 있으며, 이와 함께 발표된 몽골인민공화국 총리와 간부회 의장에게 보낸 서한에도 "전체 몽골족의 통합 기회는 지금밖에 없다"라고 역시 민족 통합 의지가 표명되어 있다. 동몽골 지역의 내·외몽골 통합 운동은 1945년 10월 5일 내몽골인민혁명청년동맹 결성, 내·외몽골 통합을 위한 선전과 서명 운동, 몽골인민공화국 지도자 초이발산에의 통합 청원서 제출 등 여러 방식으로 이어졌

---

73 ボルジギン・フスレ, 2011, 앞의 책, 97쪽.

74 Л. Жамсран, 1997, 앞의 책, p. 250; 毛里和子, 2008, 『周縁からの中國, 民族問題と國家』, 東京: 東京大出版會, 177~179쪽; ボルジギン・フスレ, 2011, 앞의 책, 97쪽.

75 Л. Жамсран, 1997, 앞의 책, pp. 248~249; 毛里和子, 2008, 위의 책, 185쪽; ボルジギン・フスレ, 2011, 앞의 책, 98~99쪽.

다. 물론 내몽골 중부지역인 실링골맹과 차하르맹 등지에서도 몽골인민공화국과의 통합 청원서가 제출되었지만[76] 통합 운동이 가장 활발하고 조직적으로 전개된 곳은 동몽골이다.

이처럼 내·외몽골에서 활발하게 전개된 민족 통합운동은 소련 정부의 압력과 중국 내 민족운동 그룹 간 이합집산에 따라 갑자기 그 열기가 식어간다. 우선 언론 보도 내용이 완전히 바뀐다. 1945년 8월 10일 대일 선전포고 후 2주일 이상 몽골인민공화국 언론은 대일전을 민족 통합을 위한 성전으로 언급하고, 이 기간에 대중매체에서 몽골족 통합 관련 슬로건을 쉽게 볼 수 있었다. 그러나 1945년 8월 26일을 끝으로 언론에서 내·외몽골 통합 관련 기사가 갑자기 자취를 감춘다. 그 대신 8월 28일에는 '외몽골'의 독립을 승인한 장제스의 인터뷰 기사가 소개되고, 그다음 날인 8월 29일에는 8월 14일에 체결된 중소우호조약 기사가 대서특필된다.[77] 사회주의 시기 대중매체가 정부 통제하에 있었던 점을 고려하면 언론 보도의 변화는 국가 정책의 변화를 반영한다고 보아야 한다. 그리고 이러한 정책 변화 이면에 소련이 자리하고 있었다.

대체로 1945년 10월과 11월을 지나면서 내몽골에서의 민족 통합운동도 서서히 막을 내린다. 소련의 개입, 내몽골인들의 통합 청원에 대한 몽골인민공화국 정부의 애매한 태도,[78] 중국공산당의 적극적인 활동 등

---

76 Christopher P. Atwood, 1999, 앞의 논문, pp. 148~152; ボルジギン·フスレ, 2011, 앞의 책, 18~19쪽.

77 이 시기 언론 보도에 대한 것은 Christopher P. Atwood, 1999, 앞의 논문, pp. 152~153; Ц. Батбаяр, 2015, 앞의 책, pp. 308~309; Ж. Урангуа, Б. Эрдэнэбилэг, 2018, Дайны золиос болсон хүмүүс 1945-1947 онд Монголд байсан японцууд, Улаанбаатар, pp. 46~47 등 참고.

78 대다수 연구자들은 초이발산이 내·외몽골 통합을 요청한 내몽골인들의 청원을 거

여러 이유로 내몽골의 민족 통합 주창자들은 1945년 말~1946년 초기를 지나면서 새로운 길을 모색하게 된다. 그 후 내몽골 민족운동 그룹은 중국공산당원 올란 후(Ulaan khüü, 雲澤, 1906~1988)가 지도하는 자치운동의 기치하에 하나로 통합된다.

그렇다고 민족 통합을 위한 몽골인들의 의지가 완전히 사라진 것은 아니다. 초이발산은 실링골맹 수니드 우기(右旗)에서 '내몽골인민공화국 임시정부' 헌법이 통과된 직후인 1945년 9월 16~18일 이곳을 방문한다. 임시정부를 축하하기 위한 사적인 방문이라고 하지만 내몽골 통합을 염두에 둔 방문이 틀림없다. 한 연구자의 지적처럼 그의 방문 자체가 내몽골인들을 고무시키기에 충분한 상징성을 갖고 있었던 것이다.[79] 그는 또한 같은 해 10월에도 현재의 국경선에 몽골의 모든 영토가 포함되어 있지 않아 몽·중 국경에 대하여 다시 토의해야 한다[80]는 의견을 몽골 주재 소련 대사에게 제시하고 있는 데서도 알 수 있듯이 '외몽골'만의 독립을 약속한 중소우호조약에 불만을 갖고 있었다. 실제로 초이발산과 몽골 지도자들은 1945년 8월 14일 중·소 간에 교환된 몽골인민공화국

부했다고 보고 있다. 잠스란(Л. Жамсран, 1997, 앞의 책, p. 251)의 말대로 몽골 정부가 내·외몽골 통합을 원치 않은 소련의 정책을 따르지 않을 수 없었을 거라는 것은 충분히 이해가 가지만, 초이발산이 울란바타르를 찾아온 내몽골 대표의 청원을 거절했다는 몽골 자료는 없다. 애트우드(Christopher Atwood, 1992, "The East Mongolian Revolution and Chinese Communism", *Mongolian Studies* Vol. 15, p. 42)는 내몽골 대표단의 한 사람인 보얀게렐의 증언을 근거로 이러한 주장을 하고 있지만 사실 여부는 좀 더 확인이 필요하다. 그러나 초이발산이 내몽골 측의 내·외몽골 통합 요청을 거절했다는 점을 강조하는 논의는 보르지긴 후슬레(ボルジギン·フスレ, 2001, 앞의 책, 118쪽)가 지적한 것처럼 내몽골을 중국으로부터 분리할 수 없다는 중국 측 논리에 봉사하고 있는 것은 사실이다.

79 Xiaoyuan Liu, 2006, 앞의 책, p. 366.

80 王永祥, 2003,『雅爾達密約與中蘇日蘇關係』, 臺北: 東大圖書公司, 431쪽.

만의 독립을 명시한 각서에 대해 강한 실망감을 표시하였다.[81] 좀 더 확인이 필요하지만 초이발산이 민족 통합이 좌절된 데 대한 불만으로 그 해 12월 21일 스탈린의 생일 축하연에 참석하지 않았다[82]고 알려질 정도로 몽골인들의 내몽골 통합 의지는 강렬하였다.

그 때문이었겠지만 1946년 2월 22일에도 초이발산은 스탈린에게 싱안맹(興安盟)과 내몽골에서의 선전 활동을 할 수 있도록 요청하는 등[83] 내몽골 통합에 대한 관심의 끈을 놓지 않았다. 관련 자료에 따르면 그 후에도 초이발산과 스탈린은 여러 차례 내·외몽골 통합에 관한 의견을 교환하였다. 예컨대 1947년 8월 27일 캅카스의 휴양지[84]와 1949년 9월 30~10월 1일 소치에서 만난 두 사람은 내·외몽골 통합과 몽골의 장래에 대하여 논의하였다. 특히 1949년 소치 만남에서 초이발산은 내·외몽골인이 차이가 없기 때문에 통합되어야 하고, 두 지역의 몽골인들이 언어, 관습, 종교가 같을 뿐 아니라 내몽골인들이 몽골인민공화국과 통합을 바라고 있다는 점 등을 들어 민족 통합의 당위성을 설명하였다.[85] 초이발산 이후 몽골 지도자들 중 민족 통합을 공개적으로 얘기한 정치 지도자는 확인되지 않는다.[86] 예컨대 초이발산 사후 권좌에 오른 체덴발

---

81 С.Г. Лузянин, 2003, Россия–Монголия–Китай в Первой Половине XX Века, Политические Взаимоотношения в 1911-1946 гг, Москва: Издательство<ОГНИ>, pp. 253~254.

82 Christopher P. Atwood, 1999, 앞의 논문, p. 157.

83 О. Батсайхан, 2005, 앞의 책, p. 313.

84 Л. Бат–Очир, 1996, 앞의 책, pp. 181~182; Ц. Батбаяр, 2015, 앞의 책, p. 323.

85 Л. Бат–Очир, 1996, 앞의 책, pp. 185~188; О. Батсайхан, 2005, 앞의 책, pp. 317~319; Ц. Батбаяр, 2015, 앞의 책, pp. 330~333.

86 П. Наранбаяр, 2017, 앞의 논문, p. 174.

(Yu. Tsedenbal)은 1952년 9월 5일 회담에서 내몽골 문제에 대한 스탈린의 의도적인 질문에 대해 아예 민족 통합의 얘기를 꺼내지 않았다.[87] 당연히 그런 정치운동이나 회담도 없었다. 이렇게 보면 1952년 1월 26일 초이발산의 죽음과 더불어 20세기 초기에 발흥한 범몽골주의의 불꽃이 점점 꺼져갔다고 할 수 있다.

V. 맺음말

필자는 지금까지 20세기 초기에 발흥한 범몽골주의의 역사적 추이를 민족 통합운동을 중심으로 하여 살펴보았다. 앞에서 논의한 사항을 정리하고, 그 후 1990년대 초기 체제 전환과 현재까지 이어지는 범몽골주의의 또 다른 현상에 대한 필자의 생각을 덧붙이는 것으로 맺음말을 대신하려고 한다.

첫째, 1911년 독립선언 후 전개된 민족 통합운동을 범몽골주의의 관점에서 살펴보았다. 청조의 지배로부터의 해방과 독립국가 수립은 수백 년 동안 몽골인들이 꿈꿔온 민족 통합을 실현할 수 있는 계기가 되었다. 이 시기 민족 통합운동은 서신을 통한 귀부 권유와 외교 교섭 등 평화적인 방법뿐 아니라 무력을 동원한 통합 등 다양한 방식으로 진행되었다. 특히 병력, 군수물자, 무기가 부족한 가운데 진행된 1913년 내몽골 통합전쟁은 비록 실패했지만 민족 통합운동을 상징하는 역사적 사건으로 기록된다. 내몽골 통합전쟁의 실패 후에도 외교적 수단에 의한 내몽

87 О. Батсайхан, 2005, 앞의 책, pp. 319~321.

골 통합 노력이 없었던 것은 아니지만, 독립선언과 함께 추진된 적극적 민족 통합 열기는 더 이상 발휘되지 못한다. 그리고 1915년 캬흐타 삼국협정으로 몽골이 중국 종주권하의 자치국이 되면서 민족 통합운동은 수면 아래로 가라앉게 된다.

둘째, 1921년 혁명 후 전개된 민족 통합운동을 범몽골주의 관점에서 살펴보았다. 1921년 혁명과 독립국가 수립 후 몽골인들은 또다시 민족 통합에 나선다. 무엇보다도 몽골인민당 제1회 당대회(1921년 3월 1~3일)에서 승인된 당 강령에 민족 통합이 명시되어 있는 것이 이를 확인해준다. 이 강령에 따라 몽골인민당과 정부 지도자들은 소비에트 측에 탄누오량하이의 몽골로의 귀속과 부랴트인의 몽골 이주 허용을 강하게 요구했으며, 1924~1927년 담바도르지 정권 시기에는 내몽골 민족운동 진영에 대한 무기와 자금 및 인력 양성 교육을 적극 지원하였다. 그러나 코민테른이 민족 통합운동에 개입하고, 1928년에 개최된 제7차 당대회에서 민족주의 성향의 지도부가 축출되면서 민족 통합운동에 제동이 걸렸다. 이 연장선상에서 그 후 수많은 몽골인이 범몽골주의자라는 죄목으로 숙청되면서 민족 통합운동은 또다시 중단된다.

셋째, 제2차 세계대전 종결을 전후하여 진행된 민족 통합운동을 범몽골주의의 관점에서 살펴보았다. 1945년 8월 9일 몽골군은 소련군과 함께 대일전에 나서 만주와 내몽골로 진격하였다. 이때 몽골군은 일본군으로부터 동 지역을 해방시킴과 함께 내몽골인에 대한 통합 작업을 수행하였다. 통합 작업은 전단지 살포를 통한 민족 단결 호소와 점령지에서의 대면 작업 2가지 방식으로 이루어졌다. 현지 몽골인들 역시 1920년대 후반에 소멸한 내몽골인민혁명당 부활을 통한 몽골인민혁명당과의 관계 증진 및 몽골인민공화국과의 통합 선전, 몽골 정부에 대한 통합 청원서 제출 등 다양한 방식으로 몽골군의 통합 요청에 협조하였다. 소련은 이번에도 민족 통합운동에 개입하여 또다시 몽골인들의 꿈을 좌절시켰다. 물론 초이발산 몽골 총리는 1949년 중화인민공화국 출범 때까지 스탈린과의 회담을 통하여 내몽골 통합을 시도하지만 소련 지도부의 생각을 바꾸지 못하고 세상을 떠난다.

이처럼 반세기 동안 지속된 민족 통합운동은 1952년 1월 26일 강력한 범몽골주의자였던 초이발산 총리가 사망한 후 서서히 막을 내리고, 대략 이 시기부터 할하 중심주의(Khalkh-Centrism)가 그 자리를 대신한다. 할하는 지역적으로 외몽골, 종족적으로 그곳에 거주하는 다수 집단을 지칭하는 말인데, 1950년대 중반 이후 몽골에서는 민족 통합을 지향하는 범몽골주의 대신 할하를 중시하는 할하 중심주의가 나타난다. 그리고 이와 더불어 할하 방언과 할하 문화가 몽골어와 몽골 문화의 기준이 되고 할하와 다른 몽골계 민족 상호 간에 차별 의식이 생겨난다. 할하 중심주의는 범몽골주의와 대치되는 개념으로 여기에도 소련의 정책이 개입하였다. 당시 소련은 중국에 인민정권이 수립된 마당에 몽골인민공화국을 확실하게 자국의 위성국으로 만들 필요가 있었고, 이를 위해 범몽골주의를 견제하고 할하 중심주의를 조장했던 것이다.

그러나 1990년대 초기 소련 붕괴와 몽골인민공화국의 체제 전환을 전후하여 몽골 민족주의가 흥기하면서 몽골, 중국, 러시아에 사는 몽골계 민족 사이에서 다시 민족 통합의 바람이 불기 시작하였다. 이전과 달리 이번에는 문화 통합과 전통의 계승이 주요 이슈로 부각되었다. 범몽골주의가 변형된 형태로 부활한 것이다. 처음에는 민족어와 민족종교의 보전이 중심이 되었지만 현재는 문화와 예술, 축제 등 거의 전 영역으로 통합의 범위가 확대되고 있다. 범몽골주의의 현재의 모습은 아직 명확하지 않다. 따라서 평가하기도 대단히 조심스럽다. 그럼에도 불구하고 세계 각지에 흩어져 사는 몽골인들이 문화적 통합과 전통의 계승을 염원하고 있다는 점에서, 소수이지만 몽골국, 중국의 내몽골자치구, 부랴트 공화국 및 기타 지역의 몽골인 중에는 아직도 전체 몽골족의 통합을 외치는 사람이 있다는 점에서, 그리고 중국과 러시아 정부가 이러한 몽골인들의 활동에 늘 관심의 끈을 놓지 않고 예의주시하고 있다는 점에서, 범몽골주의는 여전히 진행 중인 현재의 문제라고 할 수 있다.

참고문헌

한국어, 중국어, 일본어 자료

박종소, 2001, 「블라지미르 솔로비요프의 창작에 나타난 종말론적 요소」, 『러시아연구』 11-2.

블라디미르 솔로비요프 지음, 박종소 옮김, 2009, 『악에 관한 세 편의 대화』, 문학과지성사.

이평래, 2008, 「1911년 몽골 독립과 민족 통합 운동의 초기 과정」, 『동양사학연구』 104.

______, 2009, 「1912-1913년 복드 정부의 내몽골 통합 운동」, 『중앙아시아연구』 14호.

王永祥, 2003, 『雅爾達密約與中蘇日蘇關係』, 臺北: 東大圖書公司.

中央研究院近代史研究所 編, 1982, 『中俄關係史料-外蒙古』, 臺北: 中央研究院近代史研究所.

陳崇祖, 1965, 『外蒙古近世史』, 臺北: 文海出版社.

陳春華 譯, 1991, 『俄國外交文書選譯』, 哈爾濱: 黑龍江敎育出版社.

ウルゲダイ・タイブン, 2003, 「ボグド・ハン政府軍の一九一三年の内モンゴルへの軍事行動についての考察」, 『蒙古史研究』 7.

コロストヴィェッツ 著, 高山洋吉 譯, 1943, 『蒙古近世史』, 東京: 森北書店.

ボルヅギン・フスレ, 2011, 『中國共産黨・國民黨の對內モンゴル政策(1945-49年)』, 東京: 風響社.

毛里和子, 2008, 『周緣からの中國, 民族問題と國家』, 東京: 東京大出版會.

生駒雅則, 1995, 「ダムバドルヅ政權下のモンゴル: 第一次國共合作とモンゴル民族解放運動」, 『一九二0年代の中國』, 東京: 汲古書院.

原暉之, 1989, 『シベリア出兵-革命と干涉 1917-1922』, 東京: 筑摩書房.

二木博史, 1984, 「ダムバドルジ政権の内モンゴル革命援助」, 『一橋論叢』 92-3.

________, 1997(a), 「大モンゴル國臨時政府の成立」, 『東京外國語大學論集』 54.

________, 1997(b), 「パンモンゴリズムの現在」, 『アジア読本, モンゴル』, 東京: 河出書房新社

張啓雄, 2001, 「汎モンゴル統一運動-別角度から見たハルハ独立-」, 『人文學報』 85.

田中克彦, 2017, 「パンモンゴリズムという語の起源と発展」, 『モンゴルと東北アジア』 vol. 3.

中見立夫, 1976, 「ハイサンとオタイ」, 『東洋學報』 57-1/2.

青木雅浩, 2011,『モンゴル近現代史研究』, 東京: 早稲田大學出版部.

몽골어, 러시아어 자료

Ариунболд, Г., 2011, “Нармай Монгол”−изм−(“Панмонголизм”)−ын хэрэгт хэлмэгдсэн Монголчууд, 1937−1941, Улаанбаатар.

Базаров, Б.В., 2002, Неизвестное из истории панмонголизма, Улан−Удэ: Изд−во БНЦ СО РАН.

Батбаяр, Ц., 2015, Монгол ба их гүрнүүд, XX зуун 1 боть, Улаанбаатар.

Бат−Очир, Л., 1996, Чойбалсан, Намтарын нь балархайг тодруулахуй..., Улаанбаатар.

Батсайхан, О., 2002, Монголын тусгаар тогтнол ба Хятад, Орос, Монгол гурван улсын 1915 оны Хиагтын гэрээ, Улаанбаатар.

Батсайхан, О., 2005, Монгол үндэстэн бүрэн эрхт улс болох замд(1911−1946), Улаанбаатар.

Болдбаатар, Ж., Саждорж, М., Ширэндэв, Б., 2003, Монгол улсын түүх, Тав дугаар боть, Улаанбаатар.

Бурдков, А.В., 1969, В Старой и Новой Монголии, Москва: Издательства Наука.

Гэрэлвадрах, Ж., 2014, Монголчуудын нэгдсэн улс байгуулахын төлөөх тэмцэл I, Баримт бичийн эмхтгэл, Улаанбаатар.

Дашням, Г., Лонжид, З., 2001, Монголын хувьсгалчдын түүхт зөвлөлгөөн(1921 оны 3 дугаар сарын 1−3), Улаанбаатар.

Долгоржав, Г., 1966, Монгол ард намын гурав дугаар их хурал, Улаанбаатар: Улсын хэвлэлийн хэрэг эрхлэх хороо.

Дэндэв, Л., 2003, XX зууны Монголын түүхийн эх сурвалж(1911−1921), Уйгаржин монгон бичгээс кирилл үсэгт буулгаж хэвлэлд бэлтгэсэн О. Батсайхан, Улаанбаатар.

Дэндэв, Л., 2006, Монголын товч түүх, Монгол бичгээс хөрвүүлж оршил бичиж тайлбар нэрсийн хэлхээ хийсэн Доктор С.Чулуун, Улаанбаатар.

Жамсран, Л., 1992, Монголын сэргэн мандалтын эхэн, Улаанбаатар.

Жамсран, Л., 1997, Монголын төрийн тусгаар тогтнолын сэргэлт, Улаанбаатар.

Идшинноров, С., 1997, Жамсраны Цэвээн, Түүвэр зохиолууд, Улаанбаатар.

Лонжид, Ж., Батсайхан, О., 1995, Жанжин Данзан, Улаанбаатар.

Лузянин, С.Г., 2003, Россия−Монголия−Китай в первой половине XX века, Полит ические Взаимоотношения в 1911−1946 гг, Москва: Издательство<ОГНИ>.

Магсаржав, Н., 1994, Монгол улсын шинэ түүх, Монголоос кирилл бичигт булгаса н О.Батсайхан, З.Лонжид, Улаанбаатар.

МАХН−ын төв хорооны дэргэдэх намын түүхийн институт, Монгол ардын хувьсг алт намын түүхэнд холбогдох баримт бичгүүд 1920−1940 он, Нэг дүгээр дэв тэр, Улаанбаатар: Улсын хэвлэлийн хэрэг эрхлэх хороо.

Монгол ардын хувьсгалт намын IV их хурал(1971), Улаанбаатар.

Наранбаяр, П., 2017, Нармай монголын үзэлийн тухайд судлаачийн бодол, XX зуу ны Монгол: Түүх, соёл, геополитик, гадаад харилцааны тулгамдсан асуудлуу д, Улаанбаатар.

Очир, А., Пүрвээ, Г., 1982, Монголын ард түмний 1911 оны үндэсний эрх чөлөө, т усгаар тогтнолын төлөө тэмцэл, Баримт бичиг эмхтгэл(1900−1914), Улаанбаа тар: Улсын хэвлэлийн газар.

Попов, И.И., 1912, От Небесной Иимперии к Серединной Республике: История Ки тая, Монголии, Тибета и Наших Сношений с Китаем, Москва.

Ринчино, Э. Д., 1927, К Вопросу о Национальном Самоопределении Монголии в С вязи с Задачами Китайской Революции, Революционный Восток № 2.

Урангуа, Ж., Эрдэнэбилэг, Б., 2018, Дайны золиос болсон хүмүүс 1945−1947 онд Монголд байсан японцууд, Улаанбаатар.

Цэдэвсүрэн, Д., 1981, Монгол Зөвлөлийн харилцаа 1921−1974, Баримт материалы н 2 боть эмхтгэл, Улаанбаатар: Улсын хэвлэлийн газар.

Шагдарсүрэн, Ц., 2015, ПанМонголизм буюу нармай Монголын үзэл хэмээгч хийг ээд түүниий монгол хэл бичигт холбогдсон учир шалтгаан, Түүхийн судлал б оть XLIII−XLIV.

Ширэндэв, Б., Нацагдорж, Ш., 1972, В. Котвичийн хувийн архиваас олдсон монгол ын түүхэнд холбогдох зарим бичиг, Улаанбаатар: Шинжлэх ухааны академий н хэвлэл.

영어 자료

Atwood, Christopher, 1992, "The East Mongolian Revolution and Chinese Communism", *Mongolian Studies* Vol. 15.

Atwood, Christopher P., 1999, "Sino-Soviet Diplomacy and the Second Partition of Mongolia, 1945-1946", *Mongolia in the Twentieth Century, Landlocked Cosmopolitan*, Stephen Kotkin and Bruce A. Elleman eds., New York, London: M.E. Sharpe.

Baabar, 1999, *From World Power to Soviet Satellite, History of Mongolia*, C. Kaplonski ed., University of Cambridge.

Kaplonski, Christopher, 2004, *Truth, History, and Politics in Mongolia*, London and New York: Routledge Curzon.

Lan, Mei-hua, 1996, *The Mongolian Independence Movement of 1911: A Pan-Mongolian Endeavor*(Ph.D. Dessertation, Harvard University).

Lattimore, Owen & Fujiko Isono, 1982, *Diluv Khutagt-Memoirs Autobiography of a Mongol Buddist Reincarnation in Religion and Revolution*, Wiesbaden: Otto Harrassowitz.

Liu, Xiaoyuan, 2006, *Reins of Liberation, An Entangled History of Mongolian Independence, Chinese Territoriality, and Great Power Hegemony 1911-1959*, Stanford: Stanford University Press.

Morozova, Irina Y., 2009, *Socialist Revolutions in Asia, The Social History of Mongolia in the Twentieth Century*, New York: Routledge.

Onon, Urgunge & Derrick Pritchatt, 1989, *Asia's First Modern Revolution*, Leiden · New York · København · Köln: E. J. Brill.

Rupen, Robert A., 1964, *Mongols of the Twentieth Century. Part I*, Bloomington, Indiana Univ., Hague: Mouton & Co.

Sablin, Ivan, 2017, *Governing Post-Imperial Siberia and Mongolia, 1911-1924. Buddism, Socialism, and Nationalism in State and Autonomy Building*, New York: Routledge.

Šima, Josef, 1974, "On the Character of the So-Called Pan-Mongol Movement After 1911", *Ar Or* 42-2.

인터넷 자료

Pan-Mongolism, https://en.wikipedia.org/wiki/Pan-Mongolism(검색일: 2020. 1. 20).

Баатар, С., "Нармай Монгол" хэмээх хадны мангаа, http://www.fact.mn/2848.html(검색일: 2020. 1. 11).

6장

몽골인의 중국 인식과 몽·중 관계의 현실

이평래
한국외국어대학교 중앙아시아연구소 연구교수

I. 머리말

"몽골인 또는 국가로서 몽골국은 심정적으로 친러반중(親露反中)이다. 사회주의 시절 소련에 문제가 있었다고는 생각하지만 몽골인은 개별 러시아인 자체에 대해서는 호감을 갖고 있다. 반대로 중국에 대해서는 개인이나 국가 할 것 없이 대단히 싫어한다. 러시아인은 소박하지만 중국인은 웃으면서 속으로 무엇을 생각하는지 모르겠다고 생각하는 것이 몽골인의 (중국인에 대한) 인상이다."[1] 중국의 몽골족 출신으로 현재 일본 시즈오카대학(静岡大學)에서 교편을 잡고 있는 양하이잉(楊海英)의 말이다. 짧지만 이 말은 러시아와 중국에 대한 몽골인들의 보편적인 정서를 대변한다고 보아도 크게 틀리지 않을 것이다.

필자는 1991년 9월 말 처음 몽골에 갔는데 그때도 이와 비슷한 말을 자주 들었던 것으로 기억된다. 1991년은 몽골이 사회주의에서 자본주의 체제로 이행하는 이른바 체제 전환기였다. 수도 울란바타르와 각 지방에는 여전히 러시아인들이 많았고 개혁개방의 바람을 타고 중국인들(내몽골자치구의 몽골족 포함)이 몽골로 밀려들기 시작하였다. 이는 필자를 비롯한 외국인들에게 몽골인들의 중국과 러시아(또는 러시아인과 중국인)에 대한 생각을 살펴볼 수 있는 좋은 기회를 주었다. 그때 외국인들이 가장 많이 들었던 말은 소련과 소비에트 체제에 대한 비판, 그리고 '위험한 중국'과 '나쁜 중국인'에 대한 우려였다.

1921년 이후 소련 정부가 사실상 몽골을 식민지처럼 관리했다는 점

1 "習近平が「中國人嫌い」な"あの國"を訪問した意圖とは?"(2014. 8. 29), https://nikkan-spa.jp/705426(검색일: 2020. 8. 3).

에서 소비에트 체제에 대한 비판은 충분히 이해할 만하다. 소비에트 체제하에서 겪었던 경험담과 아울러 숙청, 공포정치, 언론 통제 등 소련과 공산당에 대한 비판이 유행처럼 번졌다. 한 가지 이상한 것은 소비에트 체제에 대한 비판과 대조적으로 러시아인에 대한 인식은 대단히 우호적이었다는 점이다. 몽골이 외세로부터 독립하고 현대사회로 발전하는 데 러시아인들이 큰 도움을 주었다는 것에서부터 러시아인의 품성에 이르기까지 러시아인에 대한 평가는 이상할 정도로 호의적이었다.

> 만일 러시아인들이 없었다면, 레닌이 우리를 돕지 않았다면 몽골은 없었을 것입니다. 1921년에 러시아인들이 우리를 크게 도왔습니다. 다음에 제2차 세계대전 직전에 일본군이 몽골을 침략할 때[2]도 역시 러시아인들의 도움이 필요했습니다.[3]

2012년 가을 58년 동안 울란바타르 호텔 바로 앞에 있었던 레닌 동상의 철거에 즈음하여 로이터 통신 기자의 질문에 대한 에르덴빌렉(D. Erdenebileg, 당시 55세)이라는 한 몽골인의 대답이다. 바로 이런 이유 때문에 레닌 동상은 체제 전환으로부터 10년 후인 2012년 10월 12일까지 울란바타르 중심부에 머물 수 있었던 것이다. 정리하면 한편으로 공산체제의 폭정에 대해 비판하면서 다른 한편으로 러시아인에 대해 고마

---

2 1939년 5월부터 그해 9월까지 당시 몽골인민공화국과 만주국 국경인 할헌골(Khalkhyn gol)에서 벌어진 만주-일본 연합군과 몽골-소련 연합군의 전쟁을 말한다. 일본 자료 속의 노몬한 사건(ノモンハン事件)이다.

3 В.И.Ленининий хөшөө г 400 мянгаас эхэлж дуудна(2012. 10. 10), https://news.mn/r/122260/(검색일: 2020. 7. 18).

워하는 이중적인 마음이 1990년대 초기 소비에트 체제와 러시아인에 대한 몽골인들의 기본 정서였다. 그리고 이러한 정서는 큰 줄기에서는 현재까지도 이어지고 있다고 할 수 있는데, 상기 에르덴빌렉의 인터뷰 내용이 그 증거이다.

러시아와 러시아인에 대한 정서가 이중적이라면 중국과 중국인에 대한 정서는 '위험한 중국'과 '나쁜 중국인'으로 통일되어 있다. 몽골인의 중국과 중국인에 대한 인식은 호자(khujaa)라는 말로 상징된다. 이 말은 원래 한어 화교(華僑)에서 온 것으로 현대 몽골어에서 몽골인이 중국인을 비하하여 이르는 단어로 고정되었다. 1990년대 초기 몽골인들은 사람이건 물건이건 나쁜 것은 모두 호자 탓으로 돌렸다. 호자가 밉다 보니 호자의 나라(중국)에서 온 것은 사람이든 물건이든 무조건 싫어하였다. 여기에는 같은 몽골족인 내몽골인도 포함되었는데, 그들은 이른바 에를리즈(erliiz, 혼혈아)로 비하되었다. 내몽골 사람들이 반쯤 중국화된 중국의 혼혈아라는 뜻이다. 다음 절에서 언급할 것이지만 최근 몽·중 간 교류의 확대, 특히 경제 방면의 교류가 확대됨에 따라 이런 분위기는 많이 해소되었지만, 중국과 중국인에 대한 몽골인들의 전통적인 정서는 근본적으로 바뀌지 않은 것으로 보인다.

그렇다면 도대체 무슨 이유로 몽골인들의 중국 및 중국인에 대한 인식이 이처럼 굴절되었을까? 이것이 큰 나라 주변 약소국의 자기방어에서 나온 것인가? 아니면 보다 근원적인 이유가 있는지 궁금하지 않을 수 없다.

II. 반중 정서의 역사적 배경

국경을 마주하고 있는 나라들이 그렇듯 지난 2천여 년의 몽골과 중국의 관계도 그다지 원만하지 못하였다. 몽골과 중국의 불편한 관계는 선진시대(先秦時代) 농경민과 유목민의 관계로까지 거슬러 올라간다. 도발은 처음 농경민에 의해 시작되었다고 할 수 있다. 그 상징적 표지가 만리장성이다. 우리의 통념 속의 만리장성은 유목민들의 침략을 막기 위한 농경민의 방어막이다. 그러나 최근 연구 결과에 의하면 만리장성은 남방 농경민들이 초원에서 유목민들을 몰아내고 통제하기 위하여 쌓은 방벽, 즉 침략의 상징물이라는 것이다.[4] 어느 쪽 말이 맞는지는 향후 연구에 의해 더 정확히 밝혀질 것이다. 그러나 만리장성 남북의 생태환경만 놓고 보면 후자 쪽의 의견이 더 설득력이 있다. 만리장성 남북에는 원래 풀이 무성한 초원이 펼쳐져 있었다. 이곳이 유목민의 삶의 터전이었다는 뜻이다. 그렇다면 그 초원으로 들어가 농경지를 일구고, 거기에 말뚝을 박고, 인위적 장벽을 친 사람은 농경민이니 침략자는 바로 농경민이었다는 말은 설득력이 있다.

이처럼 농경민이 축조한 만리장성을 사이에 두고 유목민과 농경민은 지난 수천 년 동안 공방을 거듭하였다. 이 과정에서 두 집단은 서로에 대한 불신과 편견을 갖게 되었다. 예를 들면 농경민들은 북방민이나 유목민을 일괄적으로 중원과 주변국을 침략하는 흉포한 집단이자 농사를 모르고 떠돌이 생활을 하는 야만인이나 문명의 파괴자로 보았다.[5] 그리

---

4 리콜라 디코스모, 이재정 옮김, 2005.『오랑캐의 탄생』, 민음사, 213~218쪽.

5 漢과 匈奴의 관계를 이러한 관점에서 탐구한 대표적 연구로 리콜라 디코스모, 앞의

고 이는 『사기』와 『한서』 이래 '인면수심(人面獸心)'으로 대표되는 지난 2천 년 동안 이어져온 농경민의 유목민상(像)의 핵심이 되었다. 반면에 만리장성 북방의 유목국가는 중원의 왕조와 대립하면서 세계의 중심에 군림한다는 중국 황제의 중화적 주장이나 중국인이 이적(夷狄)에 갖고 있었던 뿌리 깊은 문화적 우월성을 위협하였다.[6]

한나라와 흉노(匈奴)의 대립에서 본격화된 양자의 대립은 그 후 역사의 흐름 속에서 지배와 피지배 관계를 나눠 가졌다. 원나라 시대(1271~1368) 한인(漢人)들은 몽골인들의 직접적인 지배를 받았고, 청나라 시대(1636~1911) 몽골인들은 만청(滿淸)의 지배를 받았다. 현재 중국의 역사 교과서는 정치적 목적에 따라 원나라 시대를 남북 분열을 극복하고 민족을 통합한 위대한 중화 왕조로 기술하고 있지만, 얼마 전까지만 해도 원나라 지배기를 야만인들에 의하여 중화 문명이 유린된 치욕의 시대로 평가하였다.[7] 주지하듯이 청나라 시대는 엄밀하게 말하면 한인들이 몽골족을 지배한 것은 아니다. 그러나 현대 몽골인들의 중국과 중국인에 대한 인식이 주로 이 시기에서 기원하고 있다는 점에서 청 지배 시기는 현대 몽골과 중국의 관계를 이해하는 데 매우 중요하다.

청나라 지배 초기 청 정부는 만주족의 발상지인 만주와 몽골 지역으로의 한인의 이주를 엄격하게 금지하였다. 이른바 봉금정책(封禁政策)이

책을 들 수 있다. 또한 한인의 유목과 유목문화에 대한 인식의 역사적 변천에 대해서는 楊海英, 2009, 「中國人が語りはじめた遊牧文明」, 『朝倉世界地理講座-大地と人間の物語- 2, 東北アジア』, 東京: 朝倉書店이 참고가 된다.

6 ツェデンダンバ・バトバヤル, 2003, 「モンゴル人と中國人-相互の歷史観-」, 『學術の動向』, 60쪽.

7 이평래, 2008, 「중국 학계의 몽골사 서술 분석」, 『중국학자들의 소수민족 역사서술』, 동북아역사재단, 94~95쪽.

다. 그러나 청나라 후기로 갈수록 이러한 인위적인 통제 정책은 실효성을 잃고 만리장성을 넘어 많은 한인들이 몽골 초원으로 이주하였다. 한인의 이주는 몽골 사회에 여러 가지 문제를 가져왔다. 이주 한인은 대부분 농경민이었고, 이들에 의하여 목초지가 개간되었다. 목초지 개간은 곧 유목민의 생계 터전의 파괴를 의미하였고, 이는 농경민과 유목민의 사활을 건 생존투쟁으로 이어졌다. 여기에 현지 지배층과 결탁한 '여몽상(旅蒙商)'이라 불리는 한인 상인들과 고리대업자들의 수탈로 인하여 유목민들의 생활이 피폐해지면서 양자의 대립은 화해 불능으로 치달았다. 그 결과 몽골 각지에서는 이른바 반청반봉건투쟁이 발생했는데, 전자는 만청 관리 및 한인 농민과 상인을 겨냥한 것이고, 후자는 그들과 결탁한 몽골 지배층을 겨냥한 것이다.[8]

그 당시 자료에는 한인 농민들의 진출로 목초지를 잃고 방랑하는 유목민들과, 한인 상인들의 협잡으로 빚더미에 앉은 유목민들의 비참한 상황이 생생하게 묘사되어 있다.[9] 이 과정에서 유목민의 삶의 터전을 강탈하는 나쁜 한인(한인 농민), 유목민을 속이는 사악한 한인(한인 상인), 이들을 지원하고 몽골인을 탄압하는 포악한 만주 관리라는 인식의 기본 틀이 갖춰졌고, 이러한 인식 틀이 근현대로 이어졌다고 할 수 있다. 그리고 그 때문이겠지만 현대 몽골어에서는 감언이설로 남을 속이는 것을 "만주 말을 한다(Manj üg khelekh)"[10]라고 표현한다. 청 지배 시기에 한

---

8 이 시기 반청반봉건투쟁에 관한 초보적인 연구는 이평래, 1995, 「20세기 초기 Ar(北) 몽골 왕공들의 정국인식과 독립구상」, 『한국민족학연구』 3 참고.

9 А. Очир, Б. Энхтү вшин, 2003, Монгол улсын түүх, Дөтгөөр боть, Улаанбаатар, pp. 249~273.

10 Л. Болд, Т. Пү рэвсүрэн, 2008, Монгол хэлний дэлгэрэнгү й тайлбар толь, Улаанбаатар, p. 1205.

인 상인과 고리대금업자들이 몽골 유목민들을 속여 경제적 수탈을 자행한 것을 만주 정권이라는 시대 상황을 고려하여 이렇게 표현한 것이다.

1911년 신해혁명이 발발하자 몽골인들은 그해 12월 29일 청나라로부터 독립을 선언하였다.[11] 그러나 이듬해 성립된 중화민국이 청나라의 계승자임을 자임하고 몽골에 대한 종주권을 주장하면서 문제가 복잡해졌다. 이때부터 러시아(1917년 이후 소련)와 중국 사이에 이른바 '몽골 문제(蒙古問題)'를 놓고 밀고 당기는 지루한 외교 교섭이 시작되었다. 아무튼 역대 중국 정부는 몽골의 독립을 인정하지 않다가 장제스(蔣介石)의 국민당 정부가 제2차 세계대전 이후(1946. 1. 5) 강대국의 압력으로 마지못해 독립을 수용하고, 중화인민공화국 성립 후에는 소련의 권유로 1949년 10월 16일 몽골과 외교 관계를 수립하였다. 그러나 신해혁명 직후 성립된 중화민국 정부는 물론이고, 장제스의 국민정부, 심지어 마오쩌둥(毛澤東)의 중화인민공화국 정부까지도 독립 승인과 별개로 지속적으로 몽골을 자국의 영토로 편입시키려고 하였다.

예컨대 스탈린(Iosif Stalin)은 1949년 9월 30~31일 흑해의 휴양지 소치(Sochi)에서 당시 몽골인민공화국 최고 지도자 초이발산(Kh. Choibalsan)과 만났는데, 이때 그는 마오쩌둥이 자신에게 서한을 보내 내·외몽골을 통합시켜 중국의 자치국으로 만들자고 제안했다는 사실을 전해주었다.[12] 중국의 몽골인민공화국 통합 시도에 관한 자료는 그 후에도 확인된다. 즉, 몽골 지도자 체덴발(Yu. Tsedenbal)의 증언에 의하면 소련공

---

11 1911년 몽골 독립선언에 대한 것은 이평래, 2008. 「1911년 몽골 독립과 민족 통합 운동의 초기 과정」, 『동양사학연구』 104 참고.

12 О. Батсайхан, 2005, Монгол үндэстэн бүрэн эрхт улс болох замд(1911–1946), Улаанбаатар, pp. 317~319.

산당 제20차 회의(1956년 2월 14~25일) 참석차 소련을 방문했을 때 회의가 끝나고 3월 5일에 각료회의 부의장인 미코얀(A. I. Mikoyan)을 만났는데, 그때 미코얀이 자신에게 마오쩌둥이 소련에 두 번이나 몽골인민공화국을 중국에 통합시키는 문제를 제기했음을 전해주었다[13]고 한다. 실제로 1956년도 중국에서 출간된 책에 수록된 지도에는 당시 몽골인민공화국과 중화인민공화국 국경선 표시가 미정(未定)을 뜻하는 '가는 점선'으로 되어 있는 데 반하여, 소련과의 국경선은 이정(已定)을 뜻하는 '굵은 점선'으로 되어 있다.[14]

그러던 중화인민공화국 정부는 신장(新疆) 지역의 대규모 반란과 카자흐스탄으로의 대규모 주민 이탈 사태 발생, 중국과 인도의 국경분쟁 및 중국과 소련의 분쟁 등 내외 상황이 어렵게 되자 변계조약(邊界條約, 1962년 12월 26일)을 통해 양국의 오랜 현안이었던 몽골과 중국 간의 국경 문제를 종결지었다.[15] 이는 외형적으로 몽골의 실질적인 독립을 인정한 것이고, 그때까지 몽골이 불법 점령하고 있다고 여긴 영토를 상대에게 양보한 것이었다. 문제는 이러한 중국 정부의 양보가 몽골에 대한 영유권의 완전한 포기가 아니라 전술적 후퇴였다는 점이다. 중·소 분쟁 속에서 몽골이 소련에 기울자 그들의 환심을 사기 위해 몽골이 실효적으로 지배하고 있는 지역에 대한 영유를 일시적으로 포기한 것으로, 말하자면 어쩔 수 없는 상황에서의 양보였던 것이다. 변계조약이 체결된

13 Б. Сумьяа, 1992, Гэрэл Сүүдэр: Ю Цэдэнбал хувийн тэмдэглэлээс, Улаанбаатар, p. 91.

14 張時祖編寫, 1956, 『祖國的陸界』, 上海: 新知識出版社, 16~17쪽.

15 이평래, 2012, 「몽골과 중국의 다리강가 領有權 분쟁」, 『동북아역사논총』 37, 301~306쪽.

10년 후인 1972년 중국에서 출간된 지도에 몽골이 여전히 중국의 영토로 표기되어 있는 것이 이를 말해준다.[16]

이 과정에서 몽골인들의 중국 및 중국인에 대한 불신이 더욱 커졌으리라는 것은 충분히 짐작할 수 있을 것이다. 이러한 불신은 중·소의 대립 시기에 양국의 대립이 격화되고 몽골이 일관되게 친소 정책을 견지하면서 더욱 심화되었다. 중국과의 관계가 단절되면서 1990년대 초기까지 몽골인들은 중국의 미디어에 접근하고 중국인과 교류하는 것이 불가능하였다. 이 시기 소비에트의 선전 장치는 중국에 관한 모든 것을 양자택일적으로 평가함으로써 몽골 여론을 교묘하게 조작하였다. 그리고 이렇게 하여 형성된 중국과 중국인에 대한 불신이 1990년대 이후까지 이어졌다고 할 수 있다.[17]

요약하면 유목민과 농경민의 대립을 거쳐 청 지배 시기에 형성된 반중 정서가 그 이후의 역사 과정에서 확산되고, 중·소 대립 시기를 거치면서 더욱 강화되어 현재에 이르고 있다고 할 수 있다. 이런 점에서 현대 몽골인들의 반중 정서는 분명한 역사적 근거가 있다고 할 수 있다.

---

16 오. 바트사이한, 2004, 「중국 역사학자들의 몽골사 왜곡에 대하여」, 고구려연구재단 편, 『한국사 속의 고구려의 위상』, 고구려재단, 408쪽.

17 ツェデンダンバ・バトバヤル, 2003, 앞의 글, 61쪽.

III. 몽·중의 접근과 중국 인식의 변화

1980년대 중반 중국과 소련의 관계가 개선되자 몽골과 중국 역시 관계 개선에 나섰다. 몽골 입장에서 보면 1989년부터 소련군이 철수하고 안보에 구멍이 생기면서 중국과의 관계 개선이 더욱 절실해졌다고 할 수 있다. 이런 가운데 양국은 1994년에 신우호협력협정을 체결하여 상호 이해를 강화하였다. 그 후 몽골과 중국이 2003년에 신린우호 및 상호 신뢰의 동반자 관계, 2011년에 전략적 동반자 관계에 서명함으로써 두 나라 관계는 새로운 국면으로 진입하였다. 양국은 또한 2013년에 전략적 동반자 관계를 위한 중장기 행동 전략에 서명하고, 2014년에 전면적 전략적 동반자 관계로 두 나라 관계를 격상시켰다.[18]

정치 분야에서의 협력과 더불어 양국은 경제 분야에서의 협력도 강화해나갔다. 다음 〈표 1〉에서 보듯이 2000년에 4억 달러에 불과했던 두 나라 교역액은 2018년에 85억 4천만 달러로 크게 늘어나고, 2019년에는 88억 5천만 달러로 증가하였으며, 오래전 양국은 2020년에는 이를 100억 달러로 끌어올리기로 합의한 바가 있다.

그 결과 2019년 말 현재 중국은 몽골의 제1의 수출 대상국이자 제2의 대몽골 투자국, 그리고 제1의 교역국으로서 몽골 경제를 지탱해주

〈표 1〉 몽-중 연도별 무역액 추이

(단위: 억 달러)

연도	2000	2005	2010	2015	2016	2017	2018	2019
무역액	4.0	8.2	34.4	53.0	49.6	67.4	85.4	88.5

출처: 몽골 통계청 통계연보에 의거하여 필자 작성, https://1212.mn/BookLibrary.aspx?category=007.

18 외교부, 2015, 『몽골개황』, 78~80쪽.

는 가장 중요한 국가로 부상하였다. 또한 현재 몽골의 가장 중요한 수출품인 광물자원은 80% 이상이 중국으로 수출되고 있으며, 몽골의 주요 광산 개발은 어떤 식으로든 중국이나 중국 회사와 관련되어 있다.[19] 그리고 이러한 중국에의 경제적 의존도는 시간이 갈수록 증대되고 있다. 1990년 이후 몽골의 총 무역액에서 대중국 무역이 차지하는 비중을 보면 이 점이 더욱 분명하게 확인된다.

당연하지만 양국 간 경제 협력은 두 나라 정부의 적극적인 지원에 의하여 이루어지고 있다. 2003년 6월 후진타오(胡錦濤) 주석의 방몽 때부터 본격화된 정부 간 협력은 2014년 시진핑(習近平) 주석의 몽골 방문(2014. 8. 21~22) 때 대규모 투자에서 인프라 건설, 금융 협력 등 전 분야에 걸친 24개의 협약 체결로 이어졌다.[20] 또한 2016년 몽골, 중국, 러시아는 몽-중-러 3국의 경제회랑(Economic Corridor) 프로그램을 확정하

〈표 2〉 총 무역액 중 대중국 무역액 비중

(단위: %)

연도	1990	1995	2000	2005	2010	2015	2019
대중국 무역액 비중	2.3	14.8	34.8	36.4	56.4	62.6	64.4
대중국 수입액 비중	2.7	12.2	20.5	25.8	30.5	36.6	33.6
대중국 수출액 비중	1.7	17.1	51.2	48.2	84.8	83.7	89.1

출처: 몽골 통계청 통계연보에 의거하여 필자 작성, https://1212.mn/BookLibrary.aspx?category=007.

19 뭉크 나삿, 김홍진, 2020, 「몽골의 대외교역 동향과 대중국 무역의 과제」, 『몽골학』 61, 83~86쪽, 93~95쪽.

20 「모스크바와 베이징 사이의 몽골」(2014. 9. 21), https://www.emerics.org:446/issueDetail.es?brdctsNo=147901&mid=a10200000000&&search_option=&search_keyword=&search_year=&search_month=&search_tagkeyword=&systemcode=04&search_region=&search_area=&currentPage=75&pageCnt=10(검색일: 2020. 7. 20).

고 32개 사업을 진행하기로 합의하였다.[21] 세 나라는 이들 32개 프로젝트 가운데 중앙철도회랑, 아시아 자동차 도로망 AH-3 노선, 3국을 통과하는 500KW의 전기 송전 사업을 가장 화급한 사업으로 정하고 공동 연구를 수행하기로 합의하였다.[22] 아직 시작 단계이기 때문에 사업 성과를 단언할 수는 없지만 합의된 프로젝트들이 하나하나 추진된다면 몽·중의 경제협력은 더욱 강화될 것이다.

그러나 몽·중 경제 교류의 확대는 몽골의 독립과 주권 및 안보에 또 다른 문제를 불러왔다. 무슨 이유인지 1990년 이후 양국의 우호 협력이 확대되면서 몽골의 현상(status quo)을 부정하는 중국인들의 문제 제기가 잦아졌다. 예컨대 1990년대 이후 현재까지 1911년 몽골의 독립선언을 러시아(소련 포함)의 사주에 의한 것으로 비판하는 책과 논문이 눈에 띄게 많이 발표되고 있다.[23] 여기에서 중국 필자들은 그때 조국의 영토를 상실했다는 취지를 서슴없이 밝히고 있다. 이는 가끔씩 외교 문제로 비화되었는데, 그때마다 중국 정부는 이러한 견해들이 정부의 공식적인 입장이 아님을 천명하고 나섰다. 그러나 이는 말 그대로 정부의 공식적인 견해일 뿐이고 이로 인하여 몽골인들이 느끼는 중국의 위협은 우리가 생각하는 것보다 훨씬 심각하다.

---

21 제성훈·나희승·최필수, Lkhagvadorj DOLGORMAA. 2016, 『중·몽·러 경제회랑의 발전 잠재력과 한국의 연계방안』, 대외경제정책연구원.

22 G. Munkhnasan, 2018, 「신북방정책 실현을 위한 한·몽 경제 및 사회문화 협력 방안」, 대외경제정책연구원 몽골전문가 세미나, 9쪽.

23 대표적으로 師博, 1993, 『外蒙古獨立內幕』, 北京: 人民中國出版社를 들 수 있다. 본서는 "中華北疆-外蒙古"가 어떻게 하여 러시아와 소련의 사주로 중국에서 떨어져 나갔는가를 시기에 따라 정리하고 향후 "中蒙關係"에 대한 저자의 생각을 정리한 책이다. 연구서는 아니지만 본서는 20세기 몽골사 전체를 부정한 책으로 외교적 논란을 불러왔다.

예를 들면 몽골의 대표적인 전략 문제 전문가인 하이산다이(L. Khaisandai)는 향후 중국의 경제 진출이 몽골의 안보를 심각하게 위협할 수 있으며, 심지어 중국의 경제 확장이 몽골에 대한 점진적인 흡수를 목적으로 한다고까지 하였다.[24] 심각한 것은 중국 학자들의 이런 생각이 전근대 자국의 속방(屬邦)에 대한 일종의 계승 의식에 기인하고 있고, 그것이 쉽사리 교정될 기미가 없다는 점이다.

> 나는 중국에서 보낸 마지막 어느 날 몽골에서 구입한 칭기즈칸의 모습이 그려진 셔츠를 입었다. (중략) 중국에서 내가 칭기즈 셔츠를 입으면 그것은 종종 대화의 주제가 된다. 나의 중국 친구들이 그 셔츠를 어디에서 샀냐고 물으면 나는 그들에게 몽골이라고 말한다. 그러면 그들은 재빨리 몽골은 역사적으로 중국의 일부분이었고, 몽골인들은 중국 56개 민족의 하나이고, 따라서 칭기즈칸은 중국인이었다는 점을 지적한다.

2007년 당시 벤저민 로스(Benhamin Ross)라는 시카고대학 박사과정 학생이 자신의 블로그에 올린 "칭기즈칸은 중국인이었는가?(Was Chinggis Khaan Chinese?, September 26, 2007)"라는 글[25]의 일부이다. 이 젊은 연구자는 이어 칭기즈칸을 중국인이라고 하는 것은 아무리 생각해도 과장인 것 같은데, 만약 이런 논리라면 마오쩌둥도 몽골인이라

24 L. Khaisandai, 2011, "Issues in Ensuring Mongolia's economic security and cooperation on the Rise of China", *2011 NAHF-MAS Forum, Globalization and Korea-Mongolia Cooperation*, pp. 31~34.

25 Was Chinggis Khaan Chinese?, http://www.benross.net/wordpress/?p=126(검색일: 2015. 5. 28).

고 주장할 수 있다고 하였다. 조금만 상식을 가진 사람이라면 그의 말에 동의할 것이다. 문제는 현재 일반 중국인들의 몽골과 칭기즈칸에 대한 인식이 로스의 보고 그대로라는 점이다. 일부 내몽골 학자들의 전언(傳言)에 의하면 중국 연구자들은 독립국인 몽골국의 통합을 기정사실화하고 있다고 한다.

따라서 "중국인들은 주석에서 거지에 이르기까지 몽골을 중국의 일부로 여기고 있다"[26]고 한 몽골의 평론가의 평가도 결코 허풍으로만 보기도 어렵다. 2000년대 중반 이후 다야르 몽골(Dayar Mongol, 범몽골) 등 극우 민족주의 단체가 출현하여 중국인(내몽골인 포함) 및 중국계 회사 그리고 그들과 관련이 있는 몽골인을 공격하는 일이 발생한 것도 중국의 영향력 확대에 대한 반작용에서 비롯되었다.[27] 즉, 군사력, 경제력, 인구 등 모든 면에서 압도적인 중국에 몽골이 잠식될 수도 있다는 위기의식이 그들로 하여금 극단적인 반중국 행동에 나서게 했다고 할 수 있다. 물론 대다수 몽골인들이 이들 극우 단체의 이념과 극단적인 행위에 동의하는 것은 아니지만, 그들이 내세우는 반중 정서를 많은 몽골인들이 공유하고 있는 것 또한 사실이다.

이러한 몽골인의 정서를 의식해서인지 시진핑 주석은 2014년 방몽 때 몽골 대통령과의 정상회담에서도, 공동성명에서도 몽골의 안보를 보장하고 몽골로 팽창하려는 의도가 없음을 몇 번이나 강조하였다. 대단히

26 Ш.Гантулга: ОХУ-ын ерөнхийлөгч Монголын хувь заяаг эргүүлэх чухал ший двэр гаргаж магадгүй(2014. 9. 2), http://sonin.mn/news/politics-economy/30987(검색일: 2020. 7. 20).

27 湊邦生, 2015,「モンゴル 圧倒的な「南の隣人」への反感と現實認識」,『國際問題』643, 30~31쪽.

이례적인 발언이지만, 이는 역으로 몽골인들이 그만큼 중국의 팽창을 우려하고 있다는 증거이다.

이러한 노력의 결과인지는 알 수 없으나 근년 몽골에서 실시된 여론조사는 지금까지 언급한 몽골인들의 전통적인 중국 인식이 완만하게 변화하고 있음을 확인해준다. 다음은 "몽골의 가장 좋은 동반자는 어느 나라입니까"[28]라는 질문에 대한 최근의 여론조사 결과이다.

〈표 3〉에서 보듯 현재 몽골국 국민들은 러시아를 가장 좋은 친구 나라로 보고 있다. 그것도 압도적이다. 지난 3년 동안의 조사 결과도 대체로 이와 일치한다. 여기에는 몇 가지 이유가 있다. 우선 러시아는 20세기 초기 몽골이 외세(청조와 중화민국)의 지배에서 벗어나 독립을 실현하

〈표 3〉 몽골의 가장 좋은 동반 국가 (단위: %)

국명/선택	제1선택	제2선택
러시아	67.8	9.5
중국	5.8	34.0
미국	4.6	11.4
유럽연합	2.3	3.8
일본	6.1	11.8
한국	3.9	9.3
기타	0.3	0.4
무응답	0.8	0.8
모름	8.4	9.8
총계	100	100

28 Улс төрийн барометр No 19(53) 2020 он 5 сар, "Сант Марал" сан, https://830a862d-3fe6-40e6-b731-5a65590fd0cf.filesusr.com/ugd/915e91_9a5c34e5b4ba44e786815ab8bc8033d1.pdf(검색일: 2020. 8. 3).

고 현대 국가로 거듭나는 데 결정적 역할을 하였다. 러시아는 또한 몽골국 국민들의 전통적인 대중국 안보 불안을 해소해줄 수 있는 가장 중요한 나라이다. 특히 중국의 부상과 몽골 경제의 중국에의 예속이 심화되면서 러시아는 중국의 영향력을 견제할 수 있는 가장 믿음직한 우방으로 인식되고 있다. 사회주의 시기 몽·소 합작회사로 설립된 에르데네트(Erdenet) 구리광산과 울란바타르 철도가 몽골 경제를 지탱해주는 가장 견실한 회사라는 점도 러시아에 대한 신뢰를 높이는 데 기여했다고 할 수 있다.

우리의 관심국인 중국은 제1선택이 5.8%로 3위이지만, 제2선택은 34.0%로 1위에 올라와 있다. 2019년 조사 자료에서는 제1선택과 제2선택이 각각 2.4%와 23.3%이고,[29] 2018년에는 제1선택과 제2선택이 각각 0.8%와 19.9%이다.[30] 이들을 2020년 결과와 대조해보면 조심스럽지만 중국에 대한 선호도가 점점 높아지고 있다고 할 수 있다. 특히 제2선택만 놓고 보면 더욱 그렇다고 할 수 있다. "당신은 몽골인들이 어느 나라 사람들과 잘 협의하여 일할 수 있다고 생각합니까"[31]라는 질문에 대한 응답인 다음 〈표 4〉는 이를 거듭 확인해준다.

제1선택의 경우 여기서도 러시아가 1위이다. 지난 3년 동안의 조사 결과도 대체로 이와 일치한다. 앞에서 언급한 이유 때문일 것이다. 두 번

---

29 Улс төрийн барометр No 19(53) 2019 он 3-4 сар, "Сант Марал" сан, https://830a862d-3fe6-40e6-b731-5a65590fd0cf.filesusr.com/ugd/915e91_f5e401ba80e54d0da5bec96e77bf8982.pdf(검색일: 2020. 8. 3).

30 Улс төрийн барометр No 19(53) 2018 он 3 сар, "Сант Марал" сан, https://830a862d-3fe6-40e6-b731-5a65590fd0cf.filesusr.com/ugd/915e91_2090bf86b6724a3e841d04339369de1f.pdf(검색일: 2020. 8. 3).

31 위와 같음.

〈표 4〉 몽골인이 잘 협의하여 일할 수 있는 사람 (단위: %)

국명/선택	제1선택	제2선택
러시아	32.3	14.4
중국	19.3	21.3
미국	1.9	5.2
유럽연합	0.7	2.0
일본	4.6	11.7
한국	28.5	16.4
기타	0.2	0.3
무응답	0.6	1.5
모름	12.0	14.8
총계	100	100

째는 특이하게 한국인(28.5%와 16.4%)이고, 중국인(19.3%와 21.3%)은 제1선택에서는 3위이고 제2선택에서는 1위이다. 우리의 관심국인 중국인에 대한 생각을 2019년(11.3%과 11.7%) 및 2018년(9.8%와 14.6%)과 대조해 보면 중국에 대한 우호적인 생각이 매년 늘어나고 있음을 알 수 있다. 그리고 이러한 경향이 '몽골의 가장 좋은 동반 국가'에서도 확인되기 때문에 중국 및 중국인에 대한 인식이 해를 거듭할수록 좋아지고 있다고 단정할 수 있다. 일부 몽골인들은 이런 결과에 대해서도 사람들이 대답은 그렇게 했지만 사실은 중국과 중국인에 대한 인식에는 큰 변화가 없다고 믿고 있다. 그러나 대중국 우호 여론이 해가 갈수록 좋아지고 있다는 것은 몽골인들의 전통적 중국 인식에 모종의 변화가 있다고 할 만한 근거가 될 수 있다.

그렇다면 역사 과정에서 형성된 반중국 정서가 팽배한 가운데 동반국가 및 일의 동반자로서 중국과 중국인에 대한 인식이 상기의 여론조사에 보이는 것처럼 좋아지고 있는 것을 어떻게 해석해야 할까? 이와 관련하여 생각해야 할 것이 1990년대 이후 중국과의 경제 협력의 확대로 양국 국민의 접촉이 잦아졌다는 점을 들 수 있다. 〈표 2〉에서 보듯 2019년 기준 중국과의 교역은 몽골 전체 교역액의 64.4%를 차지한다. 그중 수입은 33.6%이고, 수출은 무려 89.1%나 된다. 또한 몽골 경제의 중심축인 광물자원의 대부분이 중국계 회사가 관여하거나 중국으로 수출되고 있으며, 중국 주변국들이 그렇듯 서민경제는 상당 부분 중국산 제품에 의존하고 있다. 이 과정에서 양국 국민들 간에 접촉이 잦아들고 상대에 대한 인식에 변화가 생겼다고 추측해볼 수 있다.[32]

참고로 〈표 3〉에서 보듯이 가장 좋은 친구 나라로서 5위에 그친 한국이 몽골인이 잘 협의하여 일할 수 있는 나라 사람의 첫 번째 지위에 오른 것은 호불호와 관계없이 두 나라 사람들의 빈번한 접촉 때문이다. 중국과는 성격이 다르지만 몽골인들 사이에서는 한국과 한국인에 대한 반감, 이른바 반한(反韓) 정서가 분명히 존재한다. 잘 알려지지 않아서 그렇지 한국은 전통적인 몽골인 거주지, 즉 몽골국(외몽골), 러시아연방의 부랴트공화국과 칼미크공화국, 중국의 내몽골자치구를 제외하면 이 세상에서 몽골국 국민이 가장 많이 살고 있는 나라이다. 양국 국민들 사이에서 문제가 발생할 수밖에 없는 구조이다. 여기에 거센 한류에 대한 반발심, 그리고 몽골에서 중소기업을 운영하는 한인과 현지인과의 충돌 등 다양한 이유로 반한 기류가 존재한다.

그럼에도 불구하고 이주노동자 등 많은 몽골인들이 한국 및 한국인과의 관계 속에서 생계를 꾸려가기 때문에 몽골인에게 한국인은 잘 협

---

32 湊邦生, 2015, 앞의 글, 34~35쪽.

의하여 일할 수 있는 파트너가 된 것이다. 중국과 중국인의 경우처럼 잦은 접촉으로 인하여 분명히 반한 정서가 존재하지만, 이 과정에서 한국과 한국인에 대한 우호적인 인식도 아울러 생겨났다는 뜻이다.

Ⅳ. 몽골과 중국 관계의 새로운 전개

몽골인들의 중국과 중국인에 대한 인식의 변화와 별개로 2016년 말~2017년 초에는 현대 몽골과 중국의 관계에 획을 그을 만한 한 사건이 일어났다. 언론 보도를 통하여 널리 알려진 것처럼 티베트의 지도자 제14대 달라이라마가 2016년 11월 18~23일 몽골을 방문하였다. 2011년 이후 5년 만에 이루어진 그의 몽골 방문은 몽골불교의 본산인 간단테그칠렝(Gandantegchilen) 사원, 불교 관련 시민단체, 신도들의 초청으로 이루어졌다. 달라이라마는 사회주의 시절인 1979년 처음 몽골을 방문한 이후, 1982, 1991, 1994, 1995, 2002, 2006, 2011년 등 모두 여덟 차례 몽골을 방문하였고, 2016년에 아홉 번째로 몽골을 찾았다. 달라이라마의 몽골 방문은 항상 중국과의 마찰을 빚어왔는데, 2016년에도 그의 몽골 방문은 중국의 격렬한 반발을 불러왔다.

그 때문에 그의 몽골 방문 하루 전인 2016년 11월 17일 달라이라마 초청 실무단 단장인 간단테그칠렝 사원의 다와프레브(S. Davaaprev) 스님은 달라이라마의 방몽 일정과 목적 등을 상세히 설명하면서 달라이라마의 방문이 "순수한 종교 행사임"[33]을 애써 강조하였다. 달라이라마의

33 Далай лай ламын айлчлал улс төрөөс ангид гэж мэдэгдэв(2016. 11. 17), http://

몽골 도착 당일인 11월 18일에는 간단테그칠렝 사원의 언론홍보실장 오드가리드(J. Odgarid) 스님이 브리핑을 통하여 이번 방문은 “정치적 내용이 전혀 담겨 있지 않은 순수 종교적 차원에서 이루어지는 것임”을 강조했으며, 같은 날 뭉흐-오르길(Ts. Mönkh-Orgil) 당시 몽골 외교부장관도 제14대 달라이라마의 이번 방문은 몽골 정부와는 상관없는 일임을 거듭 강조하였다. 또한 달라이라마가 한창 방몽 일정을 소화하고 있던 11월 21일에도 간단테그칠렝 사원의 초이잠츠(D. Choijamts) 주지 스님이 직접 나서서 “몽골 인구 60%가 불교를 믿고 있고, 달라이라마는 몽골에 와서 정치 행사를 하지 않을 것이고, 이번 방문을 통하여 사부대중(四部大衆)에게 부처님의 가르침을 설교할 것”[34]이라고 설명하고 그의 방문에 정치적 목적이 없다고 하였다.

이러한 몽골 측의 설명에도 불구하고 중국 정부는 그의 방문을 강력하게 비난하였다. 즉, 그의 몽골 도착 당일인 2016년 11월 18일 중국 외교부 경솽(耿爽) 대변인은 “달라이라마는 종교의 이름 아래 티베트를 조국으로부터 분리하려고 하는 정치 망명자”라고 규정하고, “우리는 몽골 측에 양국의 우호관계를 존중하고, 티베트 문제에 관한 공식적 입장에 충실하고, 달라이라마와 그의 무리들의 몽골 방문을 금지할 것을 강력하게 촉구한다”[35]고 항의하였다. 중국 외교부는 20일에도 경솽 대변인 명의의 성명에서 “몽골이 중국의 거듭된 취소 요구에도 불구하고 집요

---

www.news.mn/r/3176939(검색일: 2020. 8. 3).

34 Д.Чойжамц: Далай багш Монголд морилохдоо улс төр хийдэггүй(2016. 11. 21), https://montsame.mn/en/read/38716(검색일: 2020. 8. 3).

35 Хятад улс Далай ламын айлчлалыг хориглохыг Монголоос шаарджээ(2016. 11. 18), http://www.ikon.mn/n/vm1(검색일: 2020. 7. 15).

하게 달라이라마를 초청하였다"고 불만을 표시하고, 몽골 측이 "중국의 핵심 이익과 중대 관심사를 존중할 것"과 "이번 방문이 초래할 부정적 영향을 없앰으로써 양국 관계 발전의 장애물을 제거하라"[36]고 촉구하였다. 중국 외교부는 달라이라마가 몽골을 떠난 11월 23일에도 성명을 내고 "달라이라마의 방문을 허락한 몽골 측의 잘못된 정책은 중·몽의 정치 관계에 틈이 생기게 하고, 양측의 협력 발전에 악영향을 끼쳤으며, 따라서 중국 정부는 몽골 측에 중국의 핵심 이익과 관심사를 존중하고 잘못된 행위로 인한 악영향을 제거할 조치를 취하고, 중·몽 관계를 정상으로 되돌려놓을 것을 촉구한다"[37]고 하였다.

달라이라마의 몽골 방문에 대한 중국 정부의 비난은 전례 없이 강경하였다. 실제로 중국 측은 몽골 외교부를 통하여 양국 간에 계획된 정부 간 교류를 전면 중단한다고 통보하고, 석탄과 구리 등 대중국 광물 수출품에 대한 수수료를 인상[38]하는 등 몽골을 전방위로 압박하였다.

중국 정부의 전례 없이 강경한 조치에 대하여 몽골 정부는 2016년 12월 말 하양햐르바(D. Khayankhyarvaa) 당시 인민당 원내대표를 단장으로 하는 대표단을 파견하여 중국공산당 대표 및 외교부 당국자들과의 면담을 통해 이 문제에 대해 사과하고, 에르덴바트(J. Erdenebat) 전 총리가 보낸 서한을 중국 총리에게 전달하였다. 몽골 총리는 이 서한에서 "몽골은 하나의 중국 정책을 지속적으로 지지하고 있다. 달라이라마

---

36 "中, 달라이라마 몽골 방문에 '발끈'… 양국관계 경색될 듯"(2016. 11. 21), http://news.mk.co.kr/newsRead.php?year=2016&no=807905(검색일: 2020. 7. 15).

37 БНХАУ−ын талаас Далай ламын айлчлал хоёр орны харилцаанд сэв суулгасан гэж мэдэгдэв(2016. 11. 24), http://olloo.mn/n/36107.html(검색일: 2020, 7, 15).

38 Хятад Монголтой хиллэдэг БҮХ боомтод хураамж ногдуулахаар шийдвэрлэжээ(2016. 12. 2), http://www.ikon.mn/n/vyz(검색일: 2020. 7. 15).

는 몽골 정부가 초청한 것이 아니며, 현 정권에서 다시 초청하지 않도록 노력하겠다"[39]고 약속하였다. 그로부터 한 달 후인 2017년 1월 24일 뭉흐-오르길 외교부장관은 왕이(王毅) 중국 외교부장과 통화하고 몽·중의 외교 현안에 대하여 의견을 교환했는데, 언론 보도에 따르면 뭉흐-오르길 외교부장관은 왕이 외교부장에게 티베트의 지도자 제14대 달라이라마의 몽골 방문에 대하여 다음과 같이 사과했다고 한다.

> 몽골국은 전통적인 하나의 중국 정책을 일관되게 견지하고, 티베트는 중국의 분리할 수 없는 일부분입니다. 우리는 티베트 문제를 중국의 내부 문제로 보아왔습니다. 상호 간에 근본 이익을 존중하는 것은 양국 관계 발전의 기본 원칙입니다. 간단테그칠렝 사원의 초청으로 달라이라마가 몽골을 방문하여 몽골과 중국의 우호 관계에 악영향을 미친 데 대하여 몽골 정부는 유감을 표합니다.[40]

이에 왕이 중국 외교부장은 "몽·중 관계를 안정적으로 발전시키는 것은 양국과 양국 국민들의 기본 권익에 부합하는 것이며, 몽골 측이 그간 언론매체를 통해 공개적으로 밝힌 입장, 즉 이번 정권 때에는 다시 달라이라마의 방몽을 허락하지 않을 것이라는 약속을 중국 측은 관심을 갖고 보았습니다. 몽골이 양국 관계 발전을 위해 중국의 기본 권익을

---

39 Ерөнхий сайдын захидалд "Уучлалт гуйж байна" гэж дурдаагүй(2016. 12. 23), http://unuudur.mn/article/93274(검색일: 2020. 7. 15).

40 Монгол, Хятадын харилцаанд сөрөг нөлөө үзүүлсэнд Монголын ЗГ ХАРАМС АЖ байгааг илэрхийллээ(2017. 1. 24), http://www.ikon.mn/n/xam(검색일: 2020. 7. 15).

존중하고, 몽·중 관계에 발생한 부정적인 영향을 해소하기 위하여 현실적인 노력을 기울이고 있는 것을 기쁘게 생각합니다"고 답변하였다. 왕이 외교부장의 답변은 "이번 정권 때에는 또다시 달라이라마의 방몽을 허락하지 않는다는 약속"에 방점이 찍혀 있다.[41] 실제로 두 사람이 통화하기 한 달 전쯤에 뭉흐-오르길 외교부장관은 언론과의 인터뷰를 통하여 인민당 집권 기간에는 달라이라마를 초청하지 않겠다[42]고 공언했고, 중국 정부는 이 약속을 진정한 사과로 받아들였던 것이다.

달라이라마의 몽골 방문, 중국 정부의 반발과 제재 조치, 몽골 정부의 설명과 사과는 달라이라마의 몽골 방문 때마다 되풀이되는 연례행사처럼 보인다. 그러나 2016년 말 달라이라마의 몽골 방문, 중국의 반발, 몽골의 사과는 비난 강도와 사과의 수위에서 이전과 전혀 다른 양상을 보여주었다. 자료를 좀 더 뒤져보아야 하겠지만 몽골 정부 당국자들 입에서 달라이라마를 더 이상 초청하지 않겠다고 공언한 것은 2016년이 처음이 아닌가 한다. 물론 자신들이 집권하고 있을 때라는 단서를 달았지만, 어떤 정권이 들어서도 이 공언이 지켜질 가능성이 크다. 국제사회에서 중국의 정치 및 경제적 위상이 이전과 비교할 수 없을 정도로 높아졌을 뿐 아니라 그만큼 몽골의 중국에 대한 의존도 또는 종속도가 심화되었기 때문이다.

이는 곧 몽·중 관계가 이전처럼 발발에 대한 사과와 설명으로 해결될

---

41 Монгол, Хятадын харилцаанд сөрөг нөлөө үзүүлсэнд Монголын ЗГ ХАРАМС АЖ байгааг илэрхийллээ(2017. 1. 24), http://www.ikon.mn/n/xam(검색일: 2020. 7. 15).

42 Ц.Мөнх-Оргил: Засгийн газрын бүрэн эрхийн хугацаанд Далай лам айлчлахгүй(2016. 12. 26), https://www.montsame.mn/mn/read/41829(검색일: 2020. 7. 15).

수 없을 정도로 중국 쪽으로 기울어졌음을 뜻한다. 그리고 이것이 몽·중 관계의 현실이다. 이런 점에서 2016년 11월 달라이라마의 몽골 방문은 몽·중 관계가 획기적으로 변하는 변곡점이 될 가능성도 없지 않다. 『뉴욕 타임스』 또한 여러 전문가의 말을 인용하여 "달라이라마를 초청하지 않겠다"는 몽골 외교부장관의 사과를 매우 이례적인 역사적 사건이라고 평가하였다.[43]

2020년 7월 7일 출범한 후렐수흐(U. Khürelsükh) 정부의 초대 외교부장관에 중국통이 임명된 것도 최근 몽골에서 중국의 무게를 실감하게 하는 대목이다. 엥흐타이왕(N. Enkhtaivan) 신임 외교부장관은 베이징공상대(北京工商大)에서 학사학위(1993)를, 몽골국립대 대학원(1999)과 미국 스트레이어대(2006) 대학원에서 각각 석사학위를 취득한 외교관이다. 1996년부터 몽골 외교부에서 근무하기 시작하여 두 번이나 베이징 주재 대사관에서 근무한 적이 있는데, 외교관으로서 그는 주로 통상 관련 업무를 담당하였다. 따라서 그를 외교부장관으로 발탁한 것은 중국이 몽골 경제에서 절대적인 역할을 하고 있는 현실을 반영한 것으로 볼 수 있지만, 여기에 필자는 두 이웃(중국과 러시아)에 대한 무게중심이 중국으로 더 기울었다는 신호로 볼 여지도 있다고 생각한다.

43 『뉴욕 타임스』 또한 여러 전문가의 말을 인용하여 "달라이라마를 초청하지 않겠다"는 몽골 외교부장관의 사과를 매우 이례적인 역사적 사건이라고 평가하였다. "Mongolia, With Deep Ties to Dalai Lama, Turns From Him Toward China" (2016. 12. 30), https://www.nytimes.com/2016/12/30/world/asia/china-mongolia-dalai-lama.html(검색일: 2020. 8. 2).

V. 두 이웃과 제3의 이웃 사이에서

물론 이러한 견해에 대한 반론도 있다. 유엔개발계획(UNDP)에서 중국과 몽골 관련 사업의 수석 개발 이코노미스트로 활동하는 빌 비케일스(Bill Bikales)가 대표적 사례이다.[44] 그는 2016년 말 달라이라마의 몽골 방문을 몽골이 경제적으로 매우 어려운 시기에 이루어진 특별한 사건(extraordinary event)이라고 진단하면서도 "달라이라마를 초청하지 않겠다" 등의 몽골 외교부장관의 말은 형식적이고 미래의 몽골 정부에 아무런 구속력이 없다고 평가하였다. 오히려 그는 달라이라마의 초청 건을 경제적으로 어려운 시기에 최대 교역국인 중국의 위협에 공개적으로 맞선 독립국의 외교 행위로 높게 평가하였다.

> 몽골은 경제적으로 중국과 매우 밀접하게 연관되어 있지만, 다방향 외교 정책과 지난 11월의 아주 특별한 사건들에 의해 정책 수립에서 독립을 유지하기 위해 필요한 모든 것을 할 준비가 되어 있다는 것을 분명히 보여주었다. 그것이 성공할지, 그리고 얼마나 오래갈지 두고 보자! 그러나 몽골이 외교 관계를 관리하고 있는 능숙한 방식을 과소평가하지 말기 바란다.

인용문은 이른바 11월 사건에 대한 그의 결론이다. 다방향의 외교 정책(multi-directional foreign policy)은 러시아와 중국에 대한 균형외교

44 "Bill Bikales: China-Mongolia Relations, Trends And Recent Developments" (2018. 5. 8), https://china.usc.edu/bill-bikales-china-mongolia-relations-trends-and-recent-developments(검색일: 2020. 8. 3).

와 이들의 힘이 과도하게 투사되는 것을 막고 경제 및 안보 협력을 추구하기 위하여 미국, 일본, 한국, 인도, EU 등과 긴밀하게 협력하는 '제3의 이웃 정책'을 동시에 추진하는 것을 말한다. 명시적으로 밝히지는 않았지만 2016년 11월 사건과 그 결말은 이러한 몽골 외교의 승리라는 것이 빌 비케일스의 결론이다.

'제3의 이웃 정책'이라는 말이 시사하듯 체제 전환 이후 몽골은 중국과 러시아의 하중을 완화하기 위하여 외교적 노력을 집중해왔다. 2015년에 공론화된 영세중립화 논의도 그렇지만[45] 2019년 8월 7~9일에 있었던 마크 에스퍼(Mark Esper) 미 국방장관의 몽골 방문도 이런 관점에서 볼 필요가 있다. 그의 방몽은 오스트레일리아, 뉴질랜드, 일본, 몽골, 한국으로 이어진 5개국 순방의 하나로 이루어졌다. 2박 3일의 짧은 시간이었지만 에스퍼의 몽골 방문은 여러 가지 뒷말을 남겼다. 7월 23일 취임 후 첫 번째 방문국에 몽골이 들어갔다는 것, 그리고 미국이 중국 및 러시아와 매우 불편한 관계에 있을 때 그의 방몽이 이루졌다는 점에서 그러하였다. 특히 "몽골은 지리적 위치, 제3의 이웃 정책의 범위에서 우리와 보다 많은 협력을 원하고 있다는 것이 내가 그곳에 가는 주요 이유입니다"[46]라고 한 에스퍼의 발언은 그의 몽골 방문을 둘러싼 갖가지 추측을 낳게 하였다.

그의 말대로 미 국방장관이 중국과 러시아의 면전에서 몽골의 지리적 위치를 말한 것은 결코 우연한 일이 아니다. 미국은 오래전부터 몽골의

---

45 이평래, 2017, 「몽골의 영세중립화 논의에 대한 종합적 검토-언론보도를 중심으로-」, 『몽골학』 48.

46 Пентагоны тэргүүн Монголд айлчилж байна(2019. 8. 8), https://news.mn/r/2177698/(검색일: 2020. 8. 3).

지정학적 위치에 주목해왔다. 몽골에 거점을 마련하면 중국과 러시아를 동시에 견제할 수 있기 때문이다. 그래서 미국은 1990년대 개방 초기부터 자국 또는 국제기구를 통하여 몽골에 대한 지원을 아끼지 않았다. 체제 전환 직후부터 미 고위층의 몽골 방문도 끊이지 않았다. 제임스 베이커(James Baker), 매들린 올브라이트(Madeleine Albright), 인도·태평양사령부 소속 군 인사 등 주로 외교와 안보 관계 인사들이 몽골을 다녀갔다. 2005년에는 조지 부시 대통령(George W. Bush)과 도널드 럼스펠드 국방장관(Donald Rumsfeld)이 방문하여 몽골의 전략적 가치를 재확인하였고, 2014년 4월 10일에는 척 헤이글 국방장관(Chuck Hagel)이 울란바타르를 찾아 '미국-몽골 안보관계 공동성명' 서명식에 참석하였다.

또한 2012년 힐러리 클린턴 국무장관(Hillary Clinton), 2016년 존 케리 국무장관(John Kerry) 등이 잇달아 몽골을 방문하여 "정치 개혁이 없는 경제성장은 불가능하다"거나 몽골을 "민주주의의 오아시스"라고 치켜세웠다. 누가 보아도 중국과 러시아를 염두에 둔 발언이자 몽골의 전략적 위치 때문에 나온 말이다. 여기에 2000년대 이후 광물자원 개발이 본격화되면서 몽골의 경제적 가치가 더해졌다. 익명을 요구한 미 국방부 고위 관리는 마크 에스퍼의 방몽에 대해 "그들은 그 무게를 웃도는 좋은 동맹국이고, 에스퍼 장관은 (그것을) 인정하고 동반 관계를 한층 더 강화하는 방법이 있는지를 알아보기를 원한다는 생각이 든다"[47]고 말하였다. 미국이 인구 300여만의 약소국 몽골을 중시하는 이유 또한 여기

---

47 "With an eye on Russia, China and a horse, Pentagon chief visits Mongolia" (2019. 8. 8), https://www.reuters.com/article/us-usa-mongolia/with-an-eye-on-russia-china-and-a-horse-pentagon-chief-visits-mongolia-idUSKCN1UX2HP(검색일: 2020. 8. 3).

에 있다.

미국의 대몽골 정책은 몽골의 이해관계와 일치한다. 주지하듯이 몽골은 러시아와 중국 사이에 낀 내륙 국가이다. 러시아가 시베리아로 진출한 17세기부터 몽골의 운명은 두 나라에 의해 좌우되었다. 한쪽의 힘이 커지면 몽골은 그쪽에 종속되었다. 200여 년에 걸친 청나라의 지배와 70년 가까운 구소련에 대한 몽골의 종속적 위치가 이를 말해준다. '제3의 이웃 정책'은 이런 배경에서 나왔다. 그렇다고 이 정책이 전통적 이웃의 홀대를 뜻하지는 않는다. 제3의 이웃 정책은 어디까지나 두 이웃과의 우호 관계에 기초한 외교 정책이다.

이는 예나 지금이나 중국과 러시아가 몽골의 생사여탈권을 쥐고 있다는 데 기인한다. 현재 몽골은 석유 등 에너지를 전적으로 러시아에 의존한다. 앞 절에서 언급했듯이 중국은 몽골의 최대 교역국이자 두 번째 투자국이다. 그리고 이 구조는 단기간에 바뀌기 어렵다. 따라서 두 나라가 마음만 먹으면 며칠 안에 몽골의 국가 기능을 마비시킬 수가 있다. 이것이 한때 세계를 호령한 나라, 피 한 방울 흘리지 않고 민주화를 이룩하고 시장경제를 도입한 모범 사례로 거론되는 몽골의 현실이다. 2019년 마크 에스퍼의 방몽에 대한 몽골 정부의 태도와 언론 보도는 이런 현실을 유감없이 보여준다. 한 몽골 언론은 바트톨가(Kh. Battulga) 몽골 대통령의 미국 방문(2019. 7. 29~8. 3)의 먼지가 가라앉기도 전에 마크 에스퍼라는 대단한 인물이 몽골을 방문했다고 전한 뒤, 그의 방문의 특징을 이렇게 전하였다. 다른 때 같으면 정부 청사 앞에 있는 칭기즈칸 동상에 헌화하고 떠들썩한 행사가 이루어졌을 텐데 이번 행사는 무언가에 놀란 듯 매우 조용하게 지나갔다고 하였다. 그리고 그 이유를 남북의 두 이웃이 현재 미국과 갈등 관계에 있는 데서 찾았다. 즉, 중국은 미국과 무역전쟁을 하고 있고, 러시아는 여러 종류의 제재를 받고 있어 두 이웃의 눈치를 살피느라 정부 인사들이 에스퍼의 방문에 대해 일체의 발언을 삼갔다고 분석한 것이다.[48]

실제로 주요국 인사가 몽골을 방문하면 거창한 행사와 더불어 과도한 보도가 이루어지는 것이 관례인데, 마크 에스퍼의 방문은 엥흐볼드(N. Enkhbold) 전 국방장관과의 회담 소식 외에, 국가수반인 대통령 면담만 토막뉴스로 소개되었을 뿐 총리와 국회의장 등 고위층과의 만남이나 면담은 보도되지 않았다. 통상적인 외국 고위층의 방몽과는 확실히 다른 모습니다. 매우 이례적인데, 이는 역으로 마크 에스퍼의 방몽이 그만큼 민감한 사안이라는 것을 말해줌과 동시에 중국과 러시아를 의식한 조치로 볼 수 있다. 이와는 달리 외국 언론에서는 그의 방문을 갖가지 설명을 붙여 비중 있게 다루었다. 러시아와 중화권 매체는 물론이고 로이터, AFP, 한국 언론과 일본 언론도 마크 에스퍼의 방몽에 큰 의미를 부여하였다.

먼저 러시아 언론은 마크 에스퍼가 (중거리) 미사일 기지 건설 문제를 논의하려고 왔다고 약간 과도한 진단을 내놓았다.[49] 이는 아마도 미국의 중거리핵전력(NEP) 탈퇴와 아시아에 중거리 미사일을 배치하겠다는 의향을 밝힌 마크 에스퍼의 발언 때문인 듯하다. 로이터는 마크 에스퍼와 전직 및 현직 관리들의 인터뷰에 기초한 좀 더 현실적인 분석을 내놓았지만, 여기서도 몽골의 전략적 중요성 및 중·러의 견제가 핵심 어휘로 등장한다. 한국과 일본 언론도 대체로 이 분석에 동조하고 있는데, 가장

---

48 Америкаас ирсэн айлчлалын агуулга нь юу байв(2019. 8. 9), https://ikon.mn/n/1n5u(검색일: 2020. 8. 3).

49 위의 글.

다양하고 독특한 분석을 내놓은 것은 중화권 매체이다.

그중 한 매체[50]는 미국이 약소국 몽골에 관심을 갖는 이유를 2가지로 들었다. 첫째는 몽골이 미국처럼 다당제와 시장경제를 채택한 민주국가라는 것, 둘째는 몽골이 남북으로 중·러 사이에 있고, 동서로 중앙아와 동북아를 이어주는 연결고리 역할을 하고 있다는 것을 이유로 들었다. 동 매체는 또한 마크 에스퍼의 몽골 방문과 관련하여 미국의 의도를 다음 3가지로 분석하였다.

첫째는 인도-태평양 전략을 위해 아시아 대륙 내에서 전략적 거점을 찾기 위한 것이다. 미국의 인도-태평양 전략은 인도양과 아시아 대륙, 태평양을 아우르는 지정학적 전략으로 중국이 그 표적이다. 중·러 사이에 있는 몽골은 미국과 오랜 군사 협력 관계를 맺고 있는데, 미국은 자국의 정치 및 경제 체제를 충실히 따르고 있는 몽골을 아시아 대륙의 전략 거점으로 키우려 하고 있다는 것이다. 둘째는 희토류의 안정적 공급지를 찾기 위한 것이다. 미·중 무역 분쟁 과정에서 미국을 놀라게 한 것은 중국이 쉽게 굴복하지 않을 뿐 아니라 반격할 힘이 있다는 것인데, 그중 하나가 중국이 강점을 갖고 있는 희토류 자원이다. 중국에 대한 희토류 의존도를 줄이기 위해 미국은 몽골과의 협력을 강화하였다. 몽골의 희토류 매장량은 3,100만t으로 전 세계 희토류 매장량의 약 16.8%를 차지해 중국 다음으로 많다.[51] 따라서 만약 몽골에서 희토류를 안정적으로 얻을 수 있다면 미국은 무역 분쟁에서 중국의 하나의 카드를 상쇄시

---

50 "瞄准中俄還是爲了稀土？美防長突然造訪蒙古"(2019. 8. 9), https://user.guancha.cn/main/content?id=156158&s=fwzwyzzwzbt(검색일: 2020. 8. 3).

51 참고로 몽골에는 4개의 대형 희토류 매장지가 있으며 중국, 러시아, 미국 등 10여 회사가 채굴권을 갖고 있다.

킬 수 있다는 것이다. 셋째는 중·러의 뒷마당에 쐐기 박기이다. 트럼프(Donald Trump)는 취임 직후 발표한 '국가안보 전략 보고서'에서 중국과 러시아의 야욕, 이란과 북한의 불량정권, 미국에 대한 공격을 노리는 국제 테러 조직이 미국이 직면한 3가지 주요 도전이라고 명시하였다. 이런 인식 아래 미국은 중·러에 군사적 압박을 가하고 있다. 몽골이 중·러 사이에 있어 미국의 군사적 존재를 강화한다면, 중·러는 앞뒤로 적의 공격을 받는 불리한 상황에 빠진다. 미국은 몽골과 방위 및 정보 협력을 확대해 중·러에 대해 감청하고 감시소를 만들 수 있기를 희망한다. 미국은 이 밖에도 몽골의 추운 기후조건을 활용한 군사훈련을 확대하고 싶어 한다. 미국이 원하는 대로 되면 중·러의 주변 안보는 악화될 수밖에 없다고 분석하였다.

마크 에스퍼의 몽골 방문과 관련한 미국의 입장과 의도에 대한 국내외 언론 보도 내용을 종합한 것 같은 느낌이 든다. 특이한 점은 중화권 매체 여러 곳에서 그의 방몽과 희토류 문제를 연계시키고 있다는 것이다. 예컨대 한 매체는 미 국방장관 방몽 관련 사진 자료를 싣고 "중·미 무역 전쟁이 한창인 가운데, 미국은 중국에 의해 희토류 공급이 차단되는 것을 방지하기 위해 몽골과의 접촉을 강화하였다"[52]는 설명을 달았으며, 기사 제목을 아예 '희토류 전쟁(希土之戰)'이라고 붙인 경우도 있다.[53] 무역 분쟁 이후 중국이 미국에 대해 희토류 카드를 만지작거린다는 점

---

52 美防長訪問蒙古國意在中俄 或爲稀土備戰(2019. 8. 8), http://photo.dwnews.com/politics/photo/2019-08-08/60144635.html.(검색일: 2020. 8. 3).

53 稀土之戰 美國防部長訪蒙制華(2019. 8. 8), https://www.rfi.fr/cn/ %E4%B8%AD%E5%9B%BD/20190808-%E7%A8%80%E5%9C%9F%E4%B9%8B%E6%88%98-%E7%BE%8E%E5%9B%BD%E9%98%B2%E9%83%A8%E9%95%BF%E8%AE%BF%E8%92%99%E5%88%B6%E5%8D%8E(검색일: 2020. 8. 3).

에서 결코 틀린 지적은 아니다. 그렇다면 미국의 계획과 계산은 얼마나 현실성이 있을까? 상기 중화권 매체는 "장기적으로 볼 때 몽골이 미국의 지휘봉에 따라 춤을 출 가능성은 크지 않다"라고 잘라 말하였다.

그 이유는 첫째 몽골의 독특한 지리적 위치가 몽골이 미국의 뜻대로 움직일 가능성을 차단하고 있다고 분석하였다. 몽골은 바다를 통한 대외 출구가 없는 내륙 국가이다. 따라서 그들의 외국과의 소통은 남북 이웃의 통제를 받아야 하며, 대외 교역도 모두 인접국의 영토와 영공을 거쳐야 한다. 몽골이 제3의 이웃(미국)을 믿고 중·러의 의사에 반하는 어떠한 행동도 할 수 없는 이유가 여기에 있다. 미국이 지정학적 위치 때문에 몽골을 중시하고 있다면, 바로 이 지정학적 위치 때문에 몽골과 미국의 협력은 한계를 가질 수밖에 없다는 분석이다. 둘째는 취약한 몽골의 경제구조가 안보 문제에서 몽골이 중·러를 떠나 미국 편을 들 수 없게 만들고 있다는 것이다. 몽골은 재정 등의 경제 기반이 전반적으로 취약하다. 산업구조 또한 단일하고 광산 자원에 지나치게 의존하고 있으며, 경제의 대외의존도가 매우 높다. 특히 자원에 의존한 경제구조는 원자재 가격에 따라 국가경제를 출렁이게 했을 뿐 아니라 광물자원 대부분이 중국 또는 중국을 통하여 제3국으로 수출되고 있다. 미국을 비롯한 제3의 이웃들이 몽골의 자원 때문에 몽골을 중시한다면, 바로 이 자원의 수출 문제가 전적으로 중국의 허락이 있어야 가능하다는 분석이다.

따라서 향후 미국과 몽골의 관계도 양국의 노력 여하에 따라 어느 정도 발전하겠지만, 군사기지나 군 시설 등 그동안 여러 언론에 보도되었던 수준에 도달하기는 불가능하다고 보아야 한다. 좀 더 솔직하게 말하면 군사 관련 사항은 러·중의 암묵적인 허락이 없는 한 미국은 몽골에 벽돌 한 장 가져다놓을 수 없다고 보는 것이 사실에 가깝다. 그렇다면 몽골과 미국 정부는 왜 이렇게 한계가 명확한 사안에 열중해왔고 열중하고 있을까?

미국과 몽골이 1987년 수교 이후 군사 분야에서의 협력을 강화해왔다는 것은 앞서 언급하였다. 두 나라의 이해관계가 맞아떨어진 결과인데, 실제로 지금까지의 미국 관리의 방몽은 외교안보 분야에 집중되어 있다. 몽골은 이에 화답하여 미군이 주도하는 평화유지군에 빠짐없이 자국 군대를 파견해왔다. 2019년에만 해도 양국의 군사안보 분야의 큰 행사가 연이어 진행되었다. 2019년 6월 울란바타르 교외에서 열린 유엔 평화유지군 훈련인 제17차 칸퀘스트(6월 14~28일) 개막식에 필 데이비슨 미 인도-태평양 사령관이 참석하였으며, 이어 7월 22~26일에는 미 인도-태평양 사령부의 역내 재난 대비-인도 지원 훈련인 '퍼시픽 에인절 19-3'이 몽골에서 실시되었다. 또한 2019년 6월 30일~7월 1일에는 존 볼턴 미국 대통령 국가안보 보좌관이 몽골을 방문하여 대통령, 총리, 외교장관 등과 군사 및 경제 관련 제반 문제를 논의했으며, 상기한 대로 6월 말에서 7월 초에는 바트톨가 대통령의 미국 방문이 이어졌다. 그리고 이때 몽·미 관계를 전면적 동반자 관계에서 전략적 동반자 관계로 격상시켰다. 마크 에스퍼 장관의 방몽은 이런 일련의 협력 틀 속에서 이루어졌다고 보아야 한다.

익명을 요구한 미 국방부 고위 관리가 지적했듯이 마크 에스퍼의 방몽은 구체적인 이니셔티브를 도모하기 위한 것은 아니었지만, 미국이 몽골의 추운 날씨를 이용할 수 있는 군사훈련과 같은 분야에서 관계 확대를 모색하기 위한 것이었다고 할 수 있다. 또 가능하다면 여러 매체들이 지적했듯이 교착상태에 빠진 북한과의 비핵화 협상에서 몽골의 활용도를 고려했을 수가 있다. 자세한 내용은 알 수 없지만 그 이상 큰 논의는 없었을 가능성이 있다. 그 이유는 실현 불가능하기 때문이다. 이와 관련하여 "몽골은 누구의 편을 들어 누구를 전적으로 반대하지 않을 것입니다"라고 한 에이브러햄 덴마크(Abraham Denmark) 전 미 국방부 동아시아 담당 차관보의 말은 시사하는 바가 크다. 이어 그는 "그러나 그들은 미국의 경제적 개입과 정치적 관여를 원하고 있는데, 그것이 베이징과 모스크바와의 관계에서 좀 더 숨 쉴 수 있는 공간을 제공하기 때문에 미국과의 관계를 강화하려고 할 것이다"[54]라고 말하였다.

매우 합리적인 지적이다. 앞으로도 특별한 일이 생기지 않는 한 몽골과 미국의 협력은 평화유지군 훈련과 재난 대비 훈련, 그리고 이번에 제기된 추운 날씨를 활용한 군사훈련과 북한 문제 활용의 범위 등을 넘어서지 않을 것이다. 그 이상의 협력을 도모할 수 없을 뿐 아니라 현재의 협력만 해도 양국의 국익에 도움이 되기 때문이다. 설령 미국이 그 이상의 군사 협력을 원해도 몽골이 응할 수 없다는 것이 필자의 생각이다.

VI. 맺음말

지금까지 논의한 것처럼 몽골인의 중국 및 중국인에 대한 인식, 그리고 몽골과 중국 관계는 대단히 복잡하여 한마디로 정리하기가 어렵다. 이하 앞에서 논의한 사항을 정리하고, 이에 대한 필자의 생각을 보태는

---

54 https://www.reuters.com/article/us-usa-mongolia/with-an-eye-on-russia-china-and-a-horse-pentagon-chief-visits-mongolia-idUSKCN1UX2HP (2019. 8. 8), With an eye on Russia, China and a horse, Pentagon chief visits Mongolia(검색일: 2020. 8. 3).

것으로 맺음말을 대신하려고 한다.

첫째, 몽골인의 전통적인 중국 및 중국인에 대한 인식은 부정적이다. 여기에는 물론 역사적 근거가 있다. 그 단초는 유목민과 농경민의 대립으로까지 거슬러 올라간다. 그리고 몽골이 만청의 지배를 받으면서 하나의 인식 틀로 고정되고, 사회주의 시기 중·소 대립 시기를 거치면서 강화되어 현대에 이르렀다고 할 수 있다.

둘째, 몽골인의 중국 및 중국인에 대한 전통적 인식은 1990년대 이후 몽·중 간에 정치 및 경제적 협력이 증대되면서 복잡한 양상으로 나타났다. 즉, 1990년대 초기에는 중국의 영향력 확대에 대한 반작용으로 반중 정서가 강했지만, 시간이 가면서 중국과 중국인을 우호적으로 보는 몽골인이 늘어나는 추세를 보이고 있다.

셋째, 달라이라마의 몽골 방문(2016년 11월 18~23일)은 현대 몽·중 관계에서 전환점이 될 공산이 크다. 중국 정부의 강력한 항의와 제재 조치에 대해 몽골 정부가 역사상 처음으로 그를 초청하지 않겠다고 약속하는 일이 일어졌는데, 이는 몽·중 관계가 이전처럼 발발에 대한 사과와 설명으로 해결될 수 없을 정도로 중국 쪽으로 기울었음을 뜻한다.

넷째, 몽골은 중국(과 러시아)의 힘이 자국에 과도하게 투사되는 것을 방지하기 위해 미국, 일본, 한국 등과 긴밀하게 협력하는 '제3의 이웃 정책'을 동시에 추진하고 있다. 미·중 무역 분쟁이 한창이던 2019년 8월 7~9일에 있었던 마크 에스퍼 미 국방장관의 몽골 방문은 이런 측면에서 기획된 상징적인 정치 행사이다.

요약하면 근자에 와서 중국 및 중국인에 대한 몽골인들의 인식이 좋아지고, 몽골에 대한 중국의 영향력이 강화되고 있는 것은 분명하다. 그렇다고 해도 몽골인들은 중국 및 중국인에 대해서 여전히 불안한 마음을 갖고 있다. 여론조사에서 몽골인들이 압도적으로 가장 좋은 친구 나라로서 러시아를, 몽골인이 잘 협의하여 일할 수 있는 나라 사람으로서 러시아인을 선택한 가장 큰 이유도 중국으로부터의 안보 불안 때문이다. 북강항목과 초원공정 등의 학술사업이 외형적으로 내몽골자치구를 비롯한 북부 변경을 대상으로 하지만, 그 이면에는 독립국인 몽골국까지 염두에 두고 있다는 것[55]을 고려하면, 몽골인들의 대중국 안보 불안을 기우라고 하기도 어렵다. 이 안보 불안을 완화해주는 첫 번째 상대가 러시아이고, 두 번째 상대가 제3의 이웃인 미국이다. 따라서 몽골 입장에서는 현재의 상황, 즉 두 이웃 사이의 균형외교와 이들의 힘이 자국에 과도하게 미치지 않게 해줄 미국과의 적극적 협력이 최선의 방책이다. 두 이웃 사이의 균형이 깨지거나 두 이웃과 제3의 이웃 사이의 균형이 깨지면 독립 자체가 유지될 수 없다는 것을 몽골인들은 잘 알고 있다.

55 이평래, 2014, 「북강항목의 실태와 추진현황」, 『중국의 변경연구』, 270~271쪽.

참고문헌

한국어, 중국어, 일본어 자료

니콜라 디코스모, 이재정 옮김, 2005, 『오랑캐의 탄생』, 민음사.

뭉크 나삿, 김홍진, 2000, 「몽골의 대외교역 동향과 대중국 무역의 과제」, 『몽골학』 61.

오. 바트사이한, 2004, 「중국 역사학자들의 몽골사 왜곡에 대하여」, 고구려연구재단 편, 『한국사 속의 고구려의 위상』, 고구려연구재단.

외교부, 2015, 『몽골개황』, 대한민국외교부.

이평래, 1995, 「20세기 초기 Ar(北) 몽골 왕공들의 정국인식과 독립구상」, 『한국민족학연구』 3.

______, 2008, 「중국 학계의 몽골사 서술 분석」, 『중국학자들의 소수민족 역사서술』, 동북아역사재단.

______, 2008. 「1911년 몽골 독립과 민족 통합 운동의 초기 과정」, 『동양사학연구』 104.

______, 2012, 「몽골과 중국의 다리강가 領有權 분쟁」, 『동북아역사논총』 37.

______, 2014, 「북강항목의 실태와 추진현황」, 『중국의 변경연구』, 동북아역사재단.

______, 2017, 「몽골의 영세중립화 논의에 대한 종합적 검토-언론보도를 중심으로-」, 『몽골학』 48.

제성훈 · 나희승 · 최필수, Lkhagvadorj DOLGORMAA. 2016. 『중 · 몽 · 러 경제회랑의 발전 잠재력과 한국의 연계방안』, 대외경제정책연구원.

G. Munkhnasan, 2018, 「신북방정책 실현을 위한 한 · 몽 경제 및 사회문화 협력 방안」, 대외경제정책연구원 몽골전문가 세미나.

師博, 1993, 『外蒙古獨立內幕』, 北京: 人民中國出版社.

張時祖編寫, 1956, 『祖國的陸界』, 上海: 新知識出版社.

楊海英, 2009, 「中國人が語りはじめた遊牧文明」, 『朝倉世界地理講座-大地と人間の物語- 2, 東北アジア』, 東京: 朝倉書店.

ツェデンダンバ·バトバヤル, 2003, 「モンゴル人と中國人-相互の歷史観-」, 『學術の動向』, 2013年 9月號.

湊邦生, 2015, 「モンゴル 圧倒的な「南の隣人」への反感と現実認識」, 『國際問題』 643, 30~31쪽.

몽골어, 영어 자료

Очир, А., Энхтүвшин, Б., 2003, Монгол улсын түүх, Дөтгөөр боть, Улаанбаатар.

Болд, Л., Пүрэвсүрэн, Т., 2008, Монгол хэлний дэлгэрэнгүй тайлбар толь, Улаанбаатар.

Батсайхан, О., 2005, Монгол үндэстэн бүрэн эрхт улс болох замд(1911-1946), Улаанбаатар .

Сумьяа, Б., 1992, Гэрэл Сүүдэр: Ю Цэдэнбал хувийн тэмдэглэлээс, Улаанбаатар.

Khaisandai, L., 2011, "Issues in Ensuring Mongolia's economic security and cooperation on the Rise of China", *2011 NAHF-MAS Forum, Globalization and Korea-Mongolia Cooperation*.

인터넷 자료

"모스크바와 베이징 사이의 몽골"(2014. 9. 21),https://www.emerics.org:446/issueDetail.es?brdctsNo=147901&mid=a10200000000&&search_option=&search_keyword=&search_year=&search_month=&search_tagkeyword=&systemcode=04&search_region=&search_area=&currentPage=75&pageCnt=10.

"中, 달라이라마 몽골 방문에 '발끈'… 양국관계 경색될 듯"(2016. 11. 21), http://news.mk.co.kr/newsRead.php?year=2016&no=807905.

"瞄准中俄還是爲了稀土？美防長突然造訪蒙古"(2019. 8. 9), https://user.guancha.cn/main/content?id=156158&s=fwzwyzzwzbt.

"美防長訪問蒙古國意在中俄 或爲稀土備戰"(2019. 8. 8), http://photo.dwnews.com/politics/photo/2019-08-08/60144635.html.

"稀土之戰 美國防部長訪蒙制華"(2019. 8. 8), https://www.rfi.fr/cn/ %E4%B8%AD%E5%9B%BD/20190808-%E7%A8%80%E5%9C%9F%E4%B9%8B%E6%88%98-%E7%BE%8E%E5%9B%BD%E9%98%B2%E9%83%A8%E9%95%BF%E8%AE%BF%E8%92%99%E5%88%B6%E5%8D%8E.

"習近平が「中國人嫌い」な"あの國"を訪問した意圖とは?"(2014. 8. 29), https://nikkan-spa.jp/705426.

Америкаас ирсэн айлчлалын агуулга нь юу байв(2019. 8. 9), https://ikon.mn/n/1n5u.

В.И.Лениний хөшөөг 400 мянгаас эхэлж дуудна(2012. 10. 10), https://news.mn/r/122260/.

БНХАУ-ын талаас Далай ламын айлчлал хоёр орны харилцаанд сэв суулгасан гэж мэдэгдэв(2016. 11. 24), http://olloo.mn/n/36107.html.

Далай лай ламын айлчлал улс төрөөс ангид гэж мэдэгдэв(2016. 11. 17), http://www.news.mn/r/3176939.

Д.Чойжамц: Далай багш Монголд морилохдоо улс төр хийдэггүй(2016. 11. 21), https://montsame.mn/en/read/38716.

Ерөнхий сайдын захидалд "Уучлалт гуйж байна" гэж дурдаагүй(2016. 12. 23), http://unuudur.mn/article/93274.

Монгол, Хятадын харилцаанд сөрөг нөлөө үзүүлсэнд Монголын ЗГ ХАРАМСАЖ байгааг илэрхийллээ(2017. 1. 24), http://www.ikon.mn/n/xam.

Пентангоны тэргүүн Монголд айлчилж байна(2019. 8. 8), https://news.mn/r/2177698/.

Улс төрийн барометр No 19(53) 2018 он 3 сар, "Сант Марал" сан, https://830a862d-3fe6-40e6-b731-5a65590fd0cf.filesusr.com/ugd/915e91_2090bf86b6724a3e841d04339369de1f.pdf.

Улс төрийн барометр No 19(53) 2019 он 3-4 сар, "Сант Марал" сан, https://830a862d-3fe6-40e6-b731-5a65590fd0cf.filesusr.com/ugd/915e91_f5e401ba80e54d0da5bec96e77bf8982.pdf.

Улс төрийн барометр No 19(53) 2020 он 5 сар, "Сант Марал" сан, https://830a862d-3fe6-40e6-b731-5a65590fd0cf.filesusr.com/ugd/915e91_9a5c34e5b4ba44e786815ab8bc8033d1.pdf.

Хятад улс Далай ламын айлчлалыг хориглохыг Монголоос шаарджээ(2016. 11. 18), http://www.ikon.mn/n/vm1.

Хятад Монголтой хиллэдэг БҮХ боомтод хураамж ногдуулахаар шийдвэрлэжээ (2016. 12. 2), http://www.ikon.mn/n/vyz.

Ц.Мөнх-Оргил: Засгийн газрын бүрэн эрхийн хугацаанд Далай лам айлчлахгүй (2016. 12. 26), https://www.montsame.mn/mn/read/41829.

Ш.Гантулга: ОХУ-ын ерөнхийлөгч Монголын хувь заяаг эргүүлэх чухал шийдвэр гаргаж магадгүй(2014. 9. 2), http://sonin.mn/news/politics-economy/30987.

Bill Bikales: China-Mongolia Relations, Trends And Recent Developments(2018. 5. 8), https://china.usc.edu/bill-bikales-china-mongolia-relations-trends-and-recent-developments.

Mongolia, With Deep Ties to Dalai Lama, Turns From Him Toward China(2016. 12. 30), https://www.nytimes.com/2016/12/30/world/asia/china-mongolia-dalai-lama.html.

Was Chinggis Khaan Chinese?, http://www.benross.net/wordpress/?p=126.

With an eye on Russia, China and a horse, Pentagon chief visits Mongolia(2019. 8. 8), https://www.reuters.com/article/us-usa-mongolia/with-an-eye-on-russia-china-and-a-horse-pentagon-chief-visits-mongolia-idUSKCN1UX2HP.

찾아보기

ㄱ

간단테그칠렝 262, 263, 265

거국(居國) 44

거란 54

경제회랑 254

광시좡족(廣西壯族)자치구 38

국가민족사무위원회(國家民族事務委員會) 46

국민당 40, 43, 68, 69, 71

귀화성 65

기초 연구 78, 82, 85, 86, 91

ㄴ

남송(南宋) 64

남인(南人) 63

내몽고대학 79, 82, 88, 91, 95, 96, 102, 104, 105, 107

내몽고민족대학 102, 105, 106

내몽고사범대학 82, 89, 91, 95, 96, 100, 102, 104~107

내몽고사회과학원 152, 155, 159, 160, 166, 175, 181, 195, 197

내몽고자치구 사회과학원 80

내몽고재경대학 95, 96, 98, 101, 104, 108

내몽고초원문화보호발전기금회 153

내몽고초원문화절(內蒙古草原文化節) 153

내몽골 81, 82, 86, 87, 90, 92~96, 98~102, 105, 108, 246, 257

내몽골민족문화건설연구공정 87, 93, 108, 109

내몽골사회과학원 51

『내몽골역사연혁지도집』 18

내몽골인민혁명당 222~224, 230, 235

내몽골자치구사 38, 39, 47, 60, 66, 73

내몽골자치운동 69

내몽골 자치정부 69, 73

내몽골출판사 41

『내몽골통사』 39

『내몽골통사강요』 39

내몽골 10대 문화부호(內蒙古十大文化符號) 195

내몽골 문화 자원 조사(內蒙古文化資源調査) 197

내몽골자치구 38, 39, 45, 47, 51~53,

55, 71~73, 206, 208, 237
네이멍구 자치정부 69, 73
농경민 247~249, 252, 278
닝샤회족(寧夏回族)자치구 38

ㄷ

다민족 통일국가 47
다야르 몽골 257
다이칭 구룬 66
달단(韃靼) 42, 59
달라이라마 262, 264, 266~268, 278
달자(韃子) 42
담딘 수흐바타르 20
담바도르지(Ts. Dambadorj) 222~224, 235
당대회 237
당안 문헌 정리 계열 80
대몽골국 62, 63
대실위 59
대약진운동 47
대원(大元) 61
대자산 계급 43, 68
대청 66
대한족주의(大漢族主義) 40, 43, 71
덕왕(뎀축동롭) 21
독립선언 208~210, 214, 217~221, 223~235
돌궐(투르크) 54
동북공정 5
동호 55, 58, 59

ㄹ

러몽협약 20
러시아 53, 244, 246, 250, 254, 255, 258, 259, 260, 269~272, 274
러허도 21
류춘(劉春) 41

ㅁ

마다정(馬大正) 74
마르크스·레닌주의 73
마르크스주의 40, 51
마오쩌둥(毛澤東) 70, 73, 250, 251, 256
마크 에스퍼(Mark Esper) 269~274, 276, 278
만주 66
만주 청 45, 66
만청 248, 249, 278
메르겐 28, 29
명조 64, 65
몽골 86, 88, 91, 94, 95, 102, 106, 109, 112
몽골국 53~55, 57, 59, 61, 206, 208, 216, 221, 237
『몽골민족문제』 40
몽골어 57
몽골인민공화국 42, 43, 58

몽골인민혁명당 222, 223, 224
몽골제국 39, 60, 62
몽골제국사 60
몽골족 38, 50~52, 56, 61, 89, 91, 102, 104, 106, 108~112
몽골족간사 39, 47, 48, 51
몽골족통사 39, 51, 53
몽올실위(蒙兀室韋) 58, 59
몽한동원론(蒙漢同源論) 43, 44
묵특(冒頓) 55
뭉흐-오르길(Ts. Mönkh-Orgil) 263, 265, 266
문화대혁명 47, 73
민족구역자치제도 8, 26
민족문화강구(民族文化强區) 152
민족문화건설연구공정(民族文化建設研究工程) 135, 146, 159, 168, 169, 171~174, 178, 182
민족문화대구건설공정(民族文化大區建設工程) 135, 200
민족민간문화유산(民族民間文化遺産) 197
〈민족지식총서(民族知識叢書)〉 50
민족출판사 41, 48, 49
민족 통합운동 206~210, 215, 218, 220, 221, 223~226, 229, 231, 234, 235, 236

ㅂ

바트톨가(Kh. Battulga) 271, 276
반중 정서 247, 252, 257, 278
변계조약 251
보얀만다흐(Buyanmandakh, 博彦滿都) 230
본속주의 63
봉금정책 248
부랴트 53
부랴트공화국 206, 208, 237
북강 75
북강강단 88, 97, 98, 102
북강공정 86~88, 103, 108~110, 112
북강논단 88, 95, 96, 97, 112
북강학술살롱 88, 97, 98~101, 112
북강항목(北疆項目) 78~82, 85~88, 92, 94, 97, 99, 101, 102, 106, 110, 111, 113, 135
북부변강 78~81, 85, 86, 93, 109
북부변강역사와 현상연구(北部邊疆歷史與現狀研究) 166, 168, 169, 171, 200
북양 군벌 69
북원 64

ㅅ

『사기(史記)』 44
사회주의 문화강국(社會主義文化强國) 149
사회주의 혁명 43, 73
서남변강항목 6

서부대개발전략 27, 28
서우젬친기 28
선우(單于) 55
선우정 55
세첸 카안 63
소련 208, 224, 225, 227, 228, 230~232, 236, 244, 245, 250, 251, 253
소비에트 207, 219~221, 235
소수민족 문제 40, 46, 48, 49
속방 256
스탈린(Iosif Stalin) 224, 226, 227, 233, 234, 236, 250
시진핑(習近平) 254, 257
시짱(西藏)자치구 38
시짱항목 6
신장연구사업 4
신장위구르자치구 38
신장항목 6
신중국민족공작십강(新中國民族工作十講) 46
실링골 91, 93, 94
실위(室韋) 57~59
쌍어정책 31
쑤이위안도 21

ㅇ

아구라(阿古拉) 142
아편전쟁 67, 68, 80
알라샤 71
알탄 오치르 81, 85
얄타회담 23
양하이잉(揚海英) 244
에르든보인(額爾敦白音) 174
에치나 71
엘벡도르지 린치노(E. D. Rinchino) 222, 223
엥흐타이왕(N. Enkhtaivan) 267
여몽상 249
여진 54, 65
오르도스 97, 99
오르도스부 65
오이라트 54
올란 95
올란모치르(烏蘭牧騎) 154
올란 후 232
왕이(王毅) 265, 266
외몽골 86, 89
우란푸(烏蘭夫) 23, 24
우환잉(吳團英) 152, 162, 169
울란바타르 244, 245, 259, 270, 276
원(元) 세조 63
원조 57, 58, 60~64, 75
유목민 247, 249, 250, 252, 278
유물사관 40, 51
응용 연구 78, 85, 86
이흐조맹(伊克昭盟) 43
인도-태평양 전략 273
일대일로(一帶一路) 28, 162

일대천교(一代天驕) 57

ㅈ
자오윈톈(趙雲田) 74
장자커우 22, 24
장제스(蔣介石) 43, 68, 69
적봉학원 91, 102, 108
제2차 세계대전 209, 226, 230, 235
제3의 이웃 268, 269, 271, 275, 278, 279
제정러시아 216, 225
젭준담바 호탁트(Jebzundamba Khutagt) 210, 213, 214
조선 66
조조 56
주더(朱德) 70
준가르 66
중국 244, 246~248, 250~264
중국공산당 66~70, 73, 74
중국변강연구문고 7
중국변강연구소 78, 90, 91, 95, 111
〈중국변강통사총서〉 14
중국사회과학원 78, 80, 82, 85, 90, 91, 95, 111, 112
중·소 국경분쟁 47
중화대가정(中華大家庭) 198
중화민국 217, 250, 258
중화민족 다원일체론 111
중화인민공화국 250, 251
중화주의 58
중화 중심주의 56
지에이(解毅) 137, 138, 140, 143, 146
진시황 55
질지 선우 56

ㅊ
차하르 21, 22, 65, 71
천광린(陳光林) 146
청조 66, 75
청조몽고사료정리(淸朝蒙古史料整理) 사업 172
체덴발(Yu. Tsedenbal) 233, 250
체렝치메드(Tserenchimed) 217
체벤 잠차라노(Ts. J. Jamtsarano) 219, 224
초원문화공정 81, 87
초원문화연구공정(草原文化硏究工程) 9, 135, 151, 153, 159, 165, 166, 168, 169, 171
초원문화연구소 159, 161, 195
초원문화유산보호일 161
초원문화학 163
초이발산(Kh. Choibalsan) 226~228, 230, 232~234, 236, 250
친러반중 244
칭기스칸 39, 54, 55, 57, 58, 60~62

ㅋ
카라친부 65

칼무크 53
코로스토비츠(I. Ya. Korostovets) 207, 216, 217
코르친 65
코민테른 220~225, 235
쿠빌라이 카안 60, 62, 63

ㅌ

탄누 오랑하이 213, 215, 220, 235
테무진 58~61
통일적 다민족국가 62, 66, 75
투메드 65
투바공화국 206, 213
트럼프(Donald Trump) 274

ㅎ

하이산(Khaisan) 211, 215
하풍가(Khafunga, 哈豊阿) 230
학술연토회 88~91, 93, 112
한 무제 55
한인(漢人) 42, 63
할하 210~216, 220, 223, 225, 228, 236
할하 중심주의 236
항일전쟁 41, 68
행국(行國) 44
혜락시축제 선우 56
호주천 선우 56
호한야 선우 56
홍건군 64
홍산문화(紅山文化) 163
화친 조약 55
회골(위구르) 54
후금 65, 66
후렐수흐(U. Khürelsükh) 267
후흐호트 16, 18, 81
훌룬보이르 223, 229
흉노 54, 55, 56, 58
희토류 273, 274

4·3 회의 69, 70

동북아역사재단 연구총서 117

중국의 변경 연구 4
- 북부변경 연구와 역사해석

초판 1쇄 인쇄 2020년 12월 5일
초판 1쇄 발행 2020년 12월 15일

엮은이 박장배
펴낸곳 동북아역사재단

등 록 제312-2004-050호(2004년 10월 18일)
주 소 서울시 서대문구 통일로 81 NH농협생명빌딩
전 화 02-2012-6065
팩 스 02-2012-6189
홈페이지 www.nahf.or.kr
제작·인쇄 (주)동국문화

ISBN 978-89-6187-580-6 94910
978-89-6187-509-7 (세트)